·2025全国一级建造师执业资格考试经典题荟萃·

建设工程项目管理百题讲坛

主　编　李　娜

中国建设科技出版社有限责任公司
China Construction Science and Technology Press Co., Ltd.
北　京

图书在版编目（CIP）数据

建设工程项目管理百题讲坛/李娜主编.
北京：中国建设科技出版社有限责任公司，2025.2.
(2025全国一级建造师执业资格考试经典题荟萃).
ISBN 978-7-5160-4342-4

Ⅰ.F284-44

中国国家版本馆CIP数据核字第2024Z4A400号

建设工程项目管理百题讲坛
JIANSHE GONGCHENG XIANGMU GUANLI BAITI JIANGTAN
主　编　李　娜

出版发行：	中国建设科技出版社有限责任公司
地　　址：	北京市西城区白纸坊东街2号院6号楼
邮　　编：	100054
经　　销：	全国各地新华书店
印　　刷：	北京印刷集团有限责任公司
开　　本：	787mm×1092mm　1/16
印　　张：	16
字　　数：	350千字
版　　次：	2025年2月第1版
印　　次：	2025年2月第1次
定　　价：	69.80元

本社网址：www.jskjcbs.com，微信公众号：zgjskjcbs
请选用正版图书，采购、销售盗版图书属违法行为
版权专有，盗版必究。本社法律顾问：北京天驰君泰律师事务所，张杰律师
举报信箱：zhangjie@tiantailaw.com　　举报电话：(010) 63567684
本书如有印装质量问题，由我社事业发展中心负责调换，联系电话：(010) 63567692

序 言

"2025 全国一级建造师执业资格考试经典题荟萃"系列丛书共 6 册，分别为：

《市政公用工程管理与实务百题讲坛》　　　　胡宗强　主编
《建筑工程管理与实务百题讲坛》　　　　　　龙炎飞　主编
《机电工程管理与实务百题讲坛》　　　　　　杨海军　主编
《建设工程经济百题讲坛》　　　　　　　　　黄金芳　主编
《建设工程项目管理百题讲坛》　　　　　　　李　娜　主编
《建设工程法规及相关知识百题讲坛》　　　　唐　忍　主编

本系列丛书以"百题讲坛"的形式，筛选出历年有价值的经典题，并根据最新考纲编写了有针对性的模拟题，对其精准剖析，帮助考生掌握考点、全面了解命题思路及考试趋势，同时提高学习效率。

公共基础科目

"建设工程经济""建设工程项目管理"和"建设工程法规及相关知识"三门公共基础科目，全部为客观题，以如下编写原则，形成公共基础科目的"百题讲坛"：

① 紧跟命题趋势，直击得分核心；
② 甄选热点经典，全新精解精讲；
③ 考点分门别类，知识系统全面；
④ 更新标准规范，依据最新考纲。

市政公用工程管理与实务科目

本书进行了全面修订和更新，修订内容主要涉及题目的增补删改、解析内容的优化和知识点的调整。本书分为两部分：第一部分为 52 道经典一建案例题（2013—2024 年）；第二部分为 53 道经典案例模拟题。本书通过对这 105 道案例题的深入解析，希望能够帮助考生厘清分析思路，揣摩命题考点，并掌握答题方法和技巧，从而事半功倍、攻克难关。

建筑工程管理与实务科目

本书通过对历年经典题和最新考纲的深入研究和把控，做了较大规模修改。本书分为两部分：第一部分为知识点索引，对应关联 94 道经典案例题，全面系统梳理关键考点；第二部分为 94 道经典案例题，结合最新标准规范和命题趋势，精准剖析，举一反三，对知识点纵横引申。

机电工程管理与实务科目

本书为 2025 "百题讲坛"新增科目，分为两部分：第一部分为 70 道一建经典案例题；第二部分为 30 道二建经典案例题。本书在精准剖析这 100 道案例题的基础上，每道案例题均增设了"分析思路及作答要求"，进一步根据现行标准规范对知识点进行拓展补充，以便考生学得系统全面，从而灵活应试。

本系列丛书的作者均为在教学一线工作多年的权威、资深专家，对考试和考生学习情况都十分了解，解析内容经反复推敲，力求精练准确。在"2025 全国一级建造师执业资格考试经典题荟萃"系列丛书编写过程中，虽经反复推敲核正，仍难免有疏漏和不妥之处，恳请广大读者提出宝贵的意见和建议。

编 委 会

2025 年 1 月

目 录

第1章
建设工程项目组织、规划与控制

第1节　工程项目投资管理与实施 ············· 1
考点1　工程项目投资管理制度 ············· 1
考点2　工程建设实施程序 ············· 5
考点3　工程承包模式 ············· 9
考点4　工程监理 ············· 13
考点5　工程质量监督 ············· 19

第2节　工程项目管理组织与项目经理 ············· 21
考点1　工程参建各方主体管理目标和任务 ············· 21
考点2　工程项目管理组织 ············· 23
考点3　项目经理 ············· 26

第3节　工程项目管理规划与动态控制 ············· 29
考点1　工程项目管理规划 ············· 29
考点2　施工组织设计 ············· 31
考点3　工程项目目标动态控制 ············· 35

第2章
建设工程项目管理相关体系标准

第1节　质量、环境、职业健康安全管理体系 ············· 38
考点1　质量管理体系 ············· 38
考点2　环境管理体系 ············· 41

  考点 3 职业健康安全管理体系 ································ 43
  考点 4 卓越绩效管理 ·· 45
  考点 5 全面一体化管理 ·· 46
第 2 节 风险管理与社会责任管理体系 ································ 48
  考点 风险管理与社会责任管理 ······························ 48
第 3 节 项目管理标准体系 ·· 50
  考点 1 项目管理标准及价值交付 ································ 50
  考点 2 项目群与项目组合管理 ···································· 52

第 3 章
建设工程招标投标与合同管理

第 1 节 工程招标与投标 ·· 54
  考点 1 招标方式与程序 ·· 54
  考点 2 合同计价方式 ·· 58
  考点 3 施工投标 ·· 62
第 2 节 工程合同管理 ··· 64
  考点 1 施工合同管理 ·· 64
  考点 2 标准设计施工总承包招标文件 ························ 77
  考点 3 施工专业分包合同 ·· 78
  考点 4 施工劳务分包合同 ·· 81
  考点 5 材料、设备采购合同 ······································ 83
第 3 节 工程承包风险管理及担保保险 ···························· 86
  考点 1 工程承包风险管理 ·· 86
  考点 2 工程担保 ·· 88
  考点 3 工程保险 ·· 90

第 4 章
建设工程进度管理

第 1 节 工程进度影响因素与进度计划系统 ···················· 93
  考点 1 工程进度影响因素 ·· 93
  考点 2 工程进度计划系统及表达方法 ······················ 94

第2节　流水施工进度计划 …………………………………… 97
　　考点1　流水施工特点及表达方式 ……………………… 97
　　考点2　流水施工参数 …………………………………… 99
　　考点3　流水施工基本方式 ……………………………… 101
第3节　工程网络计划技术 …………………………………… 105
　　考点1　网络图的绘制规则 ……………………………… 105
　　考点2　时间参数计算方法 ……………………………… 110
　　考点3　关键工作及关键线路确定方法 ………………… 120
第4节　施工进度控制 ………………………………………… 122
　　考点1　施工进度计划实施中的检查与分析 …………… 122
　　考点2　实际进度与计划进度比较方法 ………………… 123
　　考点3　施工进度计划调整方法及措施 ………………… 125

第5章
建设工程质量管理

第1节　工程质量影响因素及管理体系 ……………………… 128
　　考点1　工程质量形成过程及影响因素 ………………… 128
　　考点2　全面质量管理 …………………………………… 131
　　考点3　工程质量管理体系 ……………………………… 132
第2节　施工质量抽样检验和统计分析方法 ………………… 134
　　考点1　施工质量抽样检验方法 ………………………… 134
　　考点2　施工质量统计分析方法 ………………………… 139
第3节　施工质量控制 ………………………………………… 144
　　考点1　施工准备质量控制 ……………………………… 145
　　考点2　施工过程质量控制 ……………………………… 145
　　考点3　施工质量检查验收 ……………………………… 149
第4节　施工质量事故预防与调查处理 ……………………… 152
　　考点1　施工质量事故分类 ……………………………… 152
　　考点2　施工质量事故预防 ……………………………… 155
　　考点3　施工质量事故调查处理 ………………………… 156

第 6 章
建设工程成本管理

第 1 节 工程成本影响因素及管理流程 ············ 161
考点 1 工程成本分类及影响因素 ············ 161
考点 2 工程成本管理流程 ············ 165

第 2 节 施工成本计划 ············ 166
考点 1 施工责任成本构成 ············ 166
考点 2 施工成本计划编制 ············ 167

第 3 节 施工成本控制 ············ 170
考点 1 施工成本控制过程 ············ 170
考点 2 施工成本控制方法 ············ 171
考点 3 挣值法 ············ 173
考点 4 成本偏差的表达方法 ············ 175
考点 5 施工成本纠偏措施 ············ 176

第 4 节 施工成本分析与管理绩效考核 ············ 177
考点 1 施工成本分析 ············ 177
考点 2 施工成本管理绩效考核 ············ 183

第 7 章
建设工程施工安全管理

第 1 节 施工安全管理基本理论 ············ 187
考点 1 施工生产危险源及其控制 ············ 187
考点 2 安全事故致因理论 ············ 190

第 2 节 施工安全管理体系及基本制度 ············ 193
考点 1 施工安全管理体系 ············ 193
考点 2 施工安全管理基本制度 ············ 194

第 3 节 专项施工方案及施工安全技术管理 ············ 199
考点 1 专项施工方案编制与报审 ············ 199
考点 2 施工安全技术措施及安全技术交底 ············ 200

第4节　施工安全事故应急预案和调查处理 …………… 206
　　考点1　施工安全事故隐患处置 ………………………… 206
　　考点2　施工安全事故应急预案 ………………………… 208
　　考点3　施工安全事故等级和应急救援 ………………… 210
　　考点4　施工安全事故报告和调查处理 ………………… 211

第8章
绿色建造及施工现场环境管理

第1节　绿色建造管理 …………………………………… 216
　　考点1　绿色建造基本要求 ……………………………… 216
　　考点2　各方主体绿色施工职责 ………………………… 218
　　考点3　绿色施工措施 …………………………………… 221
第2节　施工现场环境管理 ……………………………… 223
　　考点1　施工现场文明施工要求 ………………………… 223
　　考点2　施工现场环境保护措施 ………………………… 224

第9章
国际工程承包管理

第1节　国际工程承包市场开拓 ………………………… 226
　　考点1　国际工程承包相关政策 ………………………… 227
　　考点2　国际工程承包市场进入 ………………………… 229
第2节　国际工程承包风险及应对策略 ………………… 230
　　考点　　国际工程承包风险 ……………………………… 230
第3节　国际工程投标与合同管理 ……………………… 231
　　考点1　国际工程投标策略 ……………………………… 231
　　考点2　FIDIC 施工合同和设计—采购—施工（EPC）
　　　　　　合同 …………………………………………… 232
　　考点3　NEC 施工合同和 AIA 合同 …………………… 237

第 10 章
建设工程项目管理智能化

第 1 节　建筑信息模型（BIM）及其在工程项目管理中的
　　　　应用 …………………………………………………… 241
　考点 1　BIM 技术的基本特征 ………………………………… 241
　考点 2　BIM 技术在工程项目管理中的应用 ………………… 242
第 2 节　智能建造与智慧工地 …………………………………… 243
　考点 1　智能建造 ……………………………………………… 243
　考点 2　智慧工地 ……………………………………………… 244

第 1 章 建设工程项目组织、规划与控制

本章考点

建设工程项目组织、规划与控制
- 工程项目投资管理与实施
  1. 工程项目投资管理制度
  2. 工程建设实施程序
  3. 工程承包模式
  4. 工程监理
  5. 工程质量监督
- 工程项目管理组织与项目经理
  1. 工程参建各方主体管理目标和任务
  2. 工程项目管理组织
  3. 项目经理
- 工程项目管理规划与动态控制
  1. 工程项目管理规划
  2. 施工组织设计
  3. 工程项目目标动态控制

第 1 节 工程项目投资管理与实施

考点 1 工程项目投资管理制度

◆ 资本金的含义

概念	在项目总投资中由投资者认缴的出资额
来源	货币;用实物、工业产权、非专利技术、土地使用权作价出资。以工业产权、非专利技术作价出资的比例不得超过投资项目资本金总额的20%
特点	投资者可按出资比例享有所有者权益,可转让,但不得抽回

◆ 投资项目最低资本金比例

投资项目		最低资本金比例
产能过剩行业项目	钢铁、电解铝项目	40%
	水泥项目	35%
	煤炭、电石、铁合金、烧碱、焦炭、黄磷、多晶硅项目	30%
城市和交通基础设施项目	机场项目	25%
	城市轨道交通项目	20%
	港口、沿海及内河航运项目	
	铁路、公路项目	
房地产开发项目	保障性住房和普通商品住房项目	20%
其他工业项目	化肥（钾肥除外）项目	25%
	玉米深加工项目	20%
	电力等其他项目	20%

提示：掌握不同项目最低资本金比例的数值。

◆ 项目投资审批、核准或备案管理

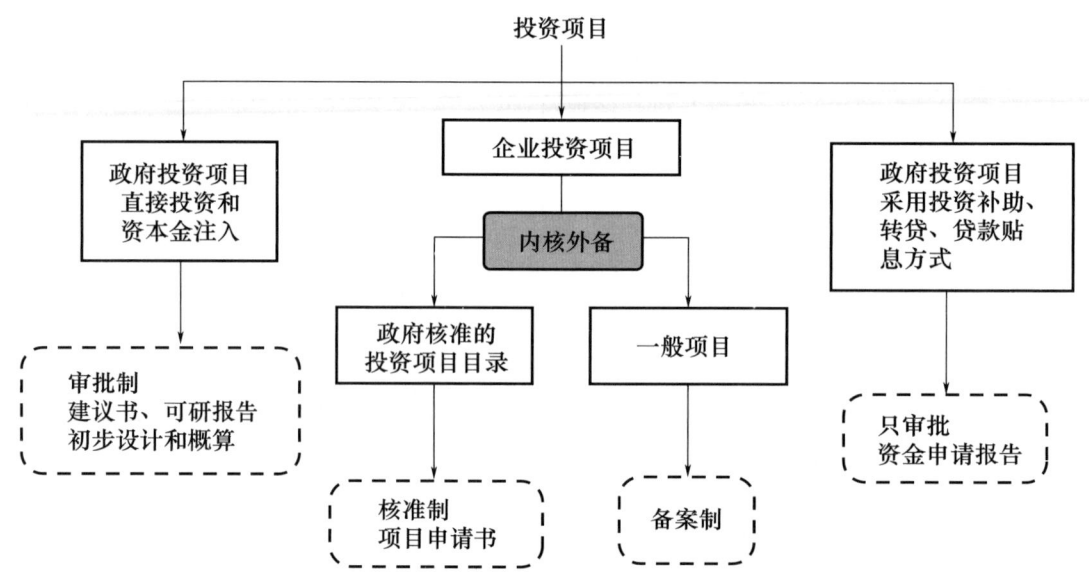

1. 根据《国务院关于加强固定资产投资项目资本金管理的通知》，基础设施领域项目通过发行权益型、股权类金融工具筹措的资本金，不得超过项目资本金总额的（　　）。

A．20%　　　　　B．30%　　　　　C．40%　　　　　D．50%

【解析】根据《国务院关于加强固定资产投资项目资本金管理的通知》，基础设施领域和国家鼓励发展的行业项目，鼓励项目法人和项目投资方通过发行权益型、股权类金融工具筹措资本金，但不得超过项目资本金总额的50%。

第1章
建设工程项目组织、规划与控制

2. 关于项目资本金的说法，正确的是（　　）。
A. 项目资本金是债务性资金
B. 项目法人承担项目资本金的利息
C. 投资者可抽回项目资本金
D. 投资者可转让项目资本金

【解析】根据《国务院关于加强固定资产投资项目资本金管理的通知》，项目资本金作为项目总投资中由投资者认缴的出资额，对投资项目来说必须是非债务性资金，项目法人不承担这部分资金的任何债务和利息；投资者可按其出资比例依法享有所有者权益，也可转让其出资，但不得以任何方式抽回。

3. 根据《国务院关于固定资产投资项目试行资本金制度的通知》，铁路、公路项目，项目资本金占项目总投资的最低比例为（　　）。
A. 20%
B. 25%
C. 30%
D. 35%

【解析】城市轨道交通项目，港口、沿海及内河航运项目，铁路、公路项目，保障性住房和普通商品住房项目，玉米深加工项目，电力等其他项目，项目资本金占项目总投资的最低比例为20%。

4. 根据《国务院关于固定资产投资项目试行资本金制度的通知》，项目资本金可以用（　　）出资或作价出资。
A. 土地使用权
B. 工业产权
C. 现金
D. 非专利技术
E. 商誉

【解析】项目资本金可以用货币出资，也可以用实物、工业产权、非专利技术、土地使用权作价出资。

5. 根据《国务院关于固定资产投资项目试行资本金制度的通知》，除国家对采用高新技术成果有特别规定外，固定资产投资项目资本金中以工业产权、非专利技术作价出资的比例不得超过该项目资本金总额的（　　）。
A. 10%
B. 15%
C. 20%
D. 50%

【解析】以工业产权、非专利技术作价出资的比例不得超过投资项目资本金总额的20%，国家对采用高新技术成果有特别规定的除外。

6. 根据《国务院关于投资体制改革的决定》，实行核准制的项目，企业仅需向政府提交（　　）。
A. 项目建议书
B. 项目可行性研究报告
C. 项目申请书
D. 资金申请报告

【解析】企业投资建设实行核准制的项目，仅需向政府提交项目申请书，不再经过批准项目建议书、可行性研究报告和开工报告的程序。

7. 根据《国务院关于投资体制改革的决定》，对于采用资本金注入方式的政府投资工程项目，政府投资主管部门需要严格审批的内容是（　　）。

A. 资金申请报告和施工方案　　　　B. 初步设计和概算

C. 施工组织设计和预算　　　　　　D. 预算和开工报告

【解析】政府投资项目（直接投资和资本金注入）方式的，审批项目建议书和可行性研究报告，除特殊情况外，不再审批开工报告，但要严格审批初步设计和概算。

8. 根据《国务院关于投资体制改革的决定》，对于采用投资补助、转贷和贷款贴息方式的政府投资项目，政府投资主管部门只审批（　　）。

A. 项目建议书　　　　　　　　　　B. 项目可行性研究报告

C. 项目申请书　　　　　　　　　　D. 资金申请报告

【解析】对于企业使用政府补助、转贷、贴息投资建设的项目，政府只审批资金申请报告。

9. 根据《国务院关于投资体制改革的决定》，对于企业投资《政府核准的投资项目目录》以外的项目，投资决策实行的制度是（　　）。

A. 审批制　　　　B. 核准制　　　　C. 备案制　　　　D. 公示制

【解析】对《政府核准的投资项目目录》以外的企业投资项目，实行备案制。

10. 根据《国务院关于投资体制改革的决定》，不使用政府资金投资建设的企业投资，政府实行（　　）制度。

A. 审批制　　　　　　　　　　　　B. 核准制

C. 承诺制　　　　　　　　　　　　D. 备案制

E. 审查制

【解析】对于企业不使用政府投资建设的项目，一律不再实行审批制，区别不同情况实行核准制和备案制。

11.【2024年】固定资产投资项目的资本金是指在项目总投资中的（　　）。

A. 建筑安装工程费用与设备及工器具费用总和

B. 铺底流动资金

C. 建筑安装工程费用

D. 投资者认缴的出资额

【解析】资本金是指在项目总投资中由投资者认缴的出资额。

12. 对于采用资本金注入方式的政府投资项目，投资决策主管部门需从投资决策角度审批文件是（　　）。

A. 项目建议书和可行性研究报告　　B. 可行性报告和资金概算报告

C. 初步设计和开工报告　　　　　　D. 项目建议书和初步设计

【解析】投资决策阶段的文件包括项目建议书和可行性研究报告。本题要求从投资决策

第 1 章 建设工程项目组织、规划与控制

角度审批文件,所以答案为 A。初步设计和概算,是设计阶段的文件,不属于投资决策角度审批的内容。

13. 公路、铁路、城建、社会民生等领域的补短板基础设施项目,在投资回报机制明确、收益可靠、风险可控的前提下,可以适当降低项目最低资本金比例,但下调不得超过( )百分点。

A. 三个　　　　　B. 五个　　　　　C. 六个　　　　　D. 十个

【解析】公路、铁路、城建、物流、生态环保、社会民生等领域的补短板基础设施项目,在投资回报机制明确、收益可靠、风险可控的前提下,可以适当降低项目最低资本金比例,但下调不得超过五个百分点。

14. 根据《国务院关于调整固定资产投资项目资本金比例的通知》,投资项目资本金最低比例要求为 40% 的是( )。

A. 钢铁、电解铝项目　　　　　B. 水泥项目
C. 机场项目　　　　　　　　　D. 普通商品住房项目

【解析】选项 B 是 35%,选项 C 是 25%,选项 D 是 20%。

15. 对于实行项目资本金制度的投资项目,用来确定资本金的项目总投资是指该投资项目的( )之和。

A. 固定资产投资与全部流动资金
B. 固定资产投资与铺底流动资金
C. 建设投资与建设期贷款利息
D. 工程费用与预备费

【解析】所谓项目资本金,是指在项目总投资中由投资者认缴的出资额。这里的总投资,是指投资项目的固定资产投资与铺底流动资金之和。

【答案】 1. D　2. D　3. A　4. ABCD　5. C　6. C　7. B　8. D　9. C　10. BD　11. D
12. A　13. B　14. A　15. B

考点 2　工程建设实施程序

◆ 一般投资项目建设实施程序

提示:注意区分建设准备和生产准备的工作内容。

勘察设计	(1) 建设实施阶段首要环节。 (2) 对于政府投资项目,投资概算超过投资估算 10% 的,可以要求项目单位重新报送可行性研究报告

续表

建设准备	建设单位完成如下工作： （1）征地、拆迁和场地平整（不含施工单位的场地平整）。 （2）完成施工水、电、通信、道路等接通。 （3）准备施工图纸。 （4）组织监理、施工及材料设备采购招标工作。 （5）办理施工许可证、工程质量监督等手续
工程施工	开工时间： （1）永久性工程，第一次正式破土开槽的时间。 （2）无须开槽，正式打桩的时间。 （3）铁路、公路、水库等，进行土方、石方工程的时间
生产准备	交付投产前建设单位进行如下工作： （1）组建生产管理机构，制定生产管理制度。 （2）生产人员的招聘和培训。 （3）组织生产人员参加设备安装、调试和工程验收工作。 （4）组织工装、备品备件等制造或订货。 （5）落实原材料、协作产品、燃料、水、电、气等来源和其他需协作配合的条件
竣工验收	（1）最后一个环节，是投资成果转入生产或使用的标志，也是全面考核工程建设成果、检验工程质量的重要步骤。 （2）缺陷责任期自竣工验收合格之日起算，最长不超过2年

◆ **政府和社会资本合作（PPP）项目实施方式**

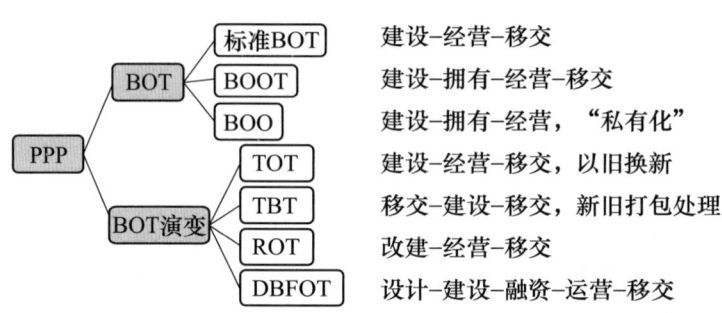

1.（　　）模式是政府和社会资本合作新机制中唯一具有全寿命周期特性的具体实施模式，其核心是解决项目设计需求和经济可行性，强调以民营企业降低建设风险、提高公共效率的融资功能。

A．BOT　　　　B．DBFOT　　　　C．ROT　　　　D．TBT

【解析】涉及设计需求的，只有DBFOT模式。

2.（　　）模式，项目所在国政府将已投产运行的项目在一定期限内移交给社会资本经营，以项目在该期限内的现金流量为标的，一次性地从外商处筹得一笔资金，用于建设新项目。

A. TBT　　　　　B. TOT　　　　　C. ROT　　　　　D. BOO

【解析】本题属于"以旧换新"模式，故选择 TOT。

3. 政府和社会资本合作应全部采取特许经营模式实施，特许经营期限原则上不超过（　　）年，投资规模大、回报周期长的特许经营项目可以根据实际情况适当延长，法律法规另有规定的除外。

A. 20　　　　　B. 30　　　　　C. 40　　　　　D. 50

【解析】特许经营期限原则上不超过 40 年。

4. 对于政府投资项目，初步设计提出的投资概算超过经批准的可行性研究报告提出的投资估算（　　）的，投资主管部门或者其他有关部门可以要求项目单位重新报送可行性研究报告。

A. 5%　　　　　B. 10%　　　　　C. 15%　　　　　D. 20%

【解析】根据《政府投资条例》，初步设计提出的投资概算超过经批准的可行性研究报告提出的投资估算 10% 的，项目单位应当向投资主管部门或者其他有关部门报告，投资主管部门或者其他有关部门可以要求项目单位重新报送可行性研究报告。

5. 工程项目寿命周期包括（　　）。
A. 建设实施阶段、运营维护阶段
B. 投资决策阶段、运营维护阶段
C. 投资决策阶段、建设实施阶段
D. 投资决策阶段、建设实施阶段、运营维护阶段

【解析】建设工程全寿命周期包括投资决策阶段、建设实施阶段、运营维护阶段。工程项目寿命周期包括投资决策阶段、建设实施阶段。

6. 根据现行有关规定，建设项目经批准开工建设后，其正式开工时间应是（　　）的时间。
A. 任何一项永久性工程第一次正式破土开槽
B. 水库等工程开始进行测量放线
C. 在不需要开槽的情况下正式开始打桩
D. 公路工程开始进行现场准备
E. 铁路工程开始进行土石方工程

【解析】开工时间确定为：①永久性工程，破土开槽；②无须开槽，打桩；③铁路、公路、水库等，进行土方、石方工程。

7. 建设工程自（　　）之日起即进入缺陷责任期，缺陷责任期最长不超过（　　）年。
A. 实际竣工日期，2 年　　　　　B. 竣工验收合格，1 年
C. 实际竣工日期，3 年　　　　　D. 竣工验收合格，2 年

【解析】建设工程自竣工验收合格之日起即进入缺陷责任期。缺陷责任期最长不超过2年。

8. 下列属于工程项目建设准备工作的是（　　）。
A. 施工图设计　　　　　　　　　　B. 征地、拆迁和场地平整
C. 进行可行性研究　　　　　　　　D. 组织竣工验收

【解析】建设程序为投资决策阶段→勘察设计阶段→建设准备→工程施工→生产准备→竣工验收→工程保修。

选项 A 属于勘察设计阶段，选项 C 属于投资决策阶段，选项 D 属于竣工验收阶段。

9. 下列属于工程项目建设生产准备主要工作内容的有（　　）。
A. 组建生产管理机构　　　　　　　B. 招聘和培训生产人员
C. 返还扣留的工程质量保证金　　　D. 落实原材料的来源
E. 组织工装的制造或订货

【解析】选项 C 错误，缺陷责任期满时，建设单位向承包单位返还工程质量保证金。生产准备阶段的工作内容除了选项 A、B、D、E 以外，还包括制定生产管理制度、组织生产人员参加设备安装、调试和工程验收工作。

10. 下列工程造价文件中，属于技术设计阶段文件的是（　　）。
A. 施工图预算　　B. 投资估算　　C. 设计概算　　D. 修正概算

【解析】建设工程计价的过程如下图：

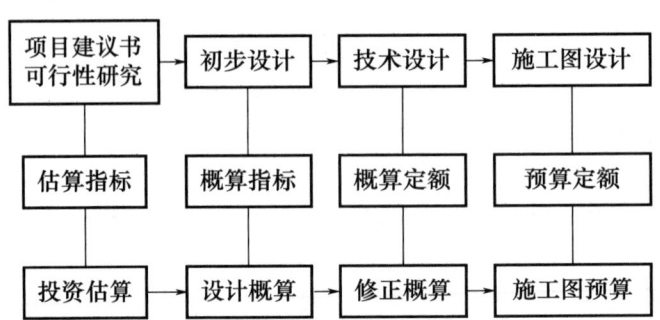

11.【2024年】 作为工程建设实施阶段的最后一个环节，工程竣工验收的基本作用有（　　）。
A. 结算全部工程款项　　　　　　　B. 全面检验工程质量
C. 全面进行工程项目后评价　　　　D. 全面考核工程建设成果
E. 标志着投资成果转入生产或使用

【解析】工程竣工验收是工程建设实施阶段最后一个环节，是投资成果转入生产或使用的标志，也是全面考核工程建设成果、检验工程质量的重要步骤。

【答案】 1. B　2. B　3. C　4. B　5. C　6. ACE　7. D　8. B　9. ABDE　10. D　11. BDE

第1章 建设工程项目组织、规划与控制

考点3 工程承包模式

◆ DBB模式与工程总承包模式的优缺点

	设计-招标-建造（DBB）模式	工程总承包模式
优点	（1）勘察设计、施工单位责权利分配明确。 （2）各平行承包单位前后工作衔接，构成质量制约，有助于发现工程质量问题	（1）有利于缩短建设工期（改善设计和施工之间的沟通问题）。 （2）便于建设单位提前确定工程造价，通常总价合同有利于减少工程变更，将工程造价控制在预算范围内。 （3）使工程项目责任主体单一化。 （4）可减轻建设单位合同管理负担
缺点	（1）设计、招标、施工依次进行，建设周期长。 （2）设计与施工协调困难，容易产生变更，可能使建设单位利益受损。 （3）建设单位面对不同参与方，容易出现互相推诿，协调工作量大	（1）道德风险高。总承包方风险大，当风险发生导致损失时，可能通过降低质量弥补损失。 （2）建设单位前期工作量大（招标、评标阶段）。 （3）工程总承包单位报价高

◆ 平行承包模式

优点	（1）有利于建设单位择优选择施工单位，选择施工单位的范围大。 （2）有利于控制工程质量。 （3）有利于缩短建设工期
缺点	（1）工程造价控制难度大。 （2）组织管理和协调工作量大，要求建设单位具有较强的组织协调能力。 （3）与总承包相比，不利于发挥那些技术水平高、综合管理能力强的总承包商的综合优势

◆ CM模式

特点	（1）采用快速路径法施工。 （2）适用于实施周期长、工期要求紧迫的大型复杂工程。 （3）CM类型及合同签署	
	合同签署	CM计价方式
代理型	分包单位与建设单位	简单成本加酬金
非代理型	分包单位与CM单位	保证最大工程费用（GMP）加酬金

1. 关于工程总承包模式的特点，下列说法正确的是（　　）。
A. 不利于缩短建设周期
B. 工程项目责任主体多
C. 便于建设单位提前确定工程造价
D. 建设单位前期工作量小

【解析】选项 A 错误，有利于缩短建设工期。选项 B 错误，工程项目责任主体单一化。选项 D 错误，建设单位前期工作量大。

2. 公司将设计和施工全部分包给其他设计和施工单位，专心致力于工程项目管理工作。该组织模式是（　　）。
A. 工程总承包管理
B. 工程总承包
C. 总分包模式
D. MC 承包模式

【解析】工程总承包管理模式：业主将工程设计与施工的主要部分发包给专门从事设计与施工组织管理的工程管理公司，该公司自己既没有设计力量，也没有施工队伍，而是将其所承接的设计和施工任务全部分包给其他设计单位和施工单位，工程管理公司则专心致力于工程项目管理工作。

3. 建设工程采用平行承包模式的特点是（　　）。
A. 有利于缩短建设工期
B. 不利于控制工程质量
C. 业主组织管理简单
D. 工程造价控制难度小

【解析】选项 B 错误，平行承包模式有利于质量控制。选项 C 错误，平行承包模式建设单位组织管理和协调工作量大，要求建设单位具有较强的组织协调能力。选项 D 错误，平行承包模式下，工程造价控制难度大。

4. 工程项目承包模式中，建设单位组织协调工作量小，但风险较大的是（　　）。
A. 总分包模式
B. 合作体承包模式
C. 平行承包模式
D. 联合体承包模式

【解析】选项 C 错误，平行承包模式下建设单位协调工作量大。选项 A、D 错误，联合体承包模式下，建设单位的风险相对较小，不符合题意。合作体模式的特点：①建设单位：组织协调工作量小，风险较大。②合作体：各承包单位之间既有合作的愿望，又不愿意组成联合体。

5. 关于 CM 承包模式的说法，正确的是（　　）。
A. 使工程项目实现有条件的"边设计，边施工"
B. 在工程设计全部结束之后，进行施工招标
C. CM 模式适用于实施周期短的大型复杂工程
D. 所有分包无须通过招标的方式展开竞争

【解析】选项 B 错误，设计尚未结束就开始施工招标。选项 C 错误，CM 模式适合实施

第 1 章
建设工程项目组织、规划与控制

周期长、工期要求紧迫的大型复杂工程。选项 D 错误,所有分包通过招标方式选择。

6. 风险型 CM 合同中,关于保证工程最大费用值(GMP)的说法,正确的是( )。
A. GMP 为合同承包总价
B. 节约的 GMP 全部归 CM 承包商
C. 节约的 GMP 全部归业主
D. 工程实际总费用超过 GMP 的部分由 CM 承包商承担

【解析】选项 A 错误,GMP 为工程最大费用值。选项 B、C 错误,节约的部分归建设单位,CM 单位可获得部分奖励。

7. 关于 CM 模式在工程造价控制方面的价值,下列说法正确的有( )。
A. CM 单位赚取总包与分包之间的差价
B. 与施工总承包相比,合同价更合理
C. 施工合同总价一次确定,有利于控制造价
D. 工程设计与施工的早期结合,减少设计变更,从而减少分包单位因设计变更而提出的索赔
E. CM 单位与分包单位或供货单位的合同价是保密的

【解析】CM 模式的价值体现见下表。

价值体现	(1) 与施工总承包相比,合同价更具合理性。 (2) 施工合同总价不是一次确定,每个分包通过招标选定。 (3) CM 单位不赚取总包与分包之间的差价。 (4) CM 单位与分包或供货单位的合同价是公开的,建设单位可以参与合同的谈判。 (5) CM 单位谈判时,会努力降低分包合同价。节约的部分归建设单位,CM 单位可获得部分奖励,有利于降低工程费用。 (6) CM 单位在工程设计阶段介入管理,设计与施工的早期结合,可减少分包单位因设计变更而提出索赔。 (7) GMP 可大大减少建设单位在工程造价控制方面的风险。如果实际工程费用超过 GMP,超过部分由 CM 单位承担

8.【2024 年】与传统的设计-招标-建造(DBB)模式相比,采用工程总承包模式的缺点是( )。
A. 建设单位前期工作量大
B. 建设单位合同管理负担重
C. 不利于缩短建设工期
D. 不利于建设单位控制工程造价

【解析】选项 B、C、D 错误,采用工程总承包模式,有利于缩短建设工期、控制造价;建设单位合同管理负担减轻。

11

9.【2024年】 建设工程采用 CM 模式时，CM 单位以（　　）身份进行项目管理。

A. 建设单位　　　　　　　　　　B. 监理单位

C. 承包单位　　　　　　　　　　D. 设计单位

【解析】CM（Construction Management）模式是指由建设单位委托一家 CM 单位承担项目管理工作，该 CM 单位以承包单位的身份进行施工管理，并在一定程度上影响工程设计活动，组织快速路径的生产方式，使工程项目实现有条件的"边设计、边施工"。

10.【2024年】 采用联合体方式承包工程时，对联合体各成员单位正确的要求是（　　）。

A. 共同与建设单位签订工程承包合同

B. 需要具有与工程规模相适应的相同承包资质

C. 承担相同的工程承包合同义务和责任

D. 共同与建设单位签订联合体协议

【解析】选项 B、C 错误，联合体各方资质等级、承担的责任与义务可以不同；选项 D 错误，联合体协议是联合体各方共同签署。

11. 关于联合体承包模式，下列说法正确的是（　　）。

A. 建设单位合同结构复杂

B. 建设单位组织协调工程量大

C. 有利于增强联合体的能力及抗风险能力

D. 不利于建设单位控制工程造价和工期

【解析】联合体模式的特点见下表。

合同签署	特点
建设单位和联合体签署合同	（1）对建设单位：合同结构简单，组织协调工作量小，有利于造价和工期控制。 （2）对联合体：可以集中各成员单位在资金、技术和管理等方面的优势，增强了竞争能力，同时也增强了抗风险能力

12. 关于合作体承包模式，下列说法正确的有（　　）。

A. 各施工单位分别与建设单位签订施工合同

B. 建设单位组织协调工作量大

C. 当合作体内某一家施工单位倒闭破产时，其他成员单位及合作体机构承担其施工合同的经济责任和风险

D. 由于承包单位是一个合作体，各施工单位之间能相互协调，可减少建设单位组织协调工作量

E. 合作体各施工单位之间有合作愿望，彼此之间高度信任

【解析】选项 C 错误，如果某一施工单位倒闭破产，风险会转嫁给建设单位。

合作体模式的特点见下表。

合同签署	特点
建设单位和合作体成员分别签署合同	（1）对建设单位：组织协调工作量小，风险较大。 （2）对合作体：各承包单位之间既有合作的愿望，又不愿意组成联合体；彼此之间信任度不够

【答案】 1. C 2. A 3. A 4. B 5. A 6. D 7. BD 8. A 9. C 10. A 11. C 12. AD

考点4 工程监理

◆ **强制实行监理的工程范围和规模标准**

范围	规模标准
（1）国家重点建设工程； （2）大中型公用事业工程； （3）成片开发建设的住宅小区工程； （4）利用外国政府或者国际组织贷款、援助资金的工程； （5）其他	（1）大中型公用事业工程（3000万元以上）； （2）成片开发建设的住宅小区工程（建筑面积在5万m^2以上的住宅）； （3）利用外国政府或者国际组织贷款、援助资金的工程； （4）国家规定必须实行监理的其他工程（3000万元以上，学校、影剧院、体育场馆项目）。 提示：学校、影剧院、体育场馆无金额限制

1. 依据《建设工程监理范围和规模标准规定》，下列项目中，必须实行监理的是（　　）。

A. 建筑面积4万m^2的住宅项目

B. 建筑面积4000m^2的影剧院项目

C. 总投资额2800万元的新能源项目

D. 总投资额2700万元的社会福利项目

【解析】 选项A错误，建筑面积在5万m^2以上的住宅建设工程必须实行监理。选项C、D错误，项目总投资额在3000万元以上。

2. 下列总监理工程师的职责中，不得委托给总监理工程师代表的有（　　）。

A. 组织审核竣工结算

B. 组织工程竣工预验收

C. 组织编写工程质量评估报告

D. 组织审查施工组织设计

E. 组织审核分包单位资格

【解析】 依据《建设工程监理规范》，总监理工程师的职责见下表。

人员	职责
总监理工程师	(1) 确定项目监理机构人员及其岗位职责。 (2) 组织编制监理规划，审批监理实施细则。☆ (3) 根据工程进展及监理工作情况调配监理人员☆，检查监理人员工作。 (4) 组织召开监理例会。 (5) 组织审核分包单位资格。 (6) 组织审查施工组织设计、（专项）施工方案。☆ (7) 审查开复工报审表，签发工程开工令、暂停令和复工令。☆ (8) 组织检查施工单位现场质量、安全生产管理体系的建立及运行情况。 (9) 组织审核施工单位的付款申请，签发工程款支付证书，组织审核竣工结算。☆ (10) 组织审查和处理工程变更。 (11) 调解建设单位与施工单位的合同争议，处理工程索赔。☆ (12) 组织验收分部工程，组织审查单位工程质量检验资料。 (13) 审查施工单位的竣工申请，组织工程竣工预验收，组织编写工程质量评估报告，参与工程竣工验收。☆ (14) 参与或配合工程质量安全事故的调查和处理。☆ (15) 组织编写监理月报、监理工作总结，组织整理监理文件资料

注："☆"的职责，总监理工程师不能委托总监代表。

3. 根据《建设工程监理规范》，专业监理工程师应履行的职责有（　　）。

A. 审批监理实施细则
B. 组织审核分包单位资格
C. 检查进场的工程材料、构配件、设备的质量
D. 处置发现的质量问题和安全事故隐患
E. 参与工程变更的审查和处理

【解析】选项A、B属于总监理工程师的职责。

依据《建设工程监理规范》，专业监理工程师的职责见下表。

人员	职责
专业监理工程师	(1) 参与编制监理规划，负责编制监理实施细则。 (2) 审查施工单位提交的涉及本专业的报审文件，并向总监理工程师报告。 (3) 参与审核分包单位资格。 (4) 指导、检查监理员工作，定期向总监理工程师报告本专业监理工作实施情况。 (5) 检查进场的工程材料、构配件、设备的质量。 (6) 验收检验批、隐蔽工程、分项工程，参与验收分部工程。 (7) 处置发现的质量问题和安全事故隐患。 (8) 进行工程计量。 (9) 参与工程变更的审查和处理。 (10) 组织编写监理日志，参与编写监理月报。 (11) 收集、汇总、参与整理监理文件资料。 (12) 参与工程竣工预验收和竣工验收

第1章
建设工程项目组织、规划与控制

4. 下列监理人员基本职责中，属于监理员职责的是（ ）。

A. 进行见证取样
B. 处理工程索赔
C. 组织检查现场安全生产管理体系
D. 进行工程计量

【解析】选项 B、C 属于总监理工程师职责，选项 D 属于专业监理工程师职责。依据《建设工程监理规范》，监理员的职责见下表。

人员	职责
监理员	（1）检查施工单位投入工程的人力、主要设备的使用及运行状况。 （2）进行见证取样。 （3）复核工程计量有关数据。 （4）检查工序施工结果。 （5）发现施工作业中的问题，及时指出并向专业监理工程师报告

5. 工程开工前，应由（ ）主持召开工程设计交底会议。

A. 设计单位　　　　　　　B. 施工单位
C. 建设单位　　　　　　　D. 监理单位

【解析】建设单位主持召开图纸会审和设计交底会议。

6. 经项目监理机构审查符合要求的施工组织设计，由（ ）签认后将会报送建设单位。

A. 施工单位技术负责人　　　B. 专业监理工程师
C. 质量监督机构　　　　　　D. 总监理工程师

【解析】施工组织设计由总监理工程师签认后报送建设单位。

7. 对于施工单位报送的专项施工方案，项目监理机构的审查内容包括（ ）。

A. 编审程序是否符合相关规定
B. 施工总平面布置是否合理
C. 安全技术措施是否符合工程建设强制性标准
D. 对达到一定规模、危险性较大的分部分项工程的专项施工方案，还要检查是否附具安全验算结果
E. 对涉及深基坑、地下暗挖工程、高大模板工程的专项施工方案，还要检查施工单位组织专家进行论证、审查的情况

【解析】依据《建设工程监理规范》《建设工程安全生产管理条例》，对于施工单位报送的专项施工方案，监理机构审查内容为：①编程序是否符合相关规定；②安全技术措施是否符合工程建设强制性标准；③对达到一定规模、危险性较大的分部分项工程的专项施工

方案，还要检查是否附具安全验算结果；④对涉及深基坑、地下暗挖工程、高大模板工程的专项施工方案，还要检查施工单位组织专家进行论证、审查的情况。

8. 施工单位采用新材料、新工艺、新技术、新设备时，应将相应质量认证材料和相关验收标准报送项目监理机构审查。必要时，（　　）还需要组织专题论证，论证材料一并报送监理机构审查。

　　A. 建设单位　　　　　　　　　　B. 施工单位
　　C. 设计单位　　　　　　　　　　D. 监理单位

【解析】依据《建设工程监理规范》，施工单位将相应质量认证材料和相关验收标准报送项目监理机构审查。必要时，施工单位还需要组织专题论证，论证材料一并报送监理机构审查。

9. 工程开工报审表及相关资料经总监理工程师签认并报送（　　）批准后，总监理工程师方可签发工程开工令。

　　A. 监理单位　　　　　　　　　　B. 建设单位
　　C. 施工单位　　　　　　　　　　D. 工程质量监督机构

【解析】依据《建设工程监理规范》，具备开工条件以后，应由总监理工程师签署审查意见，并应报建设单位批准后，总监理工程师签发工程开工令。

10. 当工程具备（　　）条件时，应由总监理工程师签署审查意见，并应报建设单位批准后，总监理工程师签发工程开工令。

　　A. 设计交底与图纸会审已完成
　　B. 拆迁进度满足施工要求
　　C. 进场道路及水、电、通信等已满足开工要求
　　D. 施工单位现场质量、安全生产管理体系已建立
　　E. 管理及施工人员已到位，主要工程材料已落实

【解析】依据《建设工程监理规范》，申请开工具备的条件：①设计交底和图纸会审已完成；②施工组织设计已由总监理工程师签认；③施工单位现场质量、安全生产管理体系已建立，管理及施工人员已到位，施工机械具备使用条件，主要工程材料已落实；④进场道路及水、电、通信等已满足开工要求。

11. 根据《建设工程监理规范》，项目监理机构对施工单位报送的施工组织设计审查的基本内容有（　　）。

　　A. 编审程序是否符合相关规定
　　B. 资源供应计划是否满足工程施工需要
　　C. 工程质量保证措施是否符合施工合同要求
　　D. 工程材料质量证明文件是否齐全有效
　　E. 施工总平面布置是否科学合理

【解析】项目监理机构对施工单位报送的施工组织设计审查内容：①编审程序是否符合

相关规定；②施工进度、施工方案及工程质量保证措施是否符合施工合同要求；③资源（资金、劳动力、材料、设备）供应计划是否满足工程施工需要；④安全技术措施是否符合工程建设强制性标准；⑤施工总平面布置是否科学合理。

12. 施工进度计划审查的主要内容有（　　）。
   A. 应符合施工合同中工期的约定
   B. 对施工进度计划执行情况的检查应符合要求
   C. 施工顺序的安排应符合施工工艺要求
   D. 施工进度计划应符合建设单位提供的资金施工条件
   E. 施工进度计划应符合建设单位提供的施工场地、物资等施工条件

【解析】选项 B 错误，进度计划执行情况的检查发生于施工过程中，而进度计划审查在施工前。

依据《建设工程监理规范》，项目监理机构将审查施工进度计划以下内容：①施工进度计划应符合施工合同中工期的约定；②施工进度计划中主要工程项目有无遗漏，是否满足分批投入试运、分批动用的需要，阶段性施工进度计划是否满足总进度控制目标的要求；③施工顺序的安排是否符合施工工艺要求；④施工人员、工程材料、施工机械等资源供应计划是否满足施工进度计划的需要；⑤施工进度计划是否符合建设单位提供的资金、施工图纸、施工场地、物资等施工条件。

13. 下列施工控制测量成果检查工作中，属于监理机构应检查、复核内容的是（　　）。
   A. 查验测量设备的检定证书
   B. 查验模板的平整度
   C. 检查边坡位移测量报告
   D. 检查承台施工后的轴线偏差

【解析】依据《建设工程监理规范》，监理机构检查、复核的内容：①施工单位测量人员的资格证书及测量设备检定证书；②施工平面控制网、高程控制网和临时水准点的测量成果及控制桩的保护措施。

【记忆口诀】人、设、桩、高、平、准

14. 专业监理工程师对施工单位实验室的检查内容有（　　）。
   A. 实验室的资质等级及试验范围　　B. 试验设备的计量检定证明
   C. 类似的试验业绩　　D. 相关试验方法
   E. 试验人员的资格证书

【解析】依据《建设工程监理规范》，项目监理机构实验室检查的内容：①实验室的资质等级及试验范围；②法定计量部门对试验设备出具的计量检定证明；③实验室管理制度；④试验人员资格证书。

【记忆口诀】人、设、制、等、范

15. 在工程施工中，总监理工程师应及时签发工程暂停令的情形有（　　）。
A. 建设单位要求暂停施工经论证没必要暂停的
B. 施工单位未按审查通过的工程设计文件施工的
C. 施工单位拒绝项目监理机构管理的
D. 施工单位违反工程建设强制性标准的
E. 施工单位存在较大质量、安全事故隐患的

【解析】依据《建设工程监理规范》，总监理工程师应及时签发工程暂停令的情形：①建设单位要求暂停且工程需要暂停；②未经批准擅自施工或拒绝监理机构管理；③未按审查通过的设计文件施工；④未按批准的施工组织设计、（专项）施工方案施工或违反工程建设强制性标准的；⑤存在重大质量、安全事故隐患或发生质量、安全事故的。

16. 项目监理机构应在（　　）后编制工程质量评估报告。
A. 单位工程完工　　　　　　　　B. 竣工验收交付使用
C. 竣工预验收合格　　　　　　　D. 竣工验收

【解析】竣工验收流程：施工单位自检合格→向监理机构提交单位工程竣工验收报审表及竣工资料；监理机构组织预验收→向建设单位提交工程质量评估报告；建设单位组织竣工验收，施工单位参加。

17. 施工单位应参加由（　　）主持召开的第一次工地会议。
A. 监理机构　　B. 建设单位　　C. 质量监督机构　　D. 设计单位

【解析】施工单位应参加由建设单位主持召开的第一次工地会议。

18. 根据《建设工程监理规范》，项目监理机构审核施工分包单位资格时，需要审核的内容有（　　）。
A. 施工分包合同文件　　　　　　B. 特种作业人员资格
C. 安全生产许可文件　　　　　　D. 类似工程业绩
E. 企业资质证书

【解析】分包单位资格审核应包括的基本内容：①营业执照、企业资质等级证书；②安全生产许可文件；③类似工程业绩；④专职管理人员和特种作业人员的资格。

【记忆口诀】影（营）子（资）全类人

19. 根据《建设工程监理规范》，总监理工程师应履行的职责有（　　）。
A. 组织编制监理实施细则　　　　B. 组织召开监理例会
C. 组织审核竣工结算　　　　　　D. 组织工程竣工验收
E. 组织整理监理文件资料

【解析】选项 A 错误，总监理工程师的职责是组织编制监理规划，审批监理实施细则。选项 D 属于建设单位的职责。

第 1 章
建设工程项目组织、规划与控制

20.【2024年】 施工单位采用新设备、新技术、新材料、新工艺时，应将相应质量认证材料和相关验收标准报送（　　）审查。

A. 项目监理机构　　B. 建设单位　　C. 设计单位　　D. 质量监督机构

【解析】施工单位采用新材料、新工艺、新技术、新设备时，应将相应质量认证材料和相关验收标准报送项目监理机构审查。必要时，施工单位还需要组织专题论证，并将专题论证材料一并报送项目监理机构审查。

21.【2024年】 在建设工程施工准备阶段，项目监理机构需要进行的工作是（　　）。

A. 主持召开图纸会审和设计交底会议
B. 主持召开第一次工地会议
C. 核查施工机械和设施的安全许可验收手续
D. 组织建立工程项目质量安全管理体系

【解析】项目监理机构将会检查施工单位现场的施工质量、安全生产管理组织机构和规章制度建立情况，以及专职管理人员配备和特种作业人员的资格，还要核查施工机械和设施的安全许可验收手续。选项A、B属于建设单位的工作，选项D属于施工单位的工作。

22. 图纸会审和设计交底会议纪要应由（　　）负责整理，建设单位、设计单位、施工单位代表及总监理工程师共同签认。

A. 监理机构　　B. 施工单位　　C. 设计单位　　D. 建设单位

【解析】图纸会审和设计交底会议纪要应由项目监理机构负责整理，建设单位、设计单位、施工单位代表及总监理工程师共同签认。

【答案】1. B　2. ABCD　3. CDE　4. A　5. C　6. D　7. ACDE　8. B　9. B　10. ACDE
11. ABCE　12. ACDE　13. A　14. ABE　15. BCD　16. C　17. B　18. BCDE　19. BCE　20. A
21. C　22. A

考点 5　工程质量监督

◆ **政府质量监督机构监督检查的主要内容**

质量行为	（1）工程参建各方资质及人员资格是否符合规定； （2）质量保证体系、质量责任制和管理制度是否健全和有效运行； （3）工程质量控制程序是否正确； （4）工程质量责任人到位情况是否符合规定等
工程实体	（1）对影响主体结构、使用功能和施工安全的部位和关键工序，要加大抽查频率； （2）对隐蔽工程应进行重点抽查
工程资料	（1）完整性、准确性、真实性和及时性； （2）反映的质量保证措施及质量评定情况是否与工程实体相符

1. 政府质量监督机构对工程质量行为进行检查的主要内容是（　　）。

A. 审查施工组织设计

B. 对地基基础进行监督检测

C. 对主体结构混凝土强度进行抽检

D. 审查各方工程质量保证体系的建立及运行情况

【解析】选项 A 属于办理监督手续提供的资料。选项 B、C 属于工程实体的监督检查。

2.【2024年】工程质量监督机构参加竣工验收时，对现场验收宜重点监督的内容有（　　）。

A. 验收组织形式　　　　　　　　B. 验收方法

C. 验收程序　　　　　　　　　　D. 标准规定的执行情况

E. 观感质量检查

【解析】工程质量监督机构应参加建设单位组织的工程竣工验收，并对现场验收的组织形式、验收程序、执行标准规定等进行重点监督，发现有违反验收规定的行为，应责令改正。工程竣工验收工作结束后，工程质量监督机构应出具工程质量监督报告。

3. 关于工程质量监督，下列说法正确的有（　　）。

A. 工程开工前，施工单位需申请办理工程质量监督手续

B. 工程质量监督机构审查质量监督申报资料符合要求后，向建设单位签发工程质量监督文件

C. 工程质量监督机构应参加建设单位组织的工程竣工验收，并对现场验收的组织形式、验收程序、执行标准规定等进行重点监督

D. 工程质量监督机构在对工程质量责任主体行为进行监督检查的同时，必须对工程实体质量及工程质量保证资料进行监督检查

E. 在办理工程质量监督手续后、工程开工前，建设单位应召开首次监督会议

【解析】选项 A 错误，应是建设单位申请办理。选项 E 错误，应是质量监督机构召开首次监督会议。

4. 建设单位在申请办理工程质量监督手续时，需提供（　　）资料。

A. 施工图设计文件审查报告和批准书

B. 中标通知书和施工、监理合同

C. 投标文件

D. 施工组织设计和监理规划

E. 建设单位、施工单位和工程监理单位的项目负责人

【解析】依据相关规定，建设单位在申请办理工程质量监督手续时，需提供下列资料：①施工图设计文件审查报告和批准书；②中标通知书和施工、监理合同；③建设单位、施工单位和工程监理单位的项目负责人和机构组成；④施工组织设计和监理规划（监理实施细则）；⑤其他需要的文件资料。符合要求，应办理工程质量监督登记手续，并向建设单位签发工程质量监督文件。

5. 质量监督机构组织安排工程质量监督准备工作中，检查各方主体行为，包括（　　）。
  A. 审查参建各方的质量保证体系
  B. 工程质量控制程序是否正确
  C. 审查施工组织设计、监理规划的审批手续
  D. 工程质量责任人到位情况是否符合规定
  E. 核查工程参建各方主要管理人员资格

【解析】对于各方主体行为的监督涉及两个环节，分别是质量监督准备工作和组织实施施工质量监督。本题考查的是工程质量监督准备工作中检查各方主体行为的内容。选项B、D属于实施监督检查。

6. 工程竣工验收工作结束后，工程质量监督机构应出具（　　）。
  A. 工程质量监督报告   B. 工程质量验收报告
  C. 工程质量检查报告   D. 工程质量评估报告

【解析】工程竣工验收结束后，工程质量监督机构应出具工程质量监督报告，工程质量监督报告经工程质量监督机构负责人审核同意并加盖单位公章。

【答案】 1. D   2. ACD   3. BCD   4. ABDE   5. ACE   6. A

第 2 节　工程项目管理组织与项目经理

考点 1　工程参建各方主体管理目标和任务

1. 业主方项目管理的目标中，进度目标是指（　　）的时间目标。
  A. 项目交付使用   B. 竣工验收
  C. 联动试车   D. 保修期结束

【解析】工程参建各方主体管理目标和任务见下表。

参与方	目标					项目管理涉及阶段
	进度	质量	费用	安全	绿色	
业主	交付使用	√	建设总投资		√	投资决策、建设实施
工程总承包	√	√	成本	√	√	实施全过程：设计、采购、施工、试运行等
设计	√	√	成本		√	设计阶段、会延伸到施工阶段、竣工验收阶段
施工	√	√	成本	√	√	施工全过程

2. 关于建设工程项目管理的说法，正确的是（　　）。
A. 业主方的项目管理工作仅涉及项目实施阶段的全过程
B. 工程总承包项目管理仅服务于自身的利益
C. 工程设计方项目管理不仅局限于工程设计阶段，而且会延伸到施工阶段和竣工验收阶段
D. 只有施工企业对项目实施的管理才能称为施工方的项目管理

【解析】选项 A 错误，业主方项目管理是全过程的，包括工程项目投资决策和建设实施阶段各个环节。选项 B 错误，工程总承包方项目管理应服务于项目整体利益和工程总承包方自身利益。选项 D 错误，工程咨询单位为承包单位提供的咨询服务也属于施工方项目管理范畴。

3.【2024 年】根据《建设项目工程总承包管理规范》，设计执行计划宜包括的内容有（　　）。
A. 质量保证程序和要求
B. 费用控制原则和要求
C. 进度计划和主要控制点
D. 采购工作范围和内容
E. 技术经济要求

【解析】根据《建设项目工程总承包管理规范》，设计经理或项目经理应负责组织编制设计执行计划。设计执行计划宜包括下列内容：①设计依据；②设计范围；③设计的原则和要求；④组织机构及职责分工；⑤适用的标准规范清单；⑥质量保证程序和要求；⑦进度计划和主要控制点；⑧技术经济要求；⑨安全、职业健康和环境保护要求；⑩与采购、施工和试运行的接口关系及要求。选项 B、D 属于采购计划包括的内容。

4. 根据《建设项目工程总承包管理规范》，施工执行计划宜包括的内容有（　　）。
A. 资源供应计划
B. 施工组织原则
C. 现场采购管理要求
D. 施工准备工作要求
E. 考核计划

【解析】施工经理应负责组织编制施工执行计划。施工执行计划宜包括下列内容：①工程概况；②施工组织原则；③施工质量计划；④施工安全、职业健康和环境保护计划；⑤施工进度计划；⑥施工费用计划；⑦施工技术管理计划，包括施工技术方案要求；⑧资源供应计划；⑨施工准备工作要求。选项 C 属于采购执行计划，选项 E 属于试运行执行计划。

【答案】1. A　2. C　3. ACE　4. ABD

第1章 建设工程项目组织、规划与控制

考点2 工程项目管理组织

◆ 工程项目管理组织

类型	管理模式	特点
直线式	最简单的组织结构形式；项目经理直接进行单线垂直领导	（1）结构简单、权力集中、易于统一指挥、隶属关系明确、职责分明、决策迅速； （2）项目经理没有参谋和助手，需要通晓各种业务，"全能式"人才
职能式	各级领导不直接指挥下级，是指挥职能部门；各职能部门可以在上级领导授权范围内，就其所管辖业务范围向下级执行者发布命令和指令	（1）强调管理业务的专门化，发挥各类专家的作用，易于提高工程质量，减轻领导者负担； （2）形成多头领导，容易造成职责不清
直线职能式	直线式和职能式优点结合，职能部门只作为相应层级领导的参谋，不直接指挥下级	（1）集中领导、职责清楚，有利于提高管理效率； （2）职能部门间横向联系差，信息传递路线长； （3）职能部门与指挥者之间容易产生矛盾
矩阵式	以工程项目为对象设置，各项目管理机构的管理人员从各职能部门临时抽调，归项目经理统一管理	（1）能够根据工程任务的实际情况灵活组建与之相适应的项目管理机构，实现集权与分权的最优结合，有利于调动各类人员的工作积极性； （2）组织结构稳定性比较差，业务人员的工作岗位调动比较频繁； （3）双重领导，会造成矛盾，产生扯皮现象

◆ 责任矩阵的作用

（1）使施工项目部人员分工一目了然。
（2）避免职责不清而出现推诿、扯皮现象。
（3）确保最适合的人员去做最适当的事情，从而提高项目管理工作效率。

1. 某工程项目管理组织结构如图所示，其组织形式是（　　）。

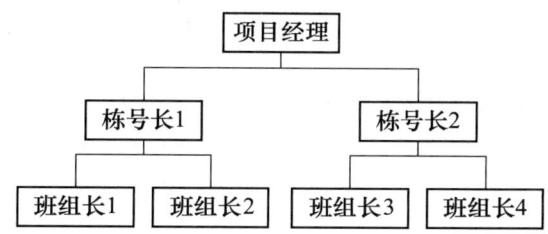

A. 直线式　　　B. 直线职能式　　　C. 职能式　　　D. 矩阵式

【解析】本题的组织结构图中无职能部门。项目经理直接垂直领导，属于直线式组织结构。

2. 某公司为完成某大型复杂的工程项目，要求在项目管理组织结构内设置职能部门以发挥各类专家作用。同时从公司临时抽调专业人员到项目管理组织结构，要求所有成员只对项目经理负责，项目经理全权负责该项目。该项目管理组织结构宜采用的组织形式是（　　）。

A. 直线式
B. 强矩阵式
C. 职能式
D. 弱矩阵式

【解析】根据题干描述的"各项目管理机构的管理人员从各职能部门临时抽调"可以判断为矩阵式组织结构。项目经理全权负责，属于强矩阵式组织形式。

3. 关于工程项目管理组织结构特点的说法，正确的是（　　）。

A. 矩阵式组织中，项目成员受双重领导
B. 职能式组织中，指令唯一且职责清晰
C. 直线式组织中，可实现专业化管理
D. 强矩阵式组织中，项目成员仅对职能经理负责

【解析】选项B错误，职能式组织形成多头领导，容易造成职责不清。选项C错误，直线式组织无职能部门，无法实现专业化。选项D错误，强矩阵式组织由项目经理全权负责，成员仅对项目经理负责。

4. 工程项目管理组织结构采用直线式形式的优点是（　　）。

A. 人员机动、组织灵活
B. 多方指导、辅助决策
C. 权力集中、职责分明
D. 横向联系、信息流畅

【解析】选项A属于矩阵式的特点。选项B属于职能式特点。选项D错误，直线式无横向联系。

5. 关于工程项目管理组织结构特点的说法，正确的是（　　）。

A. 矩阵式组织中，集中领导，有利于提高管理效率
B. 职能式组织形成多头领导，容易造成职责不清
C. 直线职能式组织中，项目经理需要通晓各种业务，是"全能式"人才
D. 直线职能式组织中，职能部门横向联系好，信息传递路线长

【解析】选项A属于直线职能式的特点。选项C属于直线式的特点。选项D错误，直线职能式组织横向联系差。

6. 项目管理采用矩阵式组织结构形式的特点有（　　）。

A. 组织结构稳定性强
B. 容易造成职责不清
C. 组织结构灵活性大
D. 组织结构机动性强
E. 各成员受双重领导

【解析】选项A错误，矩阵式组织结构经常变动，业务人员工作调动频繁，稳定性差。选项B错误，矩阵式的特点不涉及职责不清。

第1章
建设工程项目组织、规划与控制

7. 对于技术复杂、各职能部门之间的技术界面比较繁杂的大型工程项目，宜采用的项目组织形式是（　　）组织形式。

A. 直线式　　　　B. 弱矩阵式　　　　C. 中矩阵式　　　　D. 强矩阵式

【解析】矩阵式组织结构三种形式见下表。

组织形式	项目经理权限	适用情况
强矩阵式	大，全权负责，成员绩效项目经理考核，成员只对项目经理负责	技术复杂且时间紧迫的项目
中矩阵式（平衡矩阵）	中，被授予一定权力，对项目整体及目标负责	中等技术复杂程度且建设周期较长的工程项目
弱矩阵式	小，协调者、监督者，不是管理者	适用于技术简单的工程项目

8. （　　）是项目管理的重要工具，强调每一项工作需要由谁负责，表明每个人在整个项目中的角色地位。

A. 项目管理职能分工表　　　　B. 工作矩阵
C. 责任矩阵　　　　　　　　　D. 组织分工

【解析】本题考查的是责任矩阵的概念。

9. 工程项目部编制责任矩阵，编制程序包括：①列出参与项目管理及负责执行项目任务的个人或职能部门名称。②列出需要完成的项目管理任务。③以项目管理任务为行，以执行任务的个人或部门为列，画出纵横交叉的责任矩阵图。④检查各职能部门或人员的项目管理任务分配是否均衡适当，进行调整和优化。⑤在责任矩阵图的行与列交叉窗口中，用不同字母或符号表示项目管理任务与执行者的责任关系，从而建立"人"与"事"的关联。正确的排序为（　　）。

A. ①②③⑤④　　B. ①②③④⑤　　C. ②①③⑤④　　D. ②①⑤③④

【解析】责任矩阵的编制程序：列出管理任务→列出负责的个人或部门→绘制责任矩阵图（管理任务为行，个人或部门为列）→在行与列交叉窗口用字母或符号表示责任关系→调整和优化。

10.【2024年】 按照项目经理的权限不同，矩阵式项目组织结构可分为不同形式。其中，平衡矩阵式组织结构适用于（　　）的工程项目。

A. 技术较复杂、建设周期较长　　　　B. 技术较简单、建设周期较短
C. 技术复杂程度中等、建设周期较长　D. 技术复杂程度中等、建设周期较短

【解析】中矩阵式（平衡矩阵）组织结构适用于中等技术复杂程度且建设周期较长的工程项目。

11. 在施工项目部编制的责任矩阵图中，任务执行者在项目管理中的角色有（　　）。

A. 负责人　　　　　　　　　　　　B. 授权人

C. 监理人 D. 参与者
E. 审查者

【解析】任务执行者在项目管理中通常有三种角色：①负责人P；②支持者或参与者S；③审查者R。

12. 关于项目管理责任矩阵的说法，正确的是（   ）。
A. 责任检查时，横向检查可以确保每个人员至少负责一项工作
B. 责任检查时，纵向检查可以确保每项工作有人员负责
C. 基于管理活动的工作量估算，可以横向统计每个活动的总工作量
D. 基于管理活动的工作量估算，可以纵向统计每个活动的总工作量

【解析】技巧：横向检查和统计的对象都是"工作"，纵向检查和统计的对象是"人"。

编制程序	作用
（1）列出项目管理任务。 （2）列出个人或职能部门名称。 （3）以项目管理任务为行，以执行任务的个人或部门为列，画出纵横交叉的责任矩阵图。 （4）用不同字母或符号表示项目管理任务与执行者的责任关系。 （5）进行调整和优化。	（1）责任矩阵可以非常方便地进行责任检查：横向检查可以确保每项工作有人负责；纵向检查可以确保每个人至少负责一件"事"。 （2）基于管理活动的工作量估算：横向统计每个活动的总工作量；纵向统计每个角色投入的总工作量。

【答案】1. A 2. B 3. A 4. C 5. B 6. CDE 7. D 8. C 9. C 10. C 11. ADE 12. C

考点3 项目经理

1. 依据《建设项目工程总承包管理规范》GB/T 50358—2017，工程总承包项目经理职责和权限见下表。

职责	（1）执行工程总承包企业管理制度，维护企业合法权益。 （2）代表企业组织实施工程总承包项目管理，对实现合同约定的项目目标负责。 （3）完成项目管理目标责任书规定的任务。 （4）在授权范围内负责与项目利益相关者协调，解决项目实施中出现的问题。 （5）对项目实施全过程进行策划、组织、协调和控制。 （6）负责组织项目的管理收尾和合同收尾工作
权限	（1）经授权组建项目部，提出项目部组织机构，选用项目部成员，确定岗位人员职责。 （2）在授权范围内，行使相应管理权，履行相应职责。 （3）在合同范围内按规定程序使用工程总承包企业的相关资源。 （4）批准发布项目管理程序。 （5）协调和处理与项目有关的内外部事项。 【总结】管理权、批准、选人用资源、对外

2. 依据《建设工程施工项目经理岗位职业标准》T/CCIAT 0010—2019，施工项目经理职责和权限见下表。

职责	（1）依据企业规定组建项目经理部，组织制定项目管理岗位职责，明确项目团队成员职责分工。 （2）执行企业各项规章制度，组织制定和执行施工现场项目管理制度。 （3）组织项目团队成员进行施工合同交底和项目管理目标责任分解。 （4）在授权范围内组织编制和落实施工组织设计、项目管理实施规划、施工进度计划、绿色施工及环境保护措施、质量安全技术措施、施工方案和专项施工方案。 （5）在授权范围内进行项目管理指标分解，优化项目资源配置，协调施工现场人力资源安排，并对工程材料、构配件、施工机具设备等资源的质量和安全使用进行全程监控。 （6）组织项目团队成员进行经济活动分析，进行施工成本目标分解和成本计划编制，制定和实施施工成本控制措施。 （7）建立健全协调工作机制，主持工地例会，协调解决工程施工问题。 （8）依据施工合同配合企业或受企业委托选择分包单位，组织审核分包工程款支付申请。 （9）组织与建设单位、分包单位、供应单位之间的结算工作，在授权范围内签署结算文件。 （10）建立和完善工程档案文件管理制度，规范工程资料管理及存档程序，及时组织汇总工程结算和竣工资料，参与工程竣工验收。 （11）组织进行缺陷责任期工程保修工作，组织项目管理工作总结
权限	（1）参与项目投标及施工合同签订。 （2）参与组建项目经理部，提名项目副经理、项目技术负责人，选用项目团队成员。 （3）参与分包合同和供货合同签订。 （4）主持项目经理部工作，组织制定项目经理部管理制度。 （5）决定企业授权范围内的资源投入和使用。 （6）在授权范围内直接与项目相关方进行沟通。 （7）根据企业考核评价办法组织项目团队成员绩效考核评价，按企业薪酬制度拟定项目团队成员绩效工资分配方案，提出不称职管理人员解聘建议。 【记忆口诀】"3参与1主持1决定1组织，沟通+绩效"

1. 根据《建设项目工程总承包管理规范》GB/T 50358—2017，工程总承包项目经理的职责包括（　　）。

A. 完成项目管理目标责任书规定的任务
B. 在授权范围内，行使相应管理权，履行相应职责
C. 对项目实施全过程进行策划、组织、协调和控制
D. 负责组织项目的管理收尾和合同收尾
E. 批准发布项目管理程序

【解析】选项B、E属于工程总承包项目经理的权限。

2. 根据《建设工程施工项目经理岗位职业标准》T/CCIAT 0010—2019，施工项目经理的权限是（　　）。

A. 参与工程竣工验收

B. 组织制定项目管理岗位职责

C. 组织制定和执行施工现场项目管理制度

D. 主持项目经理部工作

【解析】 选项 A、B、C 属于施工项目经理的职责。

3. 根据《建设工程施工项目经理岗位职业标准》T/CCIAT 0010—2019，项目经理的职责有（　　）。

A. 主持工地例会，协调解决工程施工问题

B. 在授权范围内签署结算文件

C. 决定企业授权范围内的资源投入和使用

D. 主持项目经理部工作，组织制定项目经理部管理制度

E. 参与工程竣工验收

【解析】 选项 C、D 属于项目经理的权限。

4.【2024 年】《建设项目工程总承包管理规范》规定，工程总承包项目经理应履行的职责是（　　）。

A. 代表企业签订工程总承包合同

B. 组织评估工程总承包项目投资估算的合理性

C. 对项目实施全过程进行策划、组织、协调和控制

D. 组织选择分包单位并签订工程分包合同

【解析】 工程总承包项目经理的职责见下表。

职责	（1）执行工程总承包企业管理制度，维护企业合法权益。 （2）代表企业组织实施工程总承包项目管理，对实现合同约定的项目目标负责。 （3）完成项目管理目标责任书规定的任务。 （4）在授权范围内负责与项目利益相关者协调，解决项目实施中出现的问题。 （5）对项目实施全过程进行策划、组织、协调和控制。 （6）负责组织项目的管理收尾和合同收尾工作。

5. 根据《建设项目工程总承包管理规范》GB/T 50358—2017，工程总承包项目经理的权限有（　　）。

A. 代表企业组织实施工程总承包项目管理

B. 在授权范围内，行使相应管理权，履行相应职责

C. 协调和处理与项目有关的内外部事项

D. 执行工程总承包企业管理制度，维护企业合法权益

E. 经授权组建项目部，提出项目部组织机构

【解析】 选项 A、D 属于工程总承包项目经理的职责。

【答案】 1. ACD　2. D　3. ABE　4. C　5. BCE

第3节 工程项目管理规划与动态控制

考点1 工程项目管理规划

根据《建设工程项目管理规范》GB/T 50326—2017，项目管理规划大纲和实施规划的编制程序及内容。

	项目管理规划大纲	项目管理实施规划
编制程序	（1）明确项目需求和项目管理范围。 （2）确定项目管理目标。 （3）分析项目实施条件，进行项目工作结构分解。 （4）确定项目管理组织模式、组织结构和职责分工。 （5）规定项目管理措施。 （6）编制项目资源计划。 （7）报送审批。 【记忆】需求、目标、项目分解、组织分工、措施、编制、审批	（1）了解相关方的要求。 （2）分析项目具体特点和环境条件。 （3）熟悉相关的法规和文件。 （4）实施编制活动。 （5）履行报批手续。 【记忆】要求、分析、熟悉法规、编制、报批
内容	项目概况 项目范围管理 项目管理目标 项目管理组织 项目采购与投标管理 项目进度管理 项目质量管理 项目成本管理 项目安全生产管理 绿色建造与环境管理 项目资源管理 项目信息管理 项目沟通与相关方管理 项目风险管理 项目收尾管理 【记忆】含"管理"	项目概况 项目总体工作安排 组织方案 设计与技术措施 进度计划 质量计划 成本计划 安全生产计划 绿色建造与环境管理计划 资源需求与采购计划 信息管理计划 沟通管理计划 风险管理计划 项目收尾计划 项目现场平面布置图 项目目标控制计划 技术经济指标 【记忆】含"计划"+其他

1.【2023年】 根据《建设工程项目管理规范》，项目管理规划应包括的内容有（   ）。
  A. 项目管理规划大纲和项目管理策划
  B. 项目管理策划和项目管理实施规划
  C. 项目管理配套策划和项目管理实施规划
  D. 项目管理规划大纲和项目管理实施规划
  【解析】项目管理规划应包括项目管理规划大纲和项目管理实施规划。

2.【2023年】 根据《建设工程项目管理规范》，项目管理规划大纲的内容包括（   ）。
  A. 项目质量管理
  B. 项目总体工作安排
  C. 设计与技术措施
  D. 项目收尾管理
  E. 风险管理计划
  【解析】选项B、C、E属于项目管理实施规划。

3.【2022年】 根据《建设工程项目管理规范》，项目管理实施规划的编制工作包括：①分析项目特点和环境条件；②熟悉相关的法规和文件；③了解相关方的要求；④履行报批手续；⑤实施编制活动。正确的工作程序是（   ）。
  A. ①②③④⑤
  B. ①③②⑤④
  C. ③②①⑤④
  D. ③①②⑤④
  【解析】根据《建设工程项目管理规范》，项目管理实施规划的编制程序：①了解相关方的要求；②分析项目具体特点和环境条件；③熟悉相关的法规和文件；④实施编制活动；⑤履行报批手续。

4.【2024年】 根据《建设工程项目管理规范》，编制项目管理规划大纲需进行的工作有：①确定项目管理目标；②规定项目管理措施；③编制项目资源计划；④进行项目工作结构分解等。仅就上述工作而言，正确的工作顺序是（   ）。
  A. ③②①④
  B. ②①③④
  C. ①④②③
  D. ④②③①
  【解析】项目管理规划大纲应按下列程序编制：①明确项目需求和项目管理范围；②确定项目管理目标；③分析项目实施条件，进行项目工作结构分解；④确定项目管理组织模式、组织结构和职责分工；⑤规定项目管理措施；⑥编制项目资源计划；⑦报送审批。

【答案】 1. D 2. AD 3. D 4. C

第1章 建设工程项目组织、规划与控制

考点2 施工组织设计

◆ 施工组织设计的分类及内容

	施工组织总设计	单位工程施工组织设计	施工方案
分类	群体工程或特大型工程项目	单位（子）工程	分部（分项）工程或专项工程
内容	（1）工程概况； （2）总体施工部署； （3）施工总进度计划； （4）总体施工准备与主要资源配置计划； （5）主要施工方法； （6）施工总平面布置	（1）工程概况； （2）施工部署； （3）施工进度计划； （4）施工准备与资源配置计划； （5）主要施工方案； （6）施工现场平面布置	（1）工程概况； （2）施工进度计划； （3）施工准备与资源配置计划； （4）施工安排； （5）施工方法及工艺要求

口诀：方案无部署，方案无平面，方案有工艺，单位有方案，总计要有总

◆ 施工组织设计的编制和审批

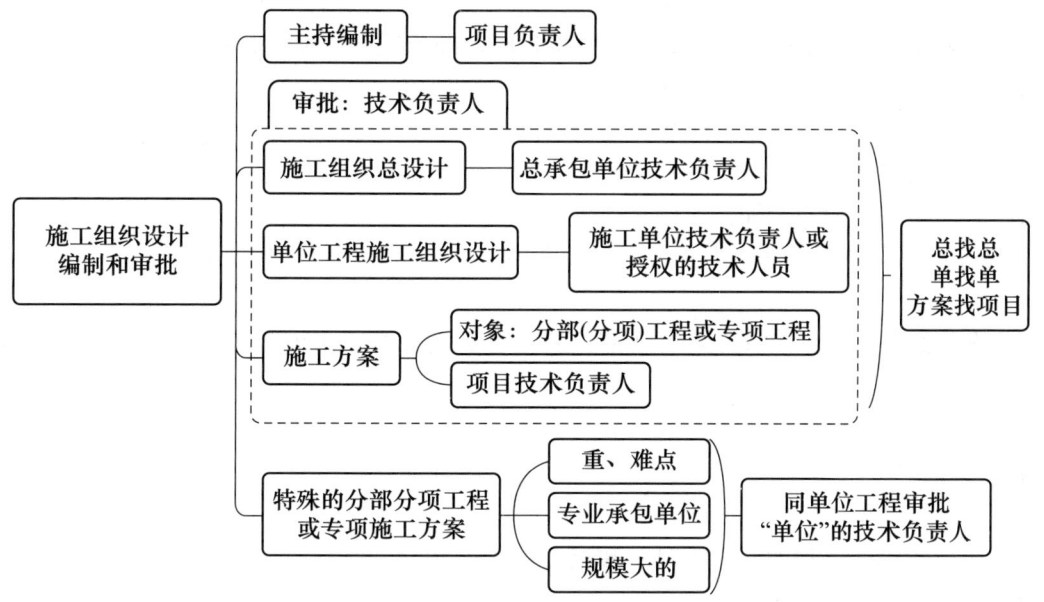

1.【2023年】 根据《建筑施工组织设计规范》，按照编制对象不同，施工组织设计分为（　　）。

A. 施工组织总设计、单位工程施工组织设计、施工方案
B. 单位工程施工组织设计、分部分项施工组织设计、施工方案
C. 单位工程施工组织设计、施工方案、专项施工指导书
D. 施工组织总设计、分部分项施工组织设计、总体施工部署

【解析】施工组织设计按编制对象，可分为施工组织总设计、单位工程施工组织设计和施工方案。

2.【2021 年】根据《建筑施工组织设计规范》GB/T 50502—2009，以分部（分项）工程或专项工程为主要对象编制的施工方案，其主要内容包括（   ）。

A. 工程概况
B. 施工部署
C. 施工方法和工艺要求
D. 施工准备与资源配置计划
E. 施工现场平面布置

【解析】根据《建筑施工组织设计规范》GB/T 50502—2009，施工方案内容包括工程概况、施工安排、施工进度计划、施工准备与资源配置计划、施工方法及工艺要求等。

【记忆口诀】方案无部署、方案无平面

3. 施工组织总设计的主要内容包括（   ）。

A. 总体施工部署
B. 施工总进度计划
C. 施工方法及工艺要求
D. 总体施工准备
E. 施工总平面布置

【解析】选项 C 属于施工方案的内容。

【记忆口诀】总计要有"总"

4. 根据施工总进度计划，施工总平面布置时，办公区、生活区和生产区宜（   ）。

A. 分离设置，满足节能、环保、安全和消防等要求
B. 集中布置，布置在建筑红线和建筑中间
C. 充分利用既有建筑物和既有设施，增加生活区临时配套设施
D. 合理组织运输，增加二次搬运

【解析】临时设施应方便生产、生活，办公区、生活区和生产区宜分离设置。

5. 施工总进度计划是施工组织总设计的主要组成部分，编制施工总进度计划的主要工作有（   ）。

A. 确定总体施工准备条件
B. 计算工程量
C. 确定各单位工程施工期限
D. 确定各单位工程的开竣工时间和相互搭接关系
E. 确定主要施工方法

【解析】根据《建筑施工组织设计规范》GB/T 50502—2009，施工总进度计划的内容：计算工程量；确定各单位工程的施工期限；确定各单位工程的开竣工时间和相互搭接关系；编制初步施工总进度计划；形成正式的施工总进度计划。

6. 编制单位工程施工进度计划时，确定工作项目持续时间需要考虑每班工人数量、限定每班工人数量上限的因素是（   ）。

A. 工作项目工程量
B. 最小劳动组合
C. 人工产量定额
D. 最小工作面

【解析】最小工作面限定了每班施工人数的上限，而最小劳动组合限定了每班施工人数的下限。

7.【2023年】 由专业承包单位施工的分部（分项）工程或专项工程的施工方案，应由（　　）审批。

A. 总包单位技术负责人
B. 总包单位项目技术负责人
C. 专业承包单位技术负责人
D. 专业承包单位项目技术负责人

【解析】根据《建筑施工组织设计规范》GB/T 50502—2009，由专业承包单位施工的分部（分项）工程或专项工程的施工方案，应由专业承包单位技术负责人或技术负责人授权的技术人员审批；有总承包单位时，应由总承包单位项目技术负责人核准备案。

8.【2022年】 根据《建筑施工组织设计规范》GB/T 50502—2009，重点、难点分部（分项）工程的施工方案应由施工单位技术部门组织相关专家评审，终由（　　）批准。

A. 项目负责人
B. 施工单位技术负责人
C. 施工单位负责人
D. 项目技术负责人

【解析】根据《建筑施工组织设计规范》GB/T 50502—2009，重点、难点分部（分项）工程的施工方案应由施工单位技术部门组织相关专家评审，并应由施工单位技术负责人批准。

9.【2021年】 根据《建筑施工组织设计规范》GB/T 50502—2009，施工组织设计应由（　　）主持编制。

A. 施工单位技术负责人
B. 项目负责人
C. 总承包单位技术负责人
D. 项目技术负责人

【解析】根据《建筑施工组织设计规范》GB/T 50502—2009，施工组织设计应由项目负责人主持编制。

10.【2018年】 下列具体情况中，施工组织设计应及时进行修改或补充的有（　　）。

A. 由于施工规范发生变更导致需要调整预应力钢筋施工工艺
B. 由于国际钢材市场价格大涨导致进口钢材无法及时供料，严重影响工程施工
C. 由于自然灾害导致工期严重滞后
D. 设计单位应业主要求对工程设计图纸进行了细微修改
E. 施工单位发现设计图纸存在严重错误，无法继续施工

【解析】本题正确答案的关键词是"重大、严重、法律法规的变化"。选项D错误，工程设计的细微修改，无须修订施工组织设计。发生下列情形时，应及时对施工组织设计进行修改或补充：有关法律、法规及标准实施、修订和废止；工程设计的重大修改；主要施工方法、主要施工资源配置的重大调整；施工环境的重大改变。

11.【2024年】 某单位工程施工进度计划中，工作 A 由 B、C 两个分项工程合并而成。已知分项工程 B 的时间定额和工程量分别是 0.35 工日/m 和 5000m，分项工程 C 的时间定额和工程量分别是 0.52 工日/m 和 3000m，则工作 A 的是（ ）工日/m。

A. 0.41　　　　　　B. 0.44　　　　　　C. 0.46　　　　　　D. 0.67

【解析】综合时间定额=∑（分项工程的工程量×分项工程时间定额）/∑分项工程的工程量。

A 工作的综合时间定额 =（0.35×5000+0.52×3000）÷（5000+3000）= 0.41375 ≈ 0.41 工日/m。

12.【2024年】 下列施工组织设计内容中，属于单位工程施工组织设计中"施工部署"的有（ ）。

A. 主要施工方案　　　　　　　　B. 工程施工目标
C. 施工重点和难点分析　　　　　D. 主要分项工程施工工艺要求
E. 项目经理部工作岗位设置与职责划分

【解析】本题通过排除法作答，选项 A 与施工部署是并列关系；选项 D 属于施工方案特有的内容。施工部署是指对工程施工过程进行的统筹规划和全面安排，包括：①工程施工目标；②进度安排和空间组织；③施工重点和难点分析，包括组织管理和施工技术两个方面；④工程管理组织结构形式（项目经理部工作岗位设置与职责划分）；⑤"四新"使用部署或要求；⑥分包单位要求。

13.【2024年】 工程施工过程中，需要对施工组织设计进行修改或补充的情形有（ ）。

A. 工程设计有重大修改　　　　　B. 有关费用变化的
C. 主要施工方法有重大调整　　　D. 主要施工资源配置有重大调整
E. 施工环境有重大改变

【解析】本题作答技巧：找关键词"重大、重要、法律法规变化"。工程施工过程中发生下列情形时，应及时对施工组织设计进行修改或补充：①工程设计有重大修改；②有关法律、法规及标准实施、修订和废止；③主要施工方法有重大调整；④主要施工资源配置有重大调整；⑤施工环境有重大改变。

14. 初始施工进度计划编制完成后，需要检查是否满足要求，下列检查内容中首要检查的是（ ）。

A. 主要施工机具的利用是否均衡　　　B. 主要建筑材料的利用是否均衡
C. 总工期是否满足合同约定　　　　　D. 主要工种的工人是否满足连续施工要求

【解析】施工进度计划的调整和优化。要检查初始施工进度计划是否满足要求。检查内容包括：①各工作项目的施工顺序和搭接关系是否合理；②总工期是否满足合同约定；③主要工种的工人是否能满足连续、均衡施工的要求；④主要施工机具、材料等的利用是否均衡和充分。上述四方面检查内容中，首要的是前两方面检查内容。

15. 单位工程施工组织设计编制过程中，确定施工方案，制定施工准备与资源配置计划、施工管理计划等，均需围绕（　　）进行。

A. 施工现场平面布置　　　　　　B. 施工部署
C. 施工进度计划　　　　　　　　D. 施工工艺

【解析】施工部署是指对工程施工过程进行的统筹规划和全面安排，包括工程项目施工目标、进度安排及空间组织、施工组织安排等。施工部署是施工组织设计的纲领性内容，施工进度计划、施工准备与资源配置计划、施工方法、施工现场平面布置和主要施工管理计划等均应围绕施工部署进行编制和确定。

16. 施工部署是单位工程施工组织设计的纲领性内容，包括工程项目施工目标、施工组织安排以及（　　）等。

A. 主要施工方案
B. 进度安排及空间组织
C. 资源配置计划
D. 施工进度计划

【解析】施工部署包括工程项目施工目标、进度安排及空间组织、施工重点和难点分析、工程管理组织结构形式、"四新"使用部署或要求、分包单位要求。

17. 下列组成内容中，属于单位工程施工组织设计纲领性内容的是（　　）。

A. 施工进度计划　　　　　　　　B. 施工方法
C. 施工现场平面布置　　　　　　D. 施工部署

【解析】施工部署是施工组织设计的纲领性内容，施工进度计划、施工准备与资源配置计划、施工方法、施工现场平面布置等均应围绕施工部署进行编制和确定。

【答案】1. A　2. ACD　3. ABDE　4. A　5. BCD　6. D　7. C　8. B　9. B　10. ABCE　11. A　12. BCE　13. ACDE　14. C　15. B　16. B　17. D

考点3　工程项目目标动态控制

◆ 施工项目目标控制措施

分类	关键词
组织措施	组织机构、规章制度、职责分工、工作流程、考评机制等
技术措施	项目管理规划、施工组织设计、施工方案、改进施工方法和工艺、定机定料、采用网络计划技术、价值工程、挣值分析方法等
经济措施	成本、资金、经济、结算、奖励等
合同措施	分析工程承包风险、承包模式及合同计价方式、合同、索赔等

1. 工程项目目标体系构建后，工程项目管理的关键在于（　　）。
A. 项目目标动态控制
B. 成本管理
C. 偏差纠正
D. 工程项目总目标的分析论证
【解析】工程项目目标体系构建后，工程项目管理的关键在于项目目标动态控制。

2. 下列项目目标动态控制的纠偏措施中，属于合同措施的是（　　）。
A. 建立健全组织机构和规章制度
B. 合理处置工程变更和利用好工程索赔
C. 采用工程网络计划技术进行动态控制
D. 对工程变更方案进行经济分析
【解析】选项 A 属于组织措施。选项 C 属于技术措施。选项 D 属于经济措施。

3. 下列项目目标动态控制的纠偏措施中，属于技术措施的是（　　）。
A. 建立工程项目目标控制工作考评机制
B. 对工程承包风险的应对体现在投标报价中
C. 编制施工组织设计、施工方案并对其技术可行性进行审查、论证
D. 明确工程责任成本
【解析】选项 A 属于组织措施。选项 B 属于合同措施。选项 D 属于经济措施。

4. 下列项目目标动态控制的纠偏措施中，属于组织措施的是（　　）。
A. 强化动态控制中的激励，调动和发挥员工实现项目目标的积极性和创造性
B. 要做好施工合同交底工作
C. 编制项目管理规划
D. 完善施工成本节约奖励措施
【解析】选项 B 属于合同措施。选项 C 属于技术措施。选项 D 属于经济措施。

5. 保证建设工程顺利（　　），是施工项目目标控制的最终目的。
A. 竣工验收　　B. 验收合格　　C. 建成并交付使用　　D. 投产运营
【解析】保证建设工程顺利建成并交付使用，是施工项目目标控制的最终目的。

6. 关于施工项目目标及动态检测的说法，正确的有（　　）。
A. 施工项目管理的关键在于项目目标的事后纠偏控制
B. 施工项目总目标是一个多目标体系
C. 施工项目目标应符合工程建设强制性标准
D. 不同施工项目前各个目标可具有不同的优先等级
E. 构建施工项目目标体系是有效控制施工项目目标的基本前提

【解析】选项 A 错误，施工项目目标体系构建后，施工项目管理的关键在于项目目标动态控制。施工项目目标是一个包含施工进度、质量、成本的多目标体系。

分析论证施工项目总目标遵循的基本原则：①符合工程建设强制性标准；②定性分析和定量分析相结合；③不同施工项目的各个目标可具有不同的优先等级。

【答案】1. A 2. B 3. C 4. A 5. C 6. BCDE

第 2 章 建设工程项目管理相关体系标准

本章考点

- 建设工程项目管理相关体系标准
  - 质量、环境、职业健康安全管理体系
    1. 质量管理体系
    2. 环境管理体系
    3. 职业健康安全管理体系
    4. 卓越绩效管理
    5. 全面一体化管理
  - 风险管理与社会责任管理体系
    - 风险管理与社会责任管理
  - 项目管理标准体系
    1. 项目管理标准及价值交付
    2. 项目群与项目组合管理

第 1 节 质量、环境、职业健康安全管理体系

考点 1 质量管理体系

◆ ISO 质量管理体系的质量管理基本原则

七原则	概念
以顾客为关注焦点	满足顾客要求并争取超越顾客的期望，首要关注点
领导作用	各级领导建立统一的宗旨和方向，应当创造并保持能使员工充分参与实现组织目标的内部环境和条件
全员积极参与	是提高组织创造和提供价值能力的必要条件

续表

七原则	概念
过程方法	将活动作为相互关联、功能连贯的过程组成的体系来理解和管理时，可更加有效和高效地得到一致的、可预知的结果
改进	成功的组织持续关注改进
循证决策	基于数据和信息的分析和评价的决策，更有可能产生期望的结果
关系管理	组织与供方是相互依存的，互利的关系可增强双方创造价值的能力

1. 根据 ISO 质量管理体系标准，（   ）为核心标准。

A.《项目管理质量指南》ISO 10006：2003

B.《质量管理体系 要求》ISO 9001：2015

C.《质量管理体系文件指南》ISO/TR 10013：2001

D. 特殊行业的质量管理体系要求

【解析】ISO 质量管理体系三个核心标准为：《质量管理体系 基础和术语》GB/T 19000—2016、《质量管理体系 要求》GB/T 19001—2016、《质量管理 组织的质量 实现持续成功指南》GB/T 19004—2020。

2. 组织的质量管理体系按照（   ）原理运行。

A. 相关　　　　　B. 系统　　　　　C. 绩效管理　　　　　D. PDCA 循环

【解析】根据 ISO 质量管理体系标准，质量管理体系结构按照 PDCA 循环原理运行。

3. 质量管理体系是指由组织机构、过程、程序和（   ）组成的有机整体，以保证产品和服务质量满足规定（或隐含）的要求。

A. 方法　　　　　B. 运行　　　　　C. 资源　　　　　D. 文件

【解析】根据 ISO 质量管理体系标准，质量管理体系是指由组织机构、过程、程序和资源组成的有机整体。

4.《质量管理体系 要求》GB/T 19001—2016 中的三大过程分别是（   ）。

A. 领导导向过程　　　　　　　　B. 顾客导向过程

C. 支持过程　　　　　　　　　　D. 管理过程

E. 分析过程

【解析】《质量管理体系 要求》GB/T 19001—2016 中的三大过程：顾客导向过程、支持过程、管理过程。

5. 当程序形成文件时，《质量管理体系 要求》GB/T 19001—2016 标准中分为要求保持和保留的成文信息，其中要求保持的成文信息有（   ）。

A. 质量管理体系的范围　　　　　B. 设计与开发输入

C. 质量方针　　　　　　　　　　D. 质量目标

E. 不合格与纠正措施的证据

【解析】选项 B、E 属于需要保留的成本信息。
(1) 要求保持的成文信息：质量管理体系的范围、质量方针、质量目标。
(2) 要求保留的成文信息：设计与开发输入、不合格与纠正措施的证据等。

6. 根据《质量管理体系 基础和术语》GB/T 19000—2016，质量管理体系七项原则的说法，正确的有（　　）。
A. 将活动作为相互关联、功能连贯的过程组成的体系来理解和管理
B. 各级领导建立统一的宗旨和方向，并创造全员积极参与实现组织的质量目标的条件
C. 全员积极参与
D. 基于数据和信息的分析和评价的决策
E. 以产品为关注焦点
【解析】选项 E 错误，正确的表述应为"以顾客为关注焦点"。

7. 根据《质量管理体系 基础和术语》GB/T 19000—2016，循证决策原则要求施工企业在质量管理时应基于（　　）作出相关决策。
A. 与相关方的关系　　　　　　　　B. 满足顾客的要求
C. 功能连贯的过程组成的体系　　　D. 数据和信息的分析和评价
【解析】循证决策是基于数据和信息的分析和评价的决策，更有可能产生期望的结果。

8. 质量管理的核心通常是指（　　）。
A. 过程控制　　　　　　　　　　　B. 领导作用
C. 关系管理　　　　　　　　　　　D. 全员参与
E. 持续改进
【解析】质量管理的核心通常是指过程控制、全员参与和持续改进。
【记忆口诀】全员改过

9.【2024 年】根据《质量管理体系 要求》GB/T 019001—2016，下列质量管理活动中，属于顾客导向过程的是（　　）。
A. 质量目标策划　　　　　　　　　B. 质量风险应对
C. 外部供应产品质量控制　　　　　D. 产品交付后的防护
【解析】选项 A、B 属于管理过程；选项 C 属于支持过程。

三大过程	包含内容
顾客导向过程	市场需求的确定、产品和服务的开发、产品生产和服务提供的控制、产品交付后的防护活动
支持过程	基础设施、过程环境、监视和测量设备、知识、能力、意识、沟通、形成文件的信息、运行策划过程、外部供应产品和服务的控制、标识和可追溯性、顾客或外部供方的财产、产品和服务放行、不合格产品和服务

第 2 章 建设工程项目管理相关体系标准

续表

三大过程	包含内容
管理过程	风险和机遇的应对措施、质量目标及其实施的策划、顾客满意度、数据分析与评价、内部审核、管理评审、不符合和纠正措施、改进

【答案】 1. B　2. D　3. C　4. BCD　5. ACD　6. ABCD　7. D　8. ADE　9. D

考点 2　环境管理体系

◆ 环境管理体系的组成内容

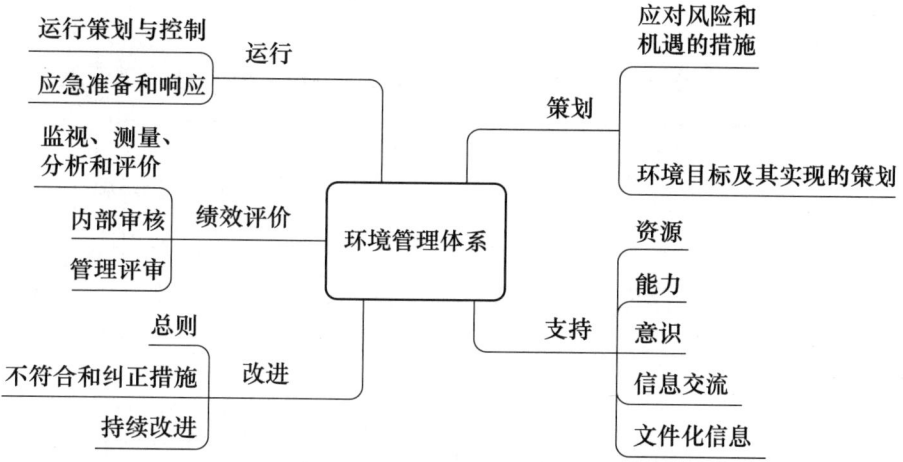

1. 根据《环境管理体系　要求及使用指南》GB/T 24001—2016，属于"绩效评价"部分的内容是（　　）。

A. 管理评审
B. 应对风险和机遇的措施
C. 理解组织及其所处的环境
D. 应急准备和响应

【解析】《环境管理体系　要求及使用指南》GB/T 24001—2016，绩效评价包括三方面内容：①监视、测量、分析和评价；②内部审核；③管理评审。选项 B 属于策划。选项 C 与绩效评价是并行关系，都属于环境管理体系的核心内容。选项 D 属于运行。

2. （　　）是环境管理体系系列标准中的龙头标准，也是认证使用的唯一标准。

A.《环境管理体系　通用实施指南》GB/T 24004—2017
B.《环境管理体系　要求及使用指南》GB/T 24001—2016
C.《环境管理体系　分阶段实施的灵活方法指南》ISO 14005：2019
D.《环境审核指南　环境审核员资格要求》ISO 14012：1996

【解析】《环境管理体系　要求及使用指南》GB/T 24001—2016 是环境管理体系系列标准中的龙头标准，也是认证使用的唯一标准。

3. 环境管理体系的基本理念包括（　　）。

A. 持续改进　　　　　　　　　　　B. 风险管理

C. 绩效评估　　　　　　　　　　　D. 资源管理

E. 循证决策

【解析】环境管理体系的基本理念除了选项 A、B、C、D 外，还包括法律合规、沟通与参与、培训意识。选项 E 属于质量管理体系的基本原则。

4. 根据《环境管理体系 要求及使用指南》，领导作用在环境体系中处于核心地位，这里的领导作用包括（　　）。

A. 领导作用和承诺　　　　　　　　B. 组织所处环境

C. 环境方针　　　　　　　　　　　D. 组织的角色、职责和权限

E. 相关方价值

【解析】《环境管理体系 要求及使用指南》GB/T 24001—2016 结构见下表。

1. 范围	6. 策划 　6.1　应对风险和机遇的措施 　6.2　环境目标及其实现的策划
2. 规范性引用文件	7. 支持 　7.1　资源 　7.2　能力 　7.3　意识 　7.4　信息交流 　7.5　文件化信息
3. 术语和定义	8. 运行 　8.1　运行策划和控制 　8.2　应急准备和响应
4. 组织所处环境 　4.1　理解组织及其所处环境 　4.2　理解相关方需求和期望 　4.3　确定环境管理体系范围 　4.4　环境管理体系	9. 绩效评价 　9.1　监视、测量、分析和评价 　9.2　内部审核 　9.3　管理评审
5. 领导作用 　5.1　领导作用和承诺 　5.2　环境方针 　5.3　组织的角色、职责和权限	10. 改进 　10.1　总则 　10.2　不符合和纠正措施 　10.3　持续改进

5. 根据《环境管理体系 要求及使用指南》，"应急准备和响应"属于环境管理体系（　　）部分中的内容。

A. 领导作用　　　B. 运行　　　C. 策划　　　D. 支持

【解析】运行会直接影响组织环境绩效和环境管理体系预期结果的实现。运行包括两方面内容：①运行策划和控制；②应急准备和响应。

6.【2024年】下列管理理念中，属于环境管理体系基本理念的是（　　）。
A. 以顾客为关注焦点　　　　　　B. 应用过程方法
C. 有效管理资源　　　　　　　　D. 注重关系管理

【解析】环境管理体系有如下基本理念：①持续改进；②法律合规；③风险管理；④绩效评估；⑤沟通与参与；⑥资源管理；⑦培训和意识。
选项A、B、D属于质量管理体系有关内容。

【答案】1. A　2. B　3. ABCD　4. ACD　5. B　6. C

考点3　职业健康安全管理体系

◆职业健康安全管理体系标准要素

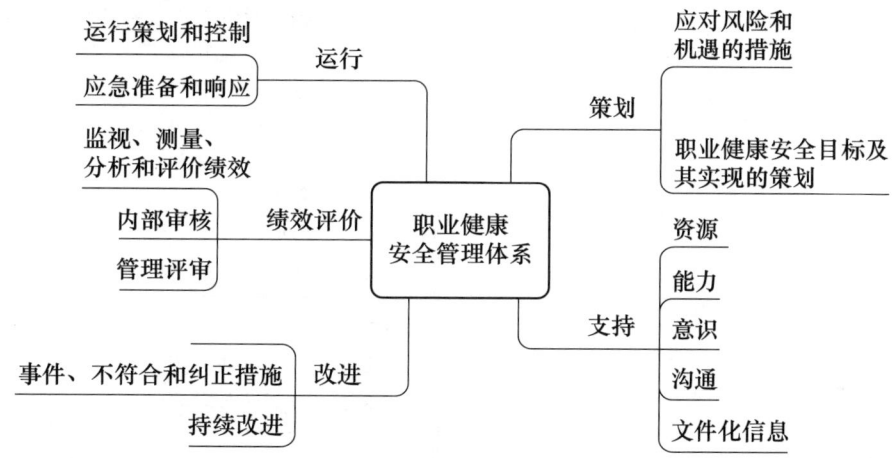

1.【2021年】根据《职业健康安全管理体系 要求及使用指南》，属于"运行"部分的内容是（　　）。
A. 管理评审　　　　　　　　　　B. 危险源辨识
C. 理解组织及其所处的环境　　　D. 应急准备和响应

【解析】《职业健康安全管理体系 要求及使用指南》中"运行"部分包括：①运行策划和控制；②应急准备和响应。

2.（　　），最高管理者应按策划的时间间隔对组织的职业健康安全管理体系进行评审，以确保其持续的适宜性、充分性和有效性。
A. 管理评审　　　　　　　　　　B. 内部审核
C. 合规性评价　　　　　　　　　D. 绩效评价

【解析】管理评审：最高管理者应按策划的时间间隔对组织的职业健康安全管理体系进行评审，以确保其持续的适宜性、充分性和有效性。

3.【2024年】 根据《职业健康安全管理体系 要求及使用指南》，建筑企业应界定职业健康安全管理体系的边界和适用性，以满足职业健康安全管理体系标准对（　　）的基本要求。

A. 支持和运行

B. 绩效评价

C. 领导作用

D. 组织所处环境

【解析】组织应界定职业健康安全管理体系的边界和适用性，以确定其范围，属于下表中的第4.3条。

《职业健康安全管理体系 要求及使用指南》GB/T 45001—2020 结构见下表。

1. 范围	6. 策划 6.1 应对风险和机遇的措施 6.2 职业健康安全目标及其实现的策划
2. 规范性引用文件	7. 支持 7.1 资源 7.2 能力 7.3 意识 7.4 沟通 7.5 文件化信息
3. 术语和定义	8. 运行 8.1 运行策划和控制 8.2 应急准备和响应
4. 组织所处环境 4.1 理解组织及其所处环境 4.2 理解工作人员和其他相关方需求和期望 4.3 确定职业健康安全管理体系范围 4.4 职业健康安全管理体系	9. 绩效评价 9.1 监视、测量、分析和评价绩效 9.2 内部审核 9.3 管理评审
5. 领导作用和工作人员参与 5.1 领导作用和承诺 5.2 职业健康安全方针 5.3 组织的角色、职责和权限	10. 改进 10.1 总则 10.2 事件、不符合和纠正措施 10.3 持续改进

【答案】1. D　2. A　3. D

第 2 章 建设工程项目管理相关体系标准

考点 4　卓越绩效管理

◆ **卓越绩效管理特点和基本理念**

特点	（1）从追求产品和服务质量转为追求核心竞争力。 （2）聚焦组织经营结果。 （3）关注比较优势和竞争力的提升，卓越绩效管理的目的是提升组织核心竞争力
基本理念	（1）说明组织驱动力的：远见卓识的领导；战略导向；顾客驱动。 （2）阐述组织经营行为的：社会责任；以人为本；合作共赢。 （3）提供组织运行方法和技术的：重视过程与关注结果；学习、改进与创新；系统管理

◆ **《卓越绩效评价准则》框架及评价要素**

领导、战略、顾客与市场	构成了"领导作用"三角，为组织谋划长远未来，关注的是组织如何做正确的事，是驱动力
资源、过程管理、结果	强调如何充分调动组织中人的积极性和能动性，通过组织中的人在各个业务流程中发挥作用和过程管理的规范，高效地实现组织所追求的经营结果，关注的是组织如何正确地做事，解决的是效率和效果业绩的问题，是从动的
测量、分析与改进	连接两个三角的链条，转动着 PDCA 循环

1.《卓越绩效评价准则》GB/T 19580—2012 的实质是一种（　　）评价。
A. 标准化导向　　　　　　　　　B. 符合性
C. 合格性　　　　　　　　　　　D. 成熟度

【解析】《卓越绩效评价准则》GB/T 19580—2012 属于"成熟度评价"标准。质量管理体系标准属于"符合性评价"标准。

2. 卓越绩效模式中，在关注组织如何做正确的事时，需要强调的组成要素有（　　）。
A. 领导作用　　　　　　　　　　B. 战略
C. 资源　　　　　　　　　　　　D. 过程管理
E. 以顾客和市场为中心

【解析】选项 C、D 属于"资源、过程、结果"，关注的是组织如何正确地做事，解决的是效率和效果业绩的问题，是从动的。

3. 我国建筑企业已由粗放型发展转为精细化经营，未来发展的关键是全面发展，不断提高核心竞争力，实施卓越绩效管理的措施有（　　）。
A. 发挥领导带头作用，强化卓越意识
B. 坚持标准化导向，统领管理活动
C. 坚持顾客导向，提高顾客满意度

D. 履行企业责任，成为卓越企业公民

E. 重视过程管理，从多个维度关注结果

【解析】建筑企业实施卓越绩效管理的措施除了选项 A、C、E 外，还包括坚持战略导向，统领管理活动；履行社会责任，成为卓越企业公民。

4. 《卓越绩效评价准则》GB/T 19580—2012 将所关注的质量管理上升为经营管理的"大质量"管理，强调组织的（　　），体现了现代质量管理的最新理念和方法。

A. 企业责任　　　　　　　　　　B. 战略策划

C. 经营结果　　　　　　　　　　D. 社会责任

E. 经营过程

【解析】《卓越绩效评价准则》GB/T 19580—2012 将所关注的质量管理上升为经营管理的"大质量"管理，强调组织的战略策划、经营结果和社会责任，体现了现代质量管理的最新理念和方法。

5.【2024 年】根据《卓越绩效评价准则》，建筑企业实施卓越绩效管理，在组织驱动力层面应遵循的基本理念是（　　）。

A. 以战略统领组织的管理活动

B. 学习、改进与创新

C. 重视过程与关注结果

D. 确保组织中员工的发展和权益

【解析】说明组织驱动力的基本理念包括：远见卓识的领导；战略导向（以战略统领组织的管理活动，获得持续发展和成功）；顾客驱动。

【答案】1. D　2. ABE　3. ACE　4. BCD　5. A

考点 5　全面一体化管理

◆质量、环境、职业健康安全管理体系所需过程及其相互作用

过程	工作内容
策划 P	（1）应对风险和机遇的措施。 （2）质量/环境/职业健康安全目标及其实现的策划
支持与运行 D	（1）确定并提供所需资源。 （2）确定并确保人员能力意识。 （3）实施并保持沟通。 （4）创建、更新和控制成文信息。 （5）进行运行的策划和控制。 （6）应急准备和响应

过程	工作内容
绩效 评价 C	（1）监视、测量、分析和评价绩效。 （2）内部审核。 （3）管理评审
改进 A	（1）不合格/不符合和纠正。 （2）措施持续改进

◆ **全面一体化管理体系文件的编制原则和程序**

原则	（1）系统协调原则。 （2）合理优化原则。 （3）操作可行性原则。 （4）证实检查原则
编制 程序	新建：①一般按管理手册（含管理方针）；②程序文件；③工作指导书；④记录。 既有：①在现行体系基础上，制定一体化编制计划；②制定编制的指南或范例，规定体系文件的体例及格式

1. 质量管理体系、环境管理体系、职业健康安全管理体系及卓越绩效管理等标准按照（　　）应用于所有过程，使整个管理体系运行。

A. 反馈方法　　　　　　　　　　B. PDCA 循环
C. 评价方法　　　　　　　　　　D. 监督方法

【解析】题干中的各类管理体系，都将 PDCA 循环应用于所有过程，使整个管理体系按照 PDCA 模式运行。

2. 全面一体化管理体系文件的编制原则有（　　）。

A. 系统协调　　　　　　　　　　B. 合理优化
C. 操作可行　　　　　　　　　　D. 系统兼容
E. 证实检查

【解析】全面一体化管理体系文件的编制原则有系统协调原则、合理优化原则、操作可行性原则及证实检查原则。

3. 企业新建立全面一体化管理体系时，管理体系文件包括：①程序文件；②管理手册；③记录；④工作指导书。体系文件编制一般按（　　）顺序进行。

A. ①②③④　　　　　　　　　　B. ②①③④
C. ②①④③　　　　　　　　　　D. ①②④③

【解析】企业新建立全面一体化体系，一般按管理手册（含管理方针）、程序文件、工作指导书和记录的顺序进行编制。

4.【2024年】 建筑企业建立和实施质量、环境、职业健康安全一体化管理体系时，支持与运行过程需进行的工作有（　　）。

A. 实施并保持沟通
B. 确定并提供资源
C. 创建、更新和控制成文信息
D. 持续改进
E. 管理评审

【解析】 支持与运行过程需进行的工作有：确定并提供所需资源，确定并确保人员能力意识，实施并保持沟通，创建、更新和控制成文信息，进行运行的策划和控制，应急准备和响应。选项 D 属于改进过程的工作，选项 E 属于绩效评价过程的工作。

【答案】 1. B　2. ABCE　3. C　4. ABC

第 2 节　风险管理与社会责任管理体系

考点　风险管理与社会责任管理

1. 根据《风险管理 指南》GB/T 24353—2022 采用的"三轮"形式，其中风险管理原则轮中的核心是（　　）。

A. 领导作用与承诺
B. 风险识别
C. 创造和保护价值
D. 持续改进

【解析】 ①风险管理原则轮中，核心是"创造和保护价值"；②风险管理框架轮中，核心是"领导作用与承诺"；③风险管理过程轮中，反映了风险评估的经典过程：风险识别—风险分析—风险评价。

2. 根据《风险管理 指南》GB/T 24353—2022 采用的"三轮"形式，风险管理过程轮中，反映了风险评估的经典过程为（　　）。

A. 风险识别—风险评价—风险分析
B. 风险识别—风险监控—风险分析
C. 风险识别—风险分析—风险监控
D. 风险识别—风险分析—风险评价

【解析】 风险管理过程轮中，反映了风险评估的经典过程：风险识别—风险分析—风险评价。

3. 根据《社会责任指南》GB/T 36000—2015，社会责任的核心主题有（　　）。

A. 人权
B. 劳工实践
C. 消费者问题
D. 改进
E. 社区参与和发展

【解析】社会责任的核心主体有：组织治理、人权、劳工实践、环境、公平运行实践、消费者问题、社会参与和发展。

4.【2024年】根据《社会责任指南》，为履行"公平运行实践"的核心主题，建筑企业应确定的社会责任议题是（　　）。

A. 民主管理　　　　B. 尊重产权　　　　C. 职业健康安全　　　D. 收入创造

【解析】根据《社会责任指南》，社会责任核心主题和议题见下表。

核心主题	议题
组织治理	决策程序和结构
人权	（1）公民和政治权利。 （2）经济、社会和文化权利。 （3）工作中的基本原则和权利
劳工实践	（1）就业和劳动关系。 （2）工作条件和社会保障。 （3）民主管理和集体协商。 （4）职业健康安全。 （5）工作场所中人的发展与培训
环境	（1）污染预防。 （2）资源可持续利用。 （3）减缓并适应气候变化。 （4）环境保护、生物多样性和自然栖息地恢复
公平运行实践	（1）反腐败。 （2）公平竞争。 （3）在价值链中促进社会责任。 （4）尊重产权
消费者问题	（1）公平营销、真实公正的信息和公平的合同实践。 （2）保障消费者健康与安全。 （3）可持续消费。 （4）消费者服务、支持和投诉及争议处理。 （5）消费者信息与隐私保护。 （6）基本服务获取。 （7）教育和意识
社区参与和发展	（1）社区参与。 （2）教育和文化。 （3）就业创造和技能开发。 （4）技术开发和获取。 （5）财富和收入创造。 （6）健康。 （7）社会投资

5. 根据《社会责任指南》，为履行"劳工实践"的核心主题，建筑企业应确定的社会责任议题有（ ）。

A. 决策程序和结构
B. 就业和劳动关系
C. 民主管理和集体协商
D. 教育和文化
E. 职业健康安全

【解析】选项 A 属于组织治理的议题；选项 D 属于社区参与和发展的议题。

【答案】 1. C　2. D　3. ABCE　4. B　5. BCE

第 3 节　项目管理标准体系

考点 1　项目管理标准及价值交付

1. （　　）是组织为实现战略目标、获得收益而以一种综合协调方式对一组相关项目进行的管理。

A. 项目群管理
B. 项目组合管理
C. 单一项目管理
D. 组织管理

【解析】依据美国项目管理协会（PMI）的项目管理体系，项目管理分为单一项目管理、多项目管理（项目群管理、项目组合管理）。项目群管理：组织为实现战略目标、获得收益而以一种综合协调方式对一组相关项目进行的管理。项目组合管理：将若干项目或项目群与其他工作组合在一起进行有效管理，以实现组织的战略目标。项目组合中的项目或项目群之间没必要相互关联或直接相关。

2. 根据国际项目管理协会（IPMA）制定的个人能力基准包括（　　）。

A. 环境能力
B. 行为能力
C. 适应能力
D. 技术能力
E. 战略能力

【解析】国际项目管理协会（IPMA）的个人能力基准：环境能力、行为能力、技术能力。
【记忆口诀】环行技

3. 根据国际项目管理协会（IPMA）制定的组织的项目管理能力包括（　　）。

A. PP&P 治理
B. PP&P 管理
C. PP&P 组织一致性
D. PP&P 资源
E. PP&P 共享

【解析】根据国际项目管理协会（IPMA）的项目管理体系，组织的项目管理能力包括PP&P 治理、管理、组织一致性、资源、人员能力。PP&P 是项目、项目群、项目组合。

4. 根据《建设工程项目管理规范》GB/T 50326—2017，项目管理流程包括（ ）和收尾过程，各个过程之间相对独立，又相互联系。

A. 启动 B. 策划
C. 实施 D. 监控
E. 运行

【解析】根据《建设工程项目管理规范》GB/T 50326—2017，项目管理流程应包括启动、策划、实施、监控和收尾过程。

5.【2024 年】根据《建设工程项目管理规范》规定的项目沟通管理程序，项目沟通管理首先应进行的工作是（ ）。

A. 分解项目实施目标
B. 制定项目沟通计划
C. 明确项目沟通内容
D. 分析项目相关方需求

【解析】项目沟通管理应按下列程序进行：①项目实施目标分解；②分析各分解目标自身需求和相关方需求；③评估各目标的需求差异；④制定项目沟通计划；⑤明确沟通责任人、沟通内容和沟通方案；⑥按既定方案进行沟通；⑦总结评价沟通效果。

6. 根据《建设工程项目管理规范》规定的项目合同管理程序，合同管理首先应进行的工作是（ ）。

A. 合同订立 B. 合同评审
C. 合同实施计划 D. 合同实施控制

【解析】项目合同管理应遵循下列程序：合同评审→合同订立→合同实施计划→合同实施控制→合同管理总结。

7. 面对复杂多变的项目环境，项目管理的发展趋势是实施（ ）驱动型项目管理。

A. 价值 B. 资源
C. 技术 D. 组织

【解析】面对复杂多变的项目环境，价值驱动型项目管理是项目管理的发展趋势。

8. 美国项目管理协会的项目管理标准是（ ）。

A. 组织能力基准
B. 项目管理系列标准
C. 个人能力基准
D. 项目管理知识体系

【解析】国际项目管理标准：
（1）美国项目管理协会（PMI）：项目管理知识体系（PMBOK）。
（2）国际项目管理协会（IPMA）：能力基准。

个人能力：环境能力、行为能力、技术能力。
组织能力：治理、管理、组织一致性、资源、人员能力。
(3) 国际标准化组织（ISO）：项目管理系列标准。

【答案】 1. A 2. ABD 3. ABCD 4. ABCD 5. A 6. B 7. A 8. D

考点2 项目群与项目组合管理

项目群管理	（1）项目群是指为实现组织的战略目标、经营目标和收益提供优势，而被协调管理的一组相关项目群组件所形成的临时结构。 （2）项目群应至少由两个项目群组件组成
项目组合管理	（1）项目组合是指为实现组织的整体或部分战略目标，便于进行有效管理而组合在一起的项目、项目群及其他相关工作。项目组合包含的项目、项目群等不一定相关。 （2）项目组合是一种层级结构

1. 关于《项目管理知识体系指南（PMBOK 指南）》中项目管理的说法，正确的是（　　）。

A. 项目管理是指单一项目管理
B. 多项目管理分为项目群管理和项目组合管理
C. 项目组合管理是指组织为实现战略目标、获得收益而以一种综合协调方式对一组相关项目进行的管理
D. 项目组合中的项目或项目群之间需相互关联或直接相关

【解析】选项 A 错误，项目管理不仅是指单一项目管理，还包括多项目管理。选项 C 错误，项目群管理是指组织为实现战略目标、获得收益而以一种综合协调方式对一组相关项目进行的管理。选项 D 错误，项目组合中的项目或项目群之间没必要相互关联或直接相关。

2. 根据国际标准《项目、项目群和项目组合管理项目群管理指南》，关于项目群及其特征，下列说法正确的是（　　）。

A. 项目群是指为实现组织的整体或部分战略目标，便于进行有效管理而组合在一起的项目、项目群及其他相关工作
B. 项目群组件的构成不具有相互关联性
C. 项目群是一种层级结构
D. 项目群应至少由两个项目群组件组成

【解析】选项 A 错误，项目组合是指为实现组织的整体或部分战略目标，便于进行有效管理而组合在一起的项目、项目群及其他相关工作。选项 B 错误，项目群由具有相互依存和相互关联的项目群组件构成。选项 C 错误，项目组合是一种层级结构。

3.【2024 年】 关于项目群及其管理的说法，正确的有（　　）。

A. 项目群经理负责项目群的整体绩效
B. 一个项目群应至少包含三个项目群组件
C. 项目群为利益相关方提供收益
D. 项目群可以是战略性或经营性的
E. 项目群收尾后方可实现无形收益

【解析】选项 B 错误，一个项目群应至少由两个项目群组件组成。选项 E 错误，在项目群生命周期或项目群收尾后都有可能实现有形或无形的收益。

项目群可以是战略性的、变革性的或经营性的。项目群为利益相关方提供收益，并帮助实现战略目标或经营目标。项目群具有复杂性和不确定性。

项目群角色和责任划分见下表。

发起人	对整个项目群战略和项目群支持负责任
经理	负责项目群及相关项目群组件的整体绩效
团队	负责单个或多个项目群组件或职能的绩效和实施

【答案】1. B　2. D　3. ACD

第 3 章 建设工程招标投标与合同管理

本 章 考 点

建设工程招标投标与合同管理
- 工程招标与投标
  1. 招标方式与程序
  2. 合同计价方式
  3. 施工投标
- 工程合同管理
  1. 施工合同管理
  2. 标准设计施工总承包招标文件
  3. 施工专业分包合同
  4. 施工劳务分包合同
  5. 材料、设备采购合同
- 工程承包风险管理及担保保险
  1. 工程承包风险管理
  2. 工程担保
  3. 工程保险

第 1 节　工程招标与投标

考点 1　招标方式与程序

◆招标方式

	公开招标	邀请招标
概念	无限竞争性招标，招标人发布招标公告	有限竞争性招标，招标人以投标邀请书形式邀请投标人

续表

	公开招标	邀请招标
优点	（1）选择承包商范围较广，竞争激烈，并获得有竞争性的报价。 （2）可较大程度上避免贿标行为	（1）不需要发布招标公告和设置资格预审程序，可节约费用、缩短时间。 （2）可减少合同履行过程中承包商违约的风险
缺点	工作量大，招标时间长、费用高	邀请对象的选择面窄、范围较小，投标竞争的激烈程度相对较差，进而会提高中标合同价

1. 招标人以招标公告的方式邀请不特定的法人或者组织来投标，这种招标方式称为（　　）。

A. 公开招标　　　　　　　　　　　　B. 邀请招标

C. 议标　　　　　　　　　　　　　　D. 定向招标

【解析】公开招标又称无限竞争性招标，是指招标人通过发布招标公告，邀请具备条件的法人或组织投标竞争，确定中标者。

2. 关于资格预审，下列说法正确的是（　　）。

A. 资格预审文件的发售期不得少于 7 日

B. 投标人对资格预审文件有异议的，应在提交资格预审申请文件截止时间 3 日前向招标人提出

C. 招标人对已发出的资格预审文件进行澄清，应在提交资格预审申请文件截止时间至少 15 日前

D. 国有资金占控股或者主导地位的、依法必须进行招标的项目，招标人应组建资格审查委员会审查资格预审申请文件

【解析】选项 A 为 5 日；选项 B 为 2 日；选项 C 为 3 日。

相关知识点：①资格预审文件的澄清或修改，招标人应当在提交资格预审申请文件截止时间至少 3 日前以书面形式通知所有获取资格预审文件的潜在投标人。②招标文件的澄清或修改，投标截止时间至少 15 日前，以书面形式通知所有获取招标文件的潜在投标人。

3. 根据《评标委员会和评标方法暂行规定》，下列关于评标委员会的说法中，错误的是（　　）。

A. 评标委员会由招标单位代表及有关技术、经济等方面的专家组成

B. 评标委员会成员应为 5 人以上单数

C. 评标委员会成员中，技术、经济等方面的专家不得少于成员总数的 2/3

D. 评标委员会的专家成员由招标人直接确定

【解析】评标委员会的专家成员应从依法组建的专家库中选择。①一般项目，可采取随机抽取方式；②技术复杂、专业性强或国家有特殊要求的项目，采取随机抽取方式确定的专家难以保证胜任的，可由招标人直接确定。

4. 下列情形中，投标人提交的投标文件，招标人不予受理的有（　　）。
A. 未按要求密封和加写标记
B. 逾期送达
C. 采用不平衡报价
D. 投标文件中包含多个报价
E. 未送达指定地点的投标文件

【解析】投标文件不予受理的情形：①未按要求密封和加写标记；②逾期送达；③未送达指定地点。

5. 根据《招标投标法》，关于开标、评标和中标的说法，正确的有（　　）。
A. 投标文件中的大写金额与小写金额不一致时，以大写金额为准
B. 评标由招标人依法组建的评标委员会负责
C. 评标委员会对投标报价的错误予以修正后，需请投标人书面确认
D. 评标委员会成员名单在中标结果确定前应当保密
E. 招标人和中标人应当自中标通知书发出之日起20日内订立书面合同

【解析】选项E错误，招标人和中标人应当自中标通知书发出之日起30日内，按照招标文件和中标人的投标文件订立书面合同。招标人最迟应在书面合同签订后5日内向中标人和未中标的投标人退还投标保证金及银行同期存款利息。

6. 根据《招标投标法实施条例》，招标文件要求中标人提交履约保证金的，履约保证金不得超过中标合同金额的（　　）。
A. 2%　　　　　　B. 5%　　　　　　C. 10%　　　　　　D. 15%

【解析】招标文件要求中标人提交履约保证金的，中标人应当按照招标文件的要求提交。履约保证金不得超过中标合同金额的10%。

7.【2024年】 与公开招标方式相比，采用邀请招标方式具有的特点是（　　）。
A. 招标人不需要发出投标邀请函
B. 投标人不需要提交表明其资质的证明材料
C. 评标时不需要对投标文件进行合格性审查
D. 招标中不需要设置资格预审程序

【解析】与公开招标方式相比，采用邀请招标方式的优点是不需要发布招标公告和设置资格预审程序，可节约招标费用、缩短招标时间。

8. 建设单位采用邀请招标方式选择施工单位的优点有（　　）。
A. 投标人数量较少，可以减少评标工作量，降低费用
B. 投标人范围较广，有利于获得在技术上有竞争力的报价
C. 不需要设置资格预审环节，可以缩短招标时间
D. 可以在一定程度上减少合同履行中的承包商违约风险
E. 可以在较大程度上避免招标过程中的贿标行为

【解析】选项B、E属于公开招标的优点。

第 3 章 建设工程招标投标与合同管理

9. 招标中,投标人资格预审可分为初步审查和详细审查两个环节,其中初步审查的内容有( )。

A. 申请人名称是否与资质证书一致
B. 联合体申请人是否已提交联合体协议书
C. 资格预审申请文件证明材料是否齐全
D. 类似工程业绩是否符合招标要求的条件
E. 资格预审申请文件格式是否符合要求

【解析】初步审查内容:投标人名称与证照是否一致,签字盖章、格式、联合体是否提交联合体协议书及明确牵头人,证明材料是否齐全等。详细审查内容:营业执照及资质证书的有效性、资质、财务、业绩、信誉等。选项 D 属于详细审查的内容。

10.【2024 年】工程招标过程中,在开标环节应进行的工作有( )。

A. 公布评标委员会成员名单
B. 对投标文件进行形式审查
C. 检查投标文件密封情况
D. 公布投标人名称及其投标报价
E. 设有标底的工程公布标底

【解析】开标的程序如下:①宣布开标纪律;②公布在投标截止时间前递交投标文件的投标人名称,并点名确认投标人是否派人到场;③宣布开标人、唱标人、记录人、监标人等有关人员姓名;④按照投标人须知前附表规定检查投标文件的密封情况;⑤按照投标人须知前附表的规定确定并宣布投标文件开标顺序;⑥设有标底的,公布标底;⑦按照宣布的开标顺序当众开标,公布投标人名称、标段名称、投标保证金的递交情况、投标报价、质量目标、工期及其他内容,并记录在案;⑧投标人代表、招标人代表、监标人、记录人等有关人员在开标记录上签字确认;⑨开标结束。

选项 A,评标委员会名单在中标结果确定前是保密的,选项 B 属于评标环节中初步评审的工作内容。

11. 某工程招标过程中,投标人甲踏勘现场后,按规定以书面形式向招标人提出问题要求澄清。此时招标人澄清的正确做法是( )。

A. 以电话形式通知甲投标人
B. 以书面形式通知所有获取招标文件的潜在投标人
C. 以书面形式通知进行了踏勘现场的潜在投标人
D. 以电话形式通知所有获取招标文件的潜在投标人

【解析】招标文件的澄清和修改:招标人应在投标截止时间至少 15 日前,以书面形式通知所有获取招标文件的潜在投标人;不足 15 日的,招标人应顺延提交投标文件的截止时间。

12. 施工评标分初步评审和详细评审两个环节,其中初步评审的内容包括( )。

A. 投标文件形式评审
B. 投标人资格评审
C. 对招标文件的响应性评审
D. 确定中标候选人
E. 施工组织设计的合理性评审

【解析】 评标的环节：初步评审和详细评审。其中初步评审包含：形式评审、资格评审、响应性评审、施工组织设计和项目管理机构评审。

【答案】 1. A 2. D 3. D 4. ABE 5. ABCD 6. C 7. D 8. ACD 9. ABCE 10. CDE 11. B 12. ABCE

考点2 合同计价方式

◆ 合同计价方式的分类

总价合同	固定总价合同	（1）招标时已有施工图设计文件，施工任务和发包范围明确。 （2）规模较小、技术不太复杂的中小型工程或承包工作内容较为简单的工程部位。 （3）工程量小、工期较短（一般为1年之内）
	可调总价	（1）工期较长（1年以上）的工程，投标报价时无法合理地预见合同履行过程中市场价格变动等因素的影响。 （2）调价方法：文件证明法、票据价格调整法、公式调价法
单价合同		（1）大多用于工期长、技术复杂、实施中发生各种不可预见因素较多的大型工程。 （2）建设单位为缩短工程建设周期，初步设计完成后就进行招标的工程
成本加酬金合同		大多适用于边设计、边施工的紧急工程或灾后修复工程。 分类：成本加固定百分比酬金、成本加固定酬金、成本加浮动酬金和目标成本加奖罚

◆ 成本加酬金合同类型

类型	特点
成本加固定百分比酬金	酬金将随着直接成本的增加而增加。 不能激励施工单位缩短工期和降低成本
成本加固定酬金	签订合同时约定酬金为某一固定值。 不能鼓励施工单位关心降低直接成本，施工单位会关心缩短工期
成本加浮动酬金	对双方都没有太大风险，且又能促使施工单位关心成本降低和缩短工期
目标成本加奖罚	有利于鼓励施工单位降低成本和缩短工期，建设单位和施工单位都不会承担太大风险

1. 一般情况下，固定总价合同适用的情形有（　　）。

A. 工程规模较小、技术不太复杂的中小型工程

B. 工程量小、工期一年以内的工程

C. 抢险救灾工程

D. 招标时已有施工图设计文件，施工任务和发包范围明确

E. 实施过程中发生各种不可预见因素较多

【解析】固定总价合同一般适用于下列情形：①招标时已有施工图设计文件，施工任务和发包范围明确，合同履行中不会出现较大设计变更。②工程规模较小、技术不太复杂的中小型工程或承包工作内容较为简单的工程部位，施工单位可在投标报价时合理地预见施工过程中可能遇到的各种风险。③工程量小、工期较短（一般为1年之内），合同双方可不必考虑市场价格浮动对承包价格的影响。

2. 关于总价合同的说法，正确的是（　　）。
A. 总价合同适用于工期要求紧的项目，业主可在初步设计完成后进行招标，从而缩短招标准备时间
B. 工程施工承包招标时，施工期限在一年左右的项目一般采用变动总价合同
C. 固定总价合同可以约定，在发生重大工程变更时可以对合同价格进行调整
D. 变动总价合同中，通货膨胀等不可预见因素的风险由承包商承担

【解析】选项A，为单价合同的适用情形。选项B，适合采用固定总价合同。选项D，变动总价合同，通货膨胀等不可预见因素的风险由发包人承担。

3. 可调总价合同，合同中约定的合同价款常用的调价方法有（　　）。
A. 文件证明法　　　　　　　　B. 横道图法
C. 票据价格调整法　　　　　　D. 因素分析法
E. 公式调价法

【解析】选项B，属于成本偏差的表达方法。选项D，属于成本分析的基本方法。

4. 某土石方工程实行混合计价，其中土方工程实行总价包干，包干价14万元，石方工程实行单价合同。相关的工程量和价格资料见下表，则该工程结算款为（　　）万元。

	估计工程量（m³）	实际工程量（m³）	承包单价（元/m³）
土方工程	4000	4200	
石方工程	2800	3000	120

A. 50.0　　　　　B. 47.6　　　　　C. 48.3　　　　　D. 50.7

【解析】土方工程为总价合同，工程结算款为14万元。
石方工程为单价合同，按照实际的工程量结算。石方工程结算款＝3000×120/10000＝36万元，所以该工程结算款共计50万元。

5. 采用单价合同形式的工程，其工程价款是根据（　　）计算确定的。
A. 发包人提供的工程量清单及承包人所填报的单价
B. 实际完成并经工程师计量的工程量及合同单价
C. 发包人提供的工程量清单及承包人实际发生的单价
D. 实际完成并经工程师计量的工程量及承包人实际发生的单价

【解析】单价合同工程价款＝实际完成的工程量×投标时填报的单价。

6. 不能激励承包人努力降低成本和缩短工期的合同形式是（　　）。
   A. 成本加浮动酬金合同
   B. 成本加固定酬金合同
   C. 目标成本加奖罚合同
   D. 成本加固定百分比酬金合同

【解析】成本加固定百分比酬金合同，直接成本实报实销，按照实际直接成本的百分比计算酬金。酬金随成本的增加而增加，所以不能激励施工单位缩短工期和降低成本，而且这种合同形式也是建设单位最难控制工程造价的合同形式。

7. 下列合同形式中，建设单位和承包单位都没有太大风险，有利于鼓励承包单位降低成本缩短工期的有（　　）。
   A. 成本加浮动酬金合同
   B. 成本加固定酬金合同
   C. 目标成本加奖罚合同
   D. 成本加固定百分比酬金合同
   E. 总价合同

【解析】有利于鼓励承包单位降低成本、缩短工期，合同形式有：成本加浮动酬金合同、目标成本加奖罚合同。

8. 不能鼓励施工单位关心降低直接成本，施工单位会关心缩短工期的是（　　）。
   A. 成本加浮动酬金合同
   B. 成本加固定酬金合同
   C. 目标成本加奖罚合同
   D. 成本加固定百分比酬金合同

【解析】成本加固定酬金合同，因为承包人的实际直接成本实报实销，所以施工单位不关心降低直接成本；又因承包人获得的酬金是固定的金额，酬金不会随着工期的增加而增加，所以承包人会关心缩短工期。

9. 下列不同计价方式的合同中，施工承包单位风险大，建设单位容易进行造价控制的是（　　）。
   A. 单价合同
   B. 成本加浮动酬金合同
   C. 总价合同
   D. 成本加百分比酬金合同

【解析】总价合同施工承包单位风险大，建设单位容易进行造价控制。

10. 下列不同计价方式的合同中，施工承包单位承担造价控制风险最小的合同是（　　）。
   A. 成本加浮动酬金合同
   B. 单价合同
   C. 成本加固定酬金合同
   D. 总价合同

【解析】备选项中，成本加固定酬金合同，施工承包单位承担造价控制风险最小。如果实际成本大于预期成本，承包人可能获得酬金处罚，所以排除选项 A。成本加酬金合同，承包人承担的风险比单价和总价合同小，所以排除选项 B、D。

11. 施工合同有多种类型，下列工程中不宜采用总价合同的有（　　）。
A. 没有施工图纸的灾后紧急恢复工程
B. 设计深度不够，工程量清单不够明确的工程
C. 已完成施工图审查的单体住宅工程
D. 工程内容单一，施工图设计已完成的路面铺装工程
E. 采用较多新技术、新工艺的工程

【解析】选项 A，适宜采用成本加酬金合同。选项 B，可选择单价合同或成本加酬金合同。选项 E，应优先选用成本加酬金合同。

12. 选择施工合同计价方式应考虑的因素有（　　）。
A. 承包人的资质等级和管理水平
B. 项目监理机构人数和人员资格
C. 招标时设计文件已达到的深度
D. 项目本身的复杂程度
E. 工期紧迫程度

【解析】影响合同计价方式的因素：①工程复杂程度；②工程设计深度；③技术先进程度；④工期紧迫程度。

13.【2024 年】工程施工合同采用目标成本加奖罚计价方式时，合同价款正确的计算方式是（　　）。
A. 实际发生的直接费+目标成本×基本酬金计算百分比+奖罚酬金
B. 目标成本×（1+基本酬金计算百分比）+奖罚酬金
C. 目标成本+实际发生的直接费×基本酬金计算百分比+奖罚酬金
D. 实际发生的直接费×（1+基本酬金计算百分比）+奖罚酬金

【解析】本题考查的是目标成本加奖罚合同。

目标成本加奖罚	◇ 仅有初步设计或工程说明书就迫切需要开工的情况下； ◇ 大致估算的工程量和适当的单价表编制粗略概算作为目标成本（可调的）； ◇ 签合同时，以目标成本为依据，以百分比形式约定基本酬金和奖罚酬金； ◇ 合同价款=实际直接成本+目标成本×基本酬金计算百分比+（目标成本−实际直接成本）×奖罚酬金计算百分比； ◇ 还可另行约定工期奖罚计算办法； ◇ 有利于鼓励承包单位降低成本和缩短工期，建设单位和承包单位都不会承担太大风险

14. 【2024年】建设单位选择合同计价方式时，通常会考虑的因素有（　　）。

A. 分包合同数量
B. 工程复杂程度
C. 工程设计深度
D. 工期紧迫程度
E. 专业工程种类

【解析】建设单位选择合同计价方式时，通常会考虑以下因素来选择合同计价方式：①工程复杂程度；②工程设计深度；③技术先进程度；④工期紧迫程度。

【答案】1. ABD　2. C　3. ACE　4. A　5. B　6. D　7. AC　8. B　9. C　10. C　11. ABE　12. CDE　13. A　14. BCD

考点3　施工投标

◆施工投标报价基本策略

可选择报高价的情形	施工条件差的工程；专业要求高的技术密集型工程，且施工单位在这方面有专长，声望也较高；总价低的小工程，以及施工单位不愿做而被邀请投标，又不便不投标的工程；特殊工程，如港口码头、地下开挖工程等；投标对手少的工程；工期要求紧的工程；支付条件不理想的工程
可选择报低价的情形	施工条件好的工程，工作简单、工程量大、其他单位可以做的……

◆不平衡报价法

项目	提高报价	降低报价
结算日期	能够早日结算的项目（如前期措施费、基础工程、土石方工程）	后期工程项目（如设备安装、装饰工程等）
工程量不确定的	预计工程量会增加	工程量可能减少的
图纸不明确的	估计修改后工程量要增加的	工程内容说明不清楚，可降低单价，实施中可通过索赔提高单价的机会
暂定项目	不分标，一定施工的	不一定施工，可能分标的
单价与包干混合制	采用包干报价	其余单价项目
要求报综合单价	人工费及机械设备费	材料费

1. 施工投标采用不平衡报价法时，可以适当提高报价的项目有（　　）。

A. 工程内容说明不清楚的项目
B. 暂定项目中必定要施工的不分标项目
C. 单价与包干混合制合同中采用包干报价的项目
D. 综合单价分析表中的材料费项目
E. 预计开工后工程量会减少的项目

【解析】选项A、D、E属于可以适当降低报价的项目。

第 3 章　建设工程招标投标与合同管理

2. 招标人在施工招标文件中规定了暂定金额的分项内容和暂定总价款时，并规定所有投标单位都必须在总报价中加入这笔固定金额，投标人可采用的报价策略是（　　）。

A. 适当提高暂定金额分项内容的单价　　　B. 适当减少暂定金额中的分项工程量

C. 适当降低暂定金额分项内容的单价　　　D. 适当增加暂定金额中的分项工程量

【解析】所有投标人报价中都含相同金额的暂定总价款，对投标人的总报价水平不产生影响。由于暂定分项内容，一般按照投标时所报单价和实际完成的工程量计算价款。所以，投标时适合提高暂定分项内容的单价，以便结算时获得较多工程款。

3.【2024 年】下列工程中，施工单位在投标时可选择报低价的是（　　）。

A. 工期要求紧的工程

B. 支付条件好的工程

C. 技术复杂的工程

D. 施工条件差的工程

【解析】选择报"低价"的技巧是"项目占优势，自身处劣势"。选项 B 支付条件好，属于项目的优势，适合低报价策略。

4. 某投标人按招标文件规定，在投标文件中除主方案外还提出了建议方案，但保留了建议方案中的技术关键。这种做法的优越性是（　　）。

A. 有利于投标人通过不平衡报价获得更大收益

B. 有利于投标人提高投标文件中主方案的竞争力

C. 有利于投标人在开标后获得修改投标报价的机会

D. 有利于防止招标人将建议方案交由其他投标人实施

【解析】招标文件中有时规定，可提一个建议方案，即可以修改原设计方案，提出投标人的方案（降低总造价或缩短工期）。建议方案不要写得太具体，要保留方案的技术关键，防止招标人将此方案交由其他投标人实施。

5. 下列方法中，不适合采用保本报价法的是（　　）。

A. 难以维持生存，为设法度过暂时困难

B. 较长时期内，投标单位没有在建工程项目

C. 对于分期建设的工程项目，先以低价获得首期工程

D. 有可能在中标后，将大部分工程分包给索价较高的一些分包商

【解析】保本报价法通常在下列情形时采用：

（1）有可能在中标后，将大部分工程分包给索价较低的一些分包商。

（2）对于分期建设的工程项目，先以低价获得首期工程，而后赢得机会创造第二期工程中的竞争优势，并在以后的工程实施中获得盈利。

（3）较长时期内，施工单位没有在建工程项目，如果再不中标，就难以维持生存。

【答案】1. BC　2. A　3. B　4. D　5. D

第 2 节　工程合同管理

考点 1　施工合同管理

1. 根据《标准施工招标文件》，紧排在投标函及其附录之前的是（　　）。
A. 招标文件　　　　B. 专用合同　　　　C. 合同协议书　　　　D. 中标通知书
【解析】《标准施工招标文件》中合同文件的优先解释顺序如下：①合同协议书；②中标通知书；③投标函及投标函附录；④专用合同条款；⑤通用合同条款；⑥技术标准和要求；⑦图纸；⑧已标价工程量清单；⑨其他合同文件。

2. 监理应于开工日期（　　）天前向承包人发出开工通知书。
A. 7　　　　　　　B. 10　　　　　　　C. 14　　　　　　　D. 28
【解析】根据《标准施工招标文件》，监理人征得发包人同意后，应在开工日期 7 天前向承包人发出开工通知，合同工期自开工通知中载明的开工日起计算。

3. 根据《标准施工招标文件》，招标工程一般以投标截止日期前第（　　）天作为基准日期。
A. 7　　　　　　　B. 14　　　　　　　C. 42　　　　　　　D. 28
【解析】根据《标准施工招标文件》，招标的工程，将投标截止日前第 28 天规定为基准日期。

4. 根据《标准施工招标文件》，承包人对工程的照管和维护到（　　）为止。
A. 工程结算　　　　　　　　　　　B. 履约证书签发
C. 工程接收证书颁发　　　　　　　D. 缺陷责任期满
【解析】根据《标准施工招标文件》，工程接收证书颁发前，承包人应负责照管和维护工程。

5. 某工程因施工需要，需取得出入施工场地的临时道路的通行权，根据《标准施工招标文件》，该通行权应当由（　　）。
A. 承包人负责办理，并承担有关费用
B. 承包人负责办理，发包人承担有关费用
C. 发包人负责办理，并承担有关费用
D. 发包人负责办理，承包人承担有关费用
【解析】根据《标准施工招标文件》，除专用合同条款另有约定外，发包人应根据合同工程的施工需要，负责办理取得出入施工场地的专用和临时道路的通行权，以及取得为工程建设所需修建场外设施的权利，并承担有关费用。

6. 根据《标准施工招标文件》，下列工作中，属于发包人责任和义务的有（ ）。

A. 提供施工场地的地下管线和地下设施等资料
B. 负责施工现场的环境保护工作
C. 编制施工环保措施计划
D. 应负责修建、维修、养护和管理施工所需的临时道路
E. 组织设计单位进行设计交底

【解析】选项 B、C、D 均属于施工单位的义务。根据《标准施工招标文件》，发包人和承包人的主要义务见下表。

发包人	承包人
（1）发开工通知； （2）提供施工场地； （3）协助承包人办理证件和批件； （4）组织设计交底； （5）支付合同价款； （6）组织竣工验收	（1）查勘施工现场； （2）编制工程实施措施计划； （3）负责施工现场内交通道路和临时工程； （4）测设施工控制网； （5）提出开工申请； （6）完成各项承包工作； （7）保证工程施工和人员的安全； （8）负责施工场地及其周边环境与生态的保护工作； （9）避免施工对公众与他人的利益造成损害； （10）工程的维护和照管

7. 根据《标准施工招标文件》，下列工程保险的险种中，以工程发包人和承包人双方名义共同投保的是（ ）。

A. 建筑工程一切险 B. 工伤保险
C. 人身意外伤害险 D. 执业责任险

【解析】根据《标准施工招标文件》，无论是由承包人还是发包人办理工程保险和第三者责任保险，均必须以发包人和承包人的共同名义投保。

8. 根据《标准施工招标文件》的施工合同文本通用合同条款，如果一个建设工程项目的施工采用平行发包的方式分别交由多个承包人施工，为防止重复投保或漏保，双方可在专用条款中约定由（ ）投保为宜。

A. 发包人 B. 由其中一个承包人
C. 由多个承包人分别 D. 组成联合体

【解析】根据《标准施工招标文件》，工程保险的办理人及保险内容见下表。

办理人	保险内容
承包人	通用条款规定："建筑工程一切险""安装工程一切险"和"第三者责任保险"，并承担办理保险的费用
发包人	施工采用平行发包方式时，此时由发包人投保为宜

9. 根据《标准施工招标文件》，暂停施工后复工的说法，正确的有（　　）。
A. 暂停施工后，监理人、发包人、承包人应协商采取有效措施消除影响
B. 具备复工条件的，监理人应立即向承包人发出复工通知
C. 承包人无故拖延的，应承担由此增加的费用和延误的工期
D. 承包人收到复工通知后，应在发包人进行经济补偿后复工
E. 因发包人原因无法按时复工，发包人应承担由此增加的费用、延误的工期和合理的利润

【解析】选项 D 错误，承包人收到复工通知后，应在监理人指定的期限内复工。

暂停施工后的复工	暂停施工后，监理人应与发包人和承包人协商，采取有效措施积极消除暂停施工的影响。当工程具备复工条件时，监理人应立即向承包人发出复工通知。承包人收到复工通知后，应在监理人指定的期限内复工
暂停施工持续56天以上	（1）非承包商原因的暂停，承包人可向监理人提交书面通知，要求监理人在收到书面通知后28天内准许已暂停施工的工程或其中一部分工程继续施工。如监理人逾期不予批准，则承包人可以通知监理人，将工程受影响的部分视为按合同约定可取消的工作。 （2）承包人责任引起的暂停施工，如承包人在收到监理人暂停施工指示后56天内不认真采取有效的复工措施，造成工期延误，可视为承包人违约

10. 某建设工程因发包人提出设计图纸变更，监理人向承包人发出暂停施工指令，60天后，仍未向承包人发出复工通知，则承包人正确的做法有（　　）。
A. 向监理人提交书面通知，要求监理人在接到书面通知后28天内准许已暂停的工程继续施工
B. 不受设计变更影响的部分工程，无论监理人是否同意，承包人都可进行施工
C. 如监理人逾期不予批准承包人的书面通知，则承包人可以通知监理人，将工程受影响部分视为变更的可取消工作
D. 如暂停施工影响到整个工程，可视为发包人违约
E. 要求发包人延长工期，支付合理利润

【解析】选项 B 错误，承包人需在监理人同意的前提下进行施工。非承包商原因的暂停，承包人可向监理人提交书面通知，要求监理人在收到书面通知后28天内准许已暂停施工的工程或其中一部分工程继续施工。如监理人逾期不予批准，则承包人可以通知监理人，将工程受影响的部分视为按合同约定可取消的工作。

11. 根据《标准施工招标文件》，关于工期调整的说法，正确的有（　　）。
A. 监理人认为承包人的施工进度不能满足合同工期要求，承包人应采取措施，增加费用由发包人承担
B. 出现合同条款规定的异常恶劣气候导致工期延误，承包人有权要求发包人延长工期
C. 承包人提前竣工建议被采纳的，由承包人自行采取加快工程进度的措施，发包人承担相应费用

D. 发包人要求承包人提前竣工的，应承担由此增加的费用，并根据合同条款约定支付奖金
E. 在合同履行过程中，发包人改变某项工作的质量特性，承包人有权要求延长工期

【解析】选项 A 错误，应承包人承担。选项 C 中"自行"的说法错误，应是监理人与承包人共同协商措施和修订计划。

承包人原因的工期延误	（1）承包人应采取措施加快进度，并承担所增加的费用。 （2）造成工期延误，应支付逾期竣工违约金，不免除承包人完成工程及修补缺陷的义务
发包人要求提前竣工	（1）发包人要求或承包人提前竣工建议能够给发包人带来效益的，应由监理人与承包人共同协商采取加快工程进度的措施和修订合同进度计划。 （2）发包人应承担承包人由此增加的费用，并向承包人支付专用合同条款约定的相应奖金

12. 根据《标准施工招标文件》，承包人自检确认的工程隐蔽部位具备覆盖条件后，监理人未按与承包人约定的时间进行检查且没有其他指示，承包人正确的做法是（　　）。

A. 自行完成覆盖工作，并拒绝监理人重新检查的要求
B. 自行完成覆盖工作，并将相应记录报送监理人签字确认
C. 自行完成覆盖工作，并向监理人进行索赔
D. 报告政府质量监督机构后自行完成覆盖工作

【解析】根据《标准施工招标文件》，监理人未按合同约定的时间进行检查的，除监理人另有指示外，承包人可自行完成覆盖工作，并作相应记录报送监理人，监理人应签字确认。监理人事后对检查记录有疑问的，可按合同约定重新检查。

13. 根据《建设工程工程量清单计价规范》GB 50500—2013，关于预付款的说法正确的有（　　）。

A. 包工包料工程的预付款支付比例不得低于签约合同价的 10%
B. 发包人应在工程开工前的 28 天内预付不低于当年施工进度计划的安全文明施工费总额的 60%
C. 预付款保函的担保金额应与预付款金额相同
D. 预付款保函的担保金额可根据预付款扣回的金额相应递减
E. 预付款扣完后的 15 天内将预付款保函退还给承包人

【解析】选项 A 错误，签约合同价需扣除暂列金额。选项 B 错误，开工后 28 天预付。选项 E 错误，应为 14 天内。

根据《建设工程工程量清单计价规范》GB 50500—2013，关于预付款及安全文明施工费预付要求见下表。

预付款	(1) 金额：签约合同价（扣暂列金额）10%～30%。 (2) 发包人不按时支付：催告，付款期满后7天内仍未支付，第8天暂停施工。 (3) 预付款保函：承包人应在收到预付款的同时向发包人提交预付款保函，与预付款等值，根据预付款扣回的金额相应递减。预付款扣完后的14天内将预付款保函退还给承包人
安全文明施工费	(1) 时间：开工后28天内。 (2) 金额：不低于当年施工进度计划的安全文明施工费总额的60%，其余部分按照提前安排的原则进行分解，与进度款同期支付。 (3) 不按时支付：催告，付款期满后7天内仍未支付，发生安全事故，发包人应承担连带责任。 (4) 要求：专款专用，在财务账目中单独列项备查，不得挪作他用

14. 根据《关于完善建设工程价款结算有关办法的通知》（财建〔2022〕183号），政府机关、事业单位、国有企业建设工程进度款支付应不低于已完成工程价款的（　　）。

A. 70% B. 80% C. 85% D. 90%

【解析】政府机关、事业单位、国有企业建设工程进度款支付应不低于已完成工程价款的80%。

15. 关于施工总承包合同中费用控制条款的说法，正确的有（　　）。

A. 发包人签发进度款支付证书，表明发包人已接受了承包人完成的相应工作
B. 承包人可以使用预付款修建临时工程、组织施工队进场
C. 发包人在收到预付款催告通知后7天内仍未支付的，承包人有权暂停施工
D. 发包人应在进度款支付证书签发后28天内完成支付
E. 发包人在工程款中逐期扣回预付款后，预付款担保额度应相应减少

【解析】选项A错误，发包人签发进度款支付证书或临时进度款支付证书，不表明发包人已同意、批准或接受了承包人完成的相应部分的工作。选项C错误，发包人在预付款期满后的7天内仍未支付的，承包人可在付款期满后的第8天起暂停施工。选项D错误，发包人应在监理人收到进度付款申请后28天内完成支付。

16. 根据《标准施工招标文件》，关于施工合同变更管理的说法，正确的有（　　）。

A. 承包人应在收到变更指示后的14天内向监理人提交变更报价书
B. 在合同履行过程中，监理人可随时向承包人发出变更指令
C. 采用计日工计价的任何的一项变更工作，按合同约定列入措施项目清单结算款中
D. 在合同履行过程中，承包人对发包人提供的图纸可提出合理化的书面变更建议
E. 承包人在接到监理人作出的变更指示后，应按变更指示实施变更工作

【解析】选项B错误，监理人不可随时发出指令。选项C错误，应列入暂列金额清单。

17. 根据《标准施工招标文件》，属于工程变更范围的有（　　）。

A. 改变工程的基线、标高、位置和尺寸

B. 将自行施工的项目分包给专业分包商施工
C. 增减合同中约定的工程量
D. 改变工程的时间安排或实施顺序
E. 追加额外的工作

【解析】选项 B 错误，转交他人实施不属于变更。

变更的范围和内容"删改增"	（1）取消合同中任何一项工作，但被取消的工作不能转由发包人或其他人实施。 （2）改变合同中任何一项工作的质量或其他特性。 （3）改变合同工程的基线、标高、位置或尺寸。 （4）改变合同中任何一项工作的施工时间或改变已批准的施工工艺或顺序。 （5）为完成工程需要追加的额外工作
变更程序	情形1：出现上述约定情形的，监理人可向承包人发出变更意向书。发包人同意承包人根据变更意向书要求提交的变更实施方案的，由监理人按合同约定的程序发出变更指示。 情形2：承包人收到监理人按合同约定发出的图纸和文件，经检查认为其中存在约定情形的，可向监理人提出书面变更建议。 （1）监理人收到承包人书面建议后，应与发包人共同研究，确认存在变更的，应在收到承包人书面建议后的 14 天内作出变更指示。 （2）经研究后不同意作为变更的，应由监理人书面答复承包人
变更估价	承包人应在收到变更指示或变更意向书后的 14 天内，向监理人提交变更报价书，监理人在 14 天内，根据合同约定的估价原则与合同当事人商定或确定变更价格

18. 根据《标准施工招标文件》中的变更估价原则，对于已标价工程量清单中无适用或类似子目的变更工程的单价，应由（　　）商定。

A. 发包人与监理人　　　　　　　　B. 造价工程师与合同当事人
C. 承包人与监理人　　　　　　　　D. 监理人与合同当事人

【解析】根据《标准施工招标文件》，已标价工程量清单中无适用或类似子目的单价，可按照成本加利润的原则，由监理人和合同当事人商定或确定变更工作的单价。

19. 某招标工程的招标控制价为 1.6 亿元，某投标人报价为 1.55 亿元，经修正计算性错误后以 1.45 亿元的报价中标，则该承包人的报价浮动率为（　　）。

A. 9.375%　　　　B. 3.125%　　　　C. 9.355%　　　　D. 9.677%

【解析】承包人报价浮动率 L =（招标控制价-中标价）/招标控制价=(1.6-1.45)/1.6 = 9.375%。

20. 根据《标准施工招标文件》，除专用合同条款另有约定外，经验收合格工程的实际竣工日期以（　　）为准。

A. 发包人对工程验收合格的日期　　　　B. 提交竣工验收申请报告的日期
C. 颁发竣工验收证书的日期　　　　　　D. 将合格工程移交给发包人的日期

【解析】根据《标准施工招标文件》，实际竣工日期的确定见下表。

情形	实际竣工日期
验收合格的	承包人提交竣工验收申请报告
发包人在收到竣工验收申请报告 56 天后未进行验收的	以提交竣工验收申请报告的日期为准，但发包人由于不可抗力不能进行验收的除外

21. 根据《标准施工招标文件》，除专用合同条款另有约定外，（　　）应按专用合同条款约定进行工程及工程设备试运行，（　　）承担全部试运行费用。

A. 发包人，承包人
B. 监理人，发包人
C. 监理人，承包人
D. 承包人，承包人

【解析】根据《标准施工招标文件》，除专用合同条款另有约定外，承包人应按专用合同条款约定进行工程及工程设备试运行，承包人承担全部试运行费用。

22. 因不可抗力事件导致承包单位停工损失 5 万元，施工单位的设备损失 6 万元，已运至现场的材料损失 4 万元，第三者财产损失 3 万元，施工单位停工期间应监理要求照管现场清理和复原工作费用 8 万元，应由发包人承担的费用（　　）万元。

A. 11　　　　B. 15　　　　C. 20　　　　D. 26

【解析】发包人承担的费用包括：已运至现场的材料损失 4 万元，第三者财产损失 3 万元，现场清理和复原工作费用 8 万元，共计 15 万元。

不可抗力后果的分担原则：工期顺延。承包人只承担自己的设备、人员伤亡和其他财产损失、停工损失；其余损失由发包人承担。

23. 根据《标准施工招标文件》，关于不可抗力后果承担的说法，正确的有（　　）。

A. 承包人在施工现场的人员伤亡损失由承包人承担
B. 永久工程损失由发包人承担
C. 承包人施工机械损失由发包人承担
D. 发包人在施工现场的人员伤亡损失由承包人承担
E. 承包人在停工期间按照发包人要求照管工程的费用由发包人承担

【解析】选项 C 错误，承包人施工机械损失应由承包人承担。选项 D 错误，人员伤亡应由双方自己承担。

24. 根据《标准施工招标文件》，关于承包人提出索赔期限的说法，正确的是（　　）。

A. 按照合同约定接受竣工付款证书后，仍有权提出工程接收证书颁发前发生的索赔
B. 按照合同约定接受竣工验收证书后，无权提出工程接收证书颁发后发生的索赔
C. 按照合同约定提交的最终结清申请书中，只限于提出工程接收证书颁发前发生的索赔
D. 按照合同约定提交的最终结清申请书中，只限于提出工程接收证书颁发后发生的索赔

【解析】选项 A 错误，接受后无权提出接收证书颁发前索赔。选项 B 中的"竣工验收证书"错误，应为"竣工付款证书"。选项 C 错误，只限于提出工程接收证书颁发后发生的索赔。

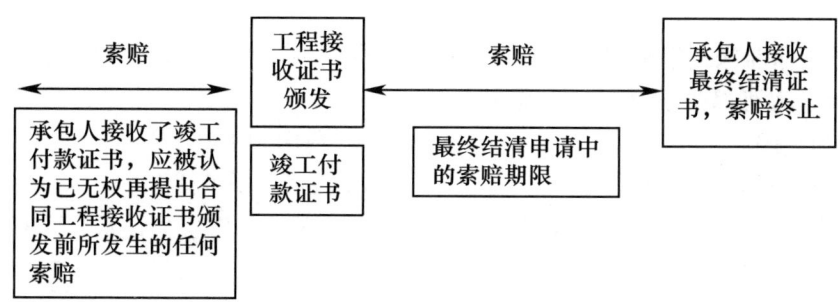

25. 工程施工过程中发生索赔事件以后，承包人首先要做的是（　　）。

A. 提出索赔意向通知　　　　B. 提交索赔证据

C. 提交索赔报告　　　　　　D. 与监理人进行谈判

【解析】工程施工过程中发生索赔事件以后，承包人首先要做的是提出索赔意向通知。

26. 根据《标准施工招标文件》，对承包人提出索赔的处理程序，正确的是（　　）。

A. 发包人应在作出索赔处理答复后 28 天内完成赔付

B. 承包人不接受索赔处理结果的，按监理人的决定办理

C. 监理人答复承包人处理结果的期限是收到索赔通知书后 28 天内

D. 发包人在承包人接受竣工付款证书后不再接受任何索赔通知书

【解析】选项 B 错误，承包人不接受索赔处理结果的，按合同约定的争议解决办法办理。选项 C 错误，监理人答复承包人处理结果的期限是收到索赔通知书后 42 天。选项 D 错误，承包人按合同约定接受了竣工付款证书后，应被认为已无权再提出在合同工程接收证书颁发前所发生的任何索赔。

27. 根据《标准施工招标文件》，承包人自检确认并经监理验收后覆盖隐蔽的项目，总监理工程师要求重新检验，经检验证明工程质量符合要求，则由此增加的费用和工期延误的承担方式是（　　）。

A. 增加的费用和工期延误由监理人承担

B. 增加的费用和工期延误由承包人承担

C. 增加的费用由承包人承担，工期延误由发包人承担

D. 增加的费用和工期延误由发包人承担

【解析】根据《标准施工招标文件》，承包人自检确认并经监理验收后覆盖隐蔽的项目，总监理工程师要求重新检验，经检验证明工程质量符合要求，则由此增加的费用和工期延误由发包人承担。

28. 根据《标准施工招标文件》承包人在施工中遇到不利物质条件时，采取合理措施后继续施工，承包人可以提出（　　）索赔。

A. 费用和利润　　　　　　　　　　B. 费用和工期

C. 风险费和利润　　　　　　　　　D. 工期和风险费

【解析】根据《标准施工招标文件》，施工中遇到不利物质条件，承包人可以向发包人提出费用和工期索赔。

29. 根据《标准施工招标文件》，下列索赔事件中，只可补偿工期、费用，不可补偿利润的有（　　）。

A. 工程暂停后，因发包人原因无法按时施工

B. 施工中发现文物、古迹

C. 发包人提供的测量基准点、基准线和水准点及其他基准资料错误

D. 发包人要求向承包人提前交货

E. 监理人未按合同约定发出指示、指示延误或指示错误

【解析】选项A、C错误，可以提出工期、费用和利润补偿。选项D错误，只能提出费用补偿。

30. 根据《标准施工招标文件》，下列索赔事件中，可补偿工期、费用和利润的是（　　）。

A. 异常恶劣的气候条件导致工期延误

B. 因发包人违约导致承包人暂停施工

C. 因发包人的原因导致试运行失败，且承包人采取措施保证试运行合格

D. 因发包人原因造成承包人人员工伤事故

【解析】选项A错误，只能补偿工期。选项C错误，可补偿费用和利润。选项D错误，只能补偿费用。

31. 发生承包人违反合同约定的情况时，处理方法正确的是（　　）。

A. 发包人应向承包人发出整改通知，承包人仍不纠正违法行为时，发包人可向承包人发出解除合同通知

B. 发包人应向承包人发出整改通知，承包人仍不纠正违法行为时，监理人可向承包人发出解除合同通知

C. 监理人应向承包人发出整改通知，承包人仍不纠正违法行为时，发包人可向承包人发出解除合同通知

D. 监理人应向承包人发出整改通知，承包人仍不纠正违法行为时，监理人可向承包人发出解除合同通知

【解析】 违约责任

（1）承包人违约见下表。

承包人无法继续履行或明确表示不履行或实质上已停止履行合同时	发包人可通知承包人立即解除合同，依法处理
其他违约情况	第1步：监理人可向承包人发出整改通知。 第2步：承包商收到整改通知28天后，不纠正违约行为，发包人可向承包人发出解除合同通知

（2）发包人违约见下表。

发包人无法继续履行或明确表示不履行或实质上已停止履行合同时	承包人可通知发包人立即解除合同
其他违约情况	第1步：承包人可向发包人发出通知。 第2步：发包人28天内仍不履行合同，承包人有权暂停施工。 第3步：承包人暂停施工28天后，发包人仍不纠正违约行为的，承包人可向发包人发出解除合同通知

32. 开工通知发出后，尚不具备开工条件的，以（　　）为开工日期。

A. 实际进场施工时间　　　　B. 开工通知载明的开工日期
C. 协商确定的时间　　　　　D. 开工条件具备的时间

【解析】 开工日期争议见下表。

《最高人民法院关于审理建设工程施工合同纠纷案件适用法律问题的解释（一）》（法释〔2020〕25号）

情形	开工日期
正常情况	发包人或者监理人发出的开工通知载明的开工日期
开工通知发出后，尚不具备开工条件的	以开工条件具备的时间
因承包人原因导致开工时间推迟的	以开工通知载明的时间
承包人经发包人同意，并已经实际进场施工的	以实际进场施工时间
发包人或者监理人未发出开工通知，亦无相关证据证明实际开工日期的	应当综合考虑开工报告、合同等载明的时间，并结合是否具备开工条件的事实，认定开工日期

33. 承包单位计划9月12日提交竣工验收报告，发包单位急着使用，未验收于9月11日进入办公，经承包单位催促下，建设单位于11月10日组织验收，11月11日签署验收报告，工程竣工时间为（　　）。

A. 9月12日　　　　　　　　B. 9月11日
C. 11月10日　　　　　　　D. 11月11日

【解析】 实际竣工日期争议见下表。

验收情况	实际竣工日期
竣工验收合格的	以竣工验收合格之日
承包人已经提交竣工验收报告，发包人拖延验收的	以承包人提交验收报告之日
工程未经竣工验收，发包人擅自使用的	以转移占有工程之日

34. 某国内工程合同对欠付价款利息计付标准和付款时间没有约定，当发生工程欠款事件时，下列利息支付的说法中错误的是（　　）。

A. 按照同期各类贷款利率中的高值计息
B. 建设工程已实际交付的，计息日为交付之日
C. 建设工程没有交付的，计息日为提交竣工结算文件之日
D. 建设工程未交付的，工程价款也未结算的，计息日为当事人起诉之日

【解析】工程价款利息争议解决见下表。

当事人对欠付工程价款利息计付标准（利率）	（1）有约定，按约定。 （2）没约定，按照同期同类贷款利率或者同期贷款市场报价利率计息
计息日	从应付工程价款之日计付。没约定或约定不明的，如下： （1）工程已实际交付的，为交付之日。 （2）没有交付的，为提交竣工结算文件之日。 （3）未交付，未结算的，为当事人起诉之日

35. 关于合同价款纠纷的处理，下列说法正确的有（　　）。

A. 发包人要求承包人垫资施工，但双方对垫资没有约定的，垫资部分按工程欠款处理
B. 发包人要求承包人垫资，但双方对垫资利息虽未约定，但承包人提出支付利息请求的，应予支持
C. 施工合同无效但建设工程验收合格的，可按合同对工程价款的约定折价补偿承包人
D. 当事人约定按照固定价结算工程价款，一方当事人请求对建设工程造价进行鉴定的，人民法院予以支持
E. 招投标双方另行签订施工合同约定的工程价款与中标合同金额不一致的，应按照中标合同确定权利义务

【解析】选项 B、D 错误，不予支持。

垫资及利息	（1）当事人对垫资和垫资利息有约定，承包人请求按照约定返还垫资及其利息的，应予支持，但是约定的利息计算标准高于垫资时的同类贷款利率或同期贷款市场报价利率的部分除外。 （2）当事人对垫资没有约定的，按照工程欠款处理。 （3）当事人对垫资利息没有约定，承包人请求支付利息的，不予支持

36.【2024 年】根据《标准施工招标文件》，除专用合同条款另有约定外，经验收合格的工程实际竣工日期是（　　）。

　　A. 施工合同约定的竣工日期　　　　B. 工程接收证书的出具日期
　　C. 承包人提交竣工付款申请单的日期　　D. 承包人提交竣工验收申请报告的日期

【解析】 除专用合同条款另有约定外，经验收合格工程的实际竣工日期，以提交竣工验收申请报告的日期为准，并在工程接收证书中写明。

37.【2024 年】工程施工合同履行过程中，承包人应履行的义务是（　　）。

　　A. 组织审查组织设计文件　　　　B. 查勘施工现场
　　C. 取得出入施工场地的专用道路通行权　　D. 组织工程竣工预验收

【解析】 选项 A、D 属于监理的职责。选项 C 属于发包人的责任与义务。

38.【2024 年】根据《标准施工招标文件》，除专用合同条款另有约定外，进行工程试运行的正确做法是（　　）。

　　A. 承包人负责提供人员、器材和必要的条件，并承担全部试运行费用
　　B. 承包人负责提供人员、器材和必要的条件，发包人承担全部试运行费用
　　C. 发包人负责提供人员、器材和必要的条件，并承担全部试运行费用
　　D. 发包人负责提供人员、器材和必要的条件，承包人承担全部试运行费用

【解析】 除专用合同条款另有约定外，承包人应按专用合同条款约定进行工程及工程设备试运行，负责提供试运行所需的人员、器材和必要的条件，并承担全部试运行费用。

39.【2024 年】根据《标准施工招标文件》，针对承包人提出的索赔，发包人仅限同时给予工期和费用补偿的情形有（　　）。

　　A. 承包人遇到不利的物质条件　　　　B. 因发包人违约承包人暂停施工
　　C. 施工现场发掘文物、古迹　　　　D. 发包人增加合同工作内容
　　E. 发包人要求向承包人提前交货

【解析】 选项 B、D 可补偿工期、费用和利润。选项 E 可补偿费用。

40.【2024 年】关于工程预付款的说法，正确的有（　　）。

　　A. 工程预付款支付比例不宜高于签约合同价的 20%
　　B. 工程预付款应在进度付款中扣回
　　C. 工程预付款保函的担保金额可根据预付款扣回的金额相应递减
　　D. 承包人应在发包人支付预付款之前提交预付款保函
　　E. 发包人应在预付款扣完后的 7 天内将预付款保函退还给承包人

【解析】 选项 A 错误，《建设工程工程量清单计价规范》明确规定，包工包料工程的预付款支付比例不得低于签约合同价（扣除暂列金额）的 10%，不宜高于签约合同价（扣除暂列金额）的 30%。选项 D 错误，除专用合同条款另有约定外，承包人应在收到预付款的同时向发包人提交预付款保函，预付款保函的担保金额应与预付款金额相同。选项 E 错误，发包人应在预付款扣完后的 14 天内将预付款保函退还给承包人。

知识点 引申

《标准施工招标文件》通用合同条款中涉及应给承包商补偿的条款和内容见下表。

条款号	主要内容	可补偿内容		
		工期	费用	利润
11.4	由于出现专用合同条款规定的异常恶劣气候的条件导致工期延误	√		
5.2.4	发包人要求向承包人提前交货		√	
9.2.5	采取合同未约定的安全作业环境及安全施工措施		√	
9.2.6	发包人原因造成承包人人员工伤事故		√	
16.1	因物价波动引起的价格调整		√	
16.2	基准日后因法律变化引起的价格调整		√	
21.3.1	因不可抗力导致永久工程,包括已运至施工场地的材料和工程设备的损害,以及因工程损害造成的第三者人员伤亡和财产损失	√		
	不可抗力期间承包人应按监理要求照管工程和清理、修复工程		√	
1.10.1	施工场地发掘文物、古迹以及其他遗迹、化石、钱币或物品	√	√	
3.4.5	监理人未按合同约定发出指示、指示延误或指示错误	√	√	
4.11.2	承包人遇到不利物质条件,监理人未发出指示	√	√	
5.4.3	发包人提供的材料或工程设备不符合合同要求	√	√	
18.6.2	发包人的原因导致试运行失败,且承包人采取措施保证试运行合格		√	√
19.2.3	发包人原因造成的缺陷和损坏		√	
19.4	因发包人原因进行进一步试验和试运行		√	
1.6.1	发包人提供图纸延误	√	√	
2.3	发包人延迟提供施工场地	√	√	
5.2.6	发包人提供的材料和工程设备的规格数量不符合合同要求或由于发包人原因发生交货日期延误及交货地点变更等情况	√	√	
8.3	发包人提供的测量基准点、基准线和水准点及其他基准资料错误	√	√	√
11.3	发包人增加合同工作内容	√	√	√
	发包人原因改变合同中任何一项工作的质量要求或其他特性	√	√	√
	因发包人原因导致的暂停施工	√	√	√
	发包人未按合同约定及时支付预付款、进度款	√	√	√
	发包人造成工期延误的其他原因	√		
12.2	发包人原因引起的暂停施工造成工期延误	√	√	
12.4.2	发包人原因造成暂停施工后无法按时复工	√	√	
13.1.3	发包人原因造成工程质量达不到合同约定验收标准的	√	√	
13.5.3	承包人应监理人要求对已覆盖的部位进行钻孔探测或重新检验,且检验证明工程质量符合合同要求	√	√	√

续表

条款号	主要内容	可补偿内容		
		工期	费用	利润
13.6.2	由于发包人提供的材料或工程设备不合格造成的工程不合格,需要承包人采取措施补救	√	√	√
14.1.3	承包人应监理人要求对材料、工程设备和工程重新试验和检验,且重新试验和检验结果符合合同要求	√	√	√
18.4.2	发包人在全部工程竣工前,使用已接收的单位工程导致承包人费用增加的		√	√
22.2.2	因发包人违约导致承包人暂停施工	√	√	√

【答案】 1. D　2. A　3. D　4. C　5. C　6. AE　7. A　8. A　9. ABCE　10. ACDE　11. BDE　12. B　13. CD　14. B　15. BE　16. ADE　17. ACDE　18. D　19. A　20. B　21. D　22. B　23. ABE　24. D　25. A　26. A　27. D　28. B　29. BE　30. B　31. C　32. D　33. B　34. A　35. ACE　36. D　37. B　38. A　39. AC　40. BC

考点2　标准设计施工总承包招标文件

1. 根据《标准设计施工总承包招标文件》,下列合同文件中,（　　）优先解释顺序在前。

　　A. 发包人要求　　　　B. 专用合同条款　　　C. 承包人建议书　　　D. 价格清单

【解析】 根据《标准设计施工总承包招标文件》,除专用合同条款另有约定外,解释合同文件的优先顺序如下:①合同协议书;②中标通知书;③投标函及投标函附录;④专用合同条款;⑤通用合同条款;⑥发包人要求;⑦承包人建议书;⑧价格清单;⑨其他合同文件。

2. 根据《标准设计施工总承包招标文件》,下列说法正确的有（　　）。

　　A. 因发包人原因造成监理人未能在合同签订之日起60天内发出开始工作通知,承包人有权提出价格调整要求,或者解除合同

　　B. 价格清单列出的任何数量均为实际的工程量

　　C. 承包人应在收到经监理人批复的合同进度计划后14天内,将支付分解报告以及形成支付分解报告的支持性资料报监理人审批

　　D. 已签发区段工程验收证书的区段工程由发包人负责照管

　　E. 监理人获得发包人同意后,应提前7天向承包人发出开始工作通知

【解析】 选项A错误,因发包人原因造成监理人未能在合同签订之日起90天内发出开始工作通知,承包人有权提出价格调整要求,或者解除合同。选项B错误,价格清单列出的任何数量仅为估算的工作量,不视为要求承包人实施工程的实际或准确工作量。选项C错误,承包人应在收到经监理人批复的合同进度计划后7天内,将支付分解报告以及形成支付分解报告的支持性资料报监理人审批。

3.【2024年】根据《标准设计施工总承包招标文件》,"承包人建议书"应包括的内容有（   ）。

A. 工程设备方案说明　　　　　　B. 功能要求
C. 工程量清单　　　　　　　　　D. 分包方案
E. 对发包人要求中错误的说明

【解析】设计施工总承包合同文件的组成及优先解释顺序：①合同协议书；②中标通知书；③投标函及投标函附录；④专用合同条款；⑤通用合同条款；⑥发包人要求；⑦承包人建议书；⑧价格清单；⑨其他合同文件。

本题考查的内容为"第⑦条承包人建议书",承包人建议书是对"发包人要求"的响应文件,包括工程设计方案和设备方案说明、分包方案,以及对发包人要求中的错误说明。选项 B 属于⑥发包人要求,选项 C 应为"价格清单"。发包人要求、价格清单与承包人建议书是并行关系,属于合同文件的组成部分。

【答案】1. B　2. DE　3. ADE

考点3　施工专业分包合同

1.【2022年补】根据《建设工程施工专业分包合同（示范文本）》,关于专业工程分包人责任和义务的说法,正确的是（   ）。

A. 负责施工现场的管理工作,与同一施工现场的其他分包人做好配合协调工作
B. 已竣工分包工程未交付前,分包人应负责已完分包工程的成品保护工作
C. 就分包范围内的工作,分包人根据需要可与发包人直接联系
D. 分包人征得发包人的同意,可以将其承包的工程转包给他人

【解析】选项 A 属于承包人的权利义务。选项 C 错误,未经承包人允许,分包人不得以任何理由与发包人或监理人发生直接工作联系。选项 D 错误,禁止转包。

根据《建设工程施工专业分包合同（示范文本）》,承包人和专业分包人的责任和义务见下表。

承包人的权利和义务	分包人的责任和义务
（1）就分包工程范围内的有关工作,承包人随时可以向分包人发出指令,分包人应执行。 （2）承包人应提供总包合同供分包人查阅。(价格内容除外) （3）承包人应完成的工作通常有： ① 向分包人提供具备施工条件的施工场地；随时为分包人提供分包工程施工所需的通道等。	（1）分包人须服从承包人转发的发包人或监理人与分包工程有关的指令。未经承包人允许,分包人不得以任何理由与发包人或监理人发生直接工作联系。 （2）分包人应完成的工作： ① 应按照分包合同的约定,对分包工程进行设计（分包合同有约定时）、施工、竣工和保修。 ② 按照专用合同条款约定的时间,完成规定的设计内容。承包人承担由此发生的费用。 ③ 向承包人提交一份详细施工组织设计,承包人批准后,分包人方可执行。分包人不能按承包人批准的进度计划施工时,应按要求提交一份修订的进度计划,保证分包工程进度。

续表

承包人的权利和义务	分包人的责任和义务
② 组织分包人参加发包人组织的图纸会审，向分包人进行设计交底。 ③ 提供合同专用条款中约定的设备和设施，并承担因此发生的费用。 ④ 负责整个施工场地的管理工作，协调分包人与其他分包人之间的配合，确保分包人按照经批准的施工组织设计施工。 ⑤ 为运至施工场地内用于分包工程的材料和待安装设备办理保险	④ 应允许承包人、发包人、工程师及其三方中任何一方授权的人员在工作时间内，合理进入分包工程施工场地或材料存放的地点，以及与分包合同有关的场地外的分包人的任何工作或准备的地点。 ⑤ 已竣工工程未交付承包人之前，分包人应负责已完分包工程的成品保护工作；承包人要求分包人采取特殊措施保护的工程部位和相应的追加合同价款，双方在专用合同条款内约定。 ⑥ 分包人必须为从事危险作业的职工办理意外伤害保险，并为施工场地内自有人员生命财产和施工机械设备办理保险，支付保险费用

2. 根据《建设工程施工专业分包合同（示范文本）》，下列工作中，属于承包人（总承包单位）责任和义务的有（　　）。

A. 提供总包合同相关内容供分包人查阅（有关承包工程的价格内容除外）

B. 向分包人提供具备施工条件的施工场地

C. 组织分包人参加由发包人组织的图纸会审

D. 必须为分包人从事危险作业的职工办理意外伤害保险

E. 为分包人所分包的工作提供详细施工组织设计

【解析】选项 D、E 属于分包人的责任与义务。

3. 根据《建设工程施工专业分包合同（示范文本）》，属于承包人工作的有（　　）。

A. 编制分包工程详细的施工组织设计

B. 就分包范围内的有关工作，承包人随时可以向分包人发出指令

C. 向分包人进行设计图纸交底

D. 与项目监理人进行直接工作联系

E. 编制分包工程年、季、月工程进度计划

【解析】选项 A、E 属于专业分包人的工作。

4. 根据《建设工程施工专业分包合同（示范文本）》，下列工作中，属于分包人的工作有（　　）。

A. 对分包工程进行深化设计、施工、竣工和保修

B. 负责已完分包工程的成品保护工作

C. 向监理人提供进度计划及进度统计报表

D. 为施工场地内自有人员生命财产和施工机械设备办理保险，支付保险费用

E. 直接履行监理工程师的工作指令

【解析】选项 A 错误，只有分包合同中约定设计工作时，深化设计才属于分包人的工

作，一般情况下，不含设计。选项 C 属于承包人的工作。选项 E 错误，分包人不可以直接履行监理工程师的工作指令。

5. 根据《建设工程施工专业分包合同（示范文本）》，承包人确认竣工结算报告后（　　）天内向分包人支付分包工程竣工结算价款。

A. 28　　　　　B. 7　　　　　C. 14　　　　　D. 56

【解析】承包人收到分包人递交的分包工程竣工结算报告及结算资料后 28 天内进行核实，给予确认或者提出明确的修改意见。承包人确认竣工结算报告后 7 天内向分包人支付分包工程竣工结算价款。分包人收到竣工结算价款之日起 7 天内，将竣工工程交付承包人。

6. 根据《建设工程施工专业分包合同（示范文本）》GF-2003-0213，关于施工专业分包的说法，正确的是（　　）。

A. 专业分包人只有在承包人发出指令后，允许发包人授权的人员在工作时间内进入分包工程施工场地

B. 在施工场地涉及危险地区或需要采取安全防护措施施工时，分包人应提出安全防护措施，经承包人批准后实施，发生的相应费用由承包人承担

C. 分包工程合同应采用可调价格合同

D. 分包人不能按时开工，应在不迟于合同协议书约定的开工日期前 7 天，以书面形式向承包人提出延期开工的理由

【解析】选项 A 错误，分包人应允许，非承包人发出指令后。选项 C 错误，分包合同价款与总包合同相应部分价款无任何连带关系。分包工程合同价款应与总包合同约定的方式一致，通常有三种方式：固定价格、可调价格、成本加酬金。选项 D 错误，分包人应按照约定的开工日期开工。分包人不能按时开工，应在不迟于合同协议书约定的开工日期前 5 天，以书面形式向承包人提出延期开工的理由。

7. 【2024 年】根据《建设工程施工专业分包合同（示范文本）》关于专业分包合同价款及支付的说法，正确的是（　　）。

A. 分包合同计价方式应与总包合同约定的方式一致

B. 分包合同价款应参照总包合同相应部分价款确定

C. 承包人无须向分包人支付工程预付款

D. 承包人确认计量结果后 7 天内支付分包工程进度款

【解析】选项 B 错误，分包合同价款与总包合同相应部分价款无任何连带关系。选项 C 错误，实行工程预付款的，双方应在分包工程专用合同条款中约定；承包人向分包人预付工程款的时间和数额，开工后按约定的时间和比例逐次扣回。选项 D 错误，在确认计量结果后 10 天内，承包人向分包人支付工程款（进度款）；按约定时间承包人应扣回的预付款，与工程款（进度款）同期结算。

【答案】1. B　2. ABC　3. BCD　4. BD　5. B　6. B　7. A

第 3 章
建设工程招标投标与合同管理

考点 4　施工劳务分包合同

1. 根据《建设工程施工劳务分包合同（示范文本）》，下列合同规定的相关义务中，属于劳务分包人义务的是（　　）。

A. 组建项目管理班子
B. 完成施工计划相应的劳动力安排计划
C. 负责编制施工组织设计
D. 负责工程测量定位和沉降观测

【解析】选项 B 属于劳务分包人的义务。选项 A、C、D 属于工程承包人的主要义务。

根据《建设工程施工劳务分包合同（示范文本）》，承包人和劳务分包人的主要义务见下表。

承包人	劳务分包人
（1）组建与工程相适应的项目管理班子，组织实施施工管理的各项工作，对工程的工期和质量向发包人负责；负责与发包人、监理、设计及有关部门联系，协调现场工作关系。 （2）工程承包人完成劳务分包人施工前期的工作并承担相应费用。 （3）负责编制施工组织设计，统一制定各项管理目标，组织编制年、季、月施工计划，物资需用量计划表。 （4）负责工程测量定位、沉降观测、技术交底，组织图纸会审，统一安排技术档案资料的收集整理及交工验收；按时提供图纸，及时交付应供材料、设备。 （5）统筹安排、协调解决非劳务分包人独立使用的生产、生活临时设施、工作用水、用电及施工场地。 （6）按合同约定，向劳务分包人支付劳动报酬	（1）对劳务分包合同劳务分包范围内的工程质量向工程承包人负责，服从工程承包人转发的发包人及监理人的指令；未经工程承包人授权或允许，不得擅自与发包人及有关部门建立工作联系；自觉遵守法律法规及有关规章制度。 （2）劳务分包人根据施工组织设计总进度计划的要求，每月底前需提交下月施工计划或提交阶段施工计划、旬、周施工计划，完成施工计划相应的劳动力安排计划，经工程承包人批准后严格实施。 （3）严格按照设计图纸、施工验收规范、有关技术要求及施工组织设计精心组织施工，确保工程质量达到约定的标准；承担由于自身责任造成的损失及各种罚款；做好施工场地周围建筑物、构筑物和地下管线和已完工程部分的成品保护工作，因劳务分包人责任发生损坏，劳务分包人自行承担由此引起的一切经济损失及各种罚款。 （4）劳务分包人应对其作业内容的实施、完工负责，劳务分包人应承担并履行总（分）包合同约定的、与劳务作业有关的所有义务及工作程序

2. 根据《建设工程施工劳务分包合同（示范文本）》，关于劳务分包人应承担义务的说法，正确的有（　　）。

A. 须服从工程承包人转发的发包人及工程师的指令
B. 自觉接受工程承包人及有关部门的管理、监督和检查
C. 未经工程承包人授权或许可，不得擅自与发包人建立工作联系
D. 负责组织实施施工管理的各项工作，对工期和质量向发包人负责
E. 必要时按工程承包人要求提交旬、周施工计划

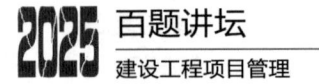

【解析】选项 D 属于工程承包人的主要义务。

3.【2022 年】 某建设工程发包人与乙公司签订了工程承包合同，乙公司又与劳务分包人丙公司签订了劳务分包合同。关于丙公司应承担义务的说法，正确的有（　　）。

　　A. 应就工期和质量向发包人负责
　　B. 应服从乙公司转发的发包人指令
　　C. 应自觉接受乙公司及有关部门的管理、监督和检查
　　D. 应与发包人及有关部门建立工作联系
　　E. 应安排技术档案资料的收集整理及交工验收

【解析】选项 A 错误，劳务分包人丙公司对劳务分包范围内的工程质量向承包人乙公司负责。选项 D 错误，未经承包人乙公司授权或允许，劳务分包人丙公司不得擅自与发包人及有关部门建立工作联系。选项 E 错误，承包人乙公司负责统一安排技术档案资料的收集整理及交工验收。

4.【2022 年补】 根据《建设工程施工劳务分包合同（示范文本）》，须由劳务分包人承担保险费用的保险标的有（　　）。

　　A. 运至施工现场用于施工的材料和待安装设备
　　B. 施工场地内劳务分包人自有人员生命财产
　　C. 承包人提供给劳务人员使用的机械设备
　　D. 从事危险作业的劳务分包人职工的意外伤害
　　E. 施工场地内劳务分包人自有的施工机械设备

【解析】选项 A、C 的保险应由承包人办理。

根据《建设工程施工劳务分包合同（示范文本）》，相关保险的办理见下表。

办理方	内容
承包人	（1）运至施工场地用于劳务施工的材料和待安装设备。 （2）必须为租赁或提供给劳务分包人使用的施工机械设备办理保险，并支付保险费用
劳务分包人	必须为从事危险作业的职工办理意外伤害保险，并为施工场地内自有人员生命财产和施工机械设备办理保险，支付保险费用

5. 根据《建设工程施工劳务分包合同（示范文本）》，关于工时及工程量确认的说法，正确的有（　　）。

　　A. 采用固定劳务报酬方式的，施工过程中不计算工时，只计算工程量
　　B. 劳务分包人完成的超出设计图纸范围的工程量，工程承包人应按实际计量
　　C. 采用按确认的工时计算劳务报酬的，劳务分包人每日将提供劳务人数报承包人确认
　　D. 按确认的工程量计算劳务报酬的，劳务分包人提供完成的工程量，并报承包人确认
　　E. 因劳务分包人原因造成返工的工程量，工程承包人不予计量

【解析】 劳务报酬可采用以下任何一种方式：

固定劳务报酬	施工中不计算工时和工程量
不同工种的计时单价	按确认的工时计算	每日向承包人报劳务人数
不同工作成果的计件单价	按确认的工程量计算	按月（旬、日）将完成的工程量报承包人。未经承包人认可或超出范围、自身返工的工程量，不予计量

【答案】 1. B 2. ABCE 3. BC 4. BDE 5. CDE

考点 5　材料、设备采购合同

◆ 材料采购和设备采购合同的违约责任

材料采购合同	设备采购合同
违约金：每天为材料金额的 0.08% 违约金总额：不得超过合同价格的 10%	迟延第 1~4 周，每周违约金 0.5% 迟延第 5~8 周，每周违约金 1% 迟延第 9 周起，每周违约金 1.5%

◆ 设备采购合同的价格与支付

合同价格	固定价格
价款支付	（1）预付款：签约合同价的 10%； （2）交付全部设备后：支付合同价格的 60%； （3）验收款：支付 25%； （4）结清款：支付 5%

1. 根据《标准材料采购招标文件》，下列材料采购合同文件中，解释顺序最优先的是（　　）。

A. 商务和技术偏差表　　　　　　B. 专用合同条款
C. 分项报价表　　　　　　　　　D. 供货要求

【解析】 材料、设备采购合同文件组成及优先解释顺序见下表。

材料采购合同	设备采购合同
（1）合同协议书； （2）中标通知书； （3）投标函； （4）商务和技术偏差表；	（1）合同协议书； （2）中标通知书； （3）投标函； （4）商务和技术偏差表；

续表

材料采购合同	设备采购合同
(5) 专用合同条款； (6) 通用合同条款； (7) 供货要求； (8) 分项报价表； (9) 中标材料质量标准的详细描述； (10) 相关服务计划	(5) 专用合同条款； (6) 通用合同条款； (7) 供货要求； (8) 分项报价表； (9) 中标设备技术性能指标的详细描述； (10) 技术服务和质保期服务计划

2. 根据《标准材料采购招标文件》，除专用合同条款另有约定外，材料采购合同价采用固定价格的，合同供货周期一般不超过（　　）个月。

A. 24
B. 18
C. 12
D. 6

【解析】根据《标准材料采购招标文件》，材料采购合同价格与支付要求见下表。

合同价格	固定价格：供货周期不超过12个月
	可调价格：供货周期超过12个月，且价格变化超过专用合同条款约定幅度的
合同价款支付	预付款：签约合同价的10%
	进度款：达到该批次合同材料的合同价格的95%（含预付款）
	结清款：质量保证期届满后，支付合同价格5%的结清款

3. 某建设单位与供应商签订350万元的采购合同，建设单位延迟支付合同价款185天，根据《标准材料采购招标文件》通用合同条款，建设单位应向供应商实际支付违约金的总额是（　　）。

A. 25.20万元
B. 35万元
C. 42万元
D. 51.8万元

【解析】每天的违约金为材料金额的0.08%，违约金总额不得超过合同价格的10%。建设单位应向供应商支付违约金：350万元×0.08%×185天＝51.8万元，而违约金的上限为同价格10%即35万元，故建设单位中应向供应商支付35万元。

4. 根据《标准材料采购招标文件》中的通用合同条款，合同材料的所有权和风险自（　　）之日起由卖方转移至买方。

A. 材料从卖方生产加工地出厂
B. 买方将采购材料合同款全部支付给卖方
C. 卖方按合同将材料在施工场地卸货后办理完收货清单
D. 买方按合同约定对到场材料进行抽检并经检验合格

【解析】合同材料的所有权和风险自交付时起由卖方转移至买方，合同材料交付给买方之前包括运输在内的所有风险均由卖方承担。

5. 根据《标准设备采购招标文件》，由于卖方原因导致合同设备未能达到技术性能考核指标时，为卖方进行考核的机会应不超过（　　）次。

A. 2　　　　　　　　　　　　　　　B. 3

C. 4　　　　　　　　　　　　　　　D. 5

【解析】由于卖方原因未能达到技术性能考核指标时，为卖方进行考核的机会不超过3次。买方的考核机会也不超过3次。

6. 根据《标准设备采购招标文件》中的通用合同条款，除专用合同条款另有约定外，买方应向卖方支付合同价格的（　　）作为验收款。

A. 25%　　　　　　　　　　　　　　B. 30%

C. 40%　　　　　　　　　　　　　　D. 60%

【解析】验收款：买方在收到卖方提交的买卖双方签署的合同设备验收证书或已生效的验收款支付函正本一份并经审核无误后28日内，向卖方支付合同价格的25%。

7. 根据《标准设备采购招标文件》中的通用合同条款，如卖方未能按合同约定时间交付设备和技术文件，导致设备安装滞后，需支付迟延交付设备违约金。迟延交付设备违约金的计算方法正确的有（　　）。

A. 迟交第一周，迟延交付违约金为迟交合同设备价格的0.2%

B. 迟交第二周，迟延交付违约金为迟交合同设备价格的0.3%

C. 迟交第三周，迟延交付违约金为迟交合同设备价格的0.4%

D. 迟交第四周，迟延交付违约金为迟交合同设备价格的0.5%

E. 迟交第五周，迟延交付违约金为迟交合同设备价格的1%

【解析】选项A、B、C错误。迟延的第1~4周，每周违约金为0.5%。

8.【2024年】根据材料设备采购合同，质量保修期起算时间为（　　）。

A. 材料设备采购后

B. 材料设备交付后

C. 材料设备验收后

D. 工程竣工验收后

【解析】除专用合同条款和（或）供货要求等合同文件另有约定外，合同材料的质量保证期自合同材料验收之日起算，至合同材料验收证书或进度款支付函签署之日起12个月止（以先到的为准）。

【答案】1. A　2. C　3. B　4. C　5. B　6. A　7. DE　8. C

第3节　工程承包风险管理及担保保险

考点1　工程承包风险管理

1. 施工承包风险可从施工项目本身和外部环境两方面考虑。施工项目本身的风险主要有（　　）。

A. 施工质量安全风险
B. 工程分包风险
C. 社会风险
D. 政策风险
E. 施工组织管理风险

【解析】选项 C、D 属于外部环境风险。

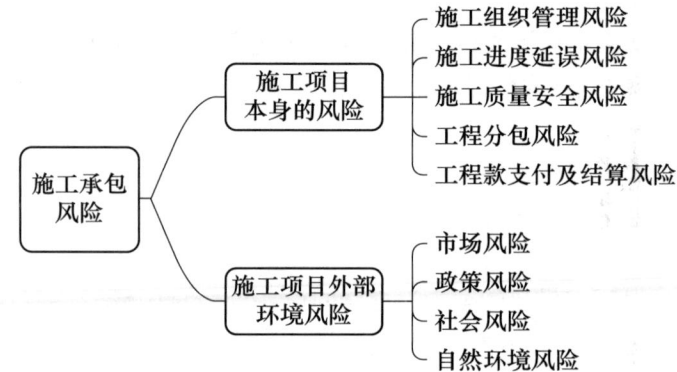

2. 根据《建设工程项目管理规范》，关于项目风险管理计划的说法，正确的有（　　）。

A. 组织的风险管理制度是重要内容
B. 经批准后在实施过程中不得修改
C. 应在项目开工前编制完成
D. 招标文件与工程合同是重要的编制依据
E. 内容包括必需的资源和费用预算

【解析】选项 A 错误，组织的风险管理制度是项目风险管理计划的依据。选项 B 错误，在实施过程中根据风险变化进行调整。

根据《建设工程项目管理规范》，项目风险管理计划的编制依据和内容见下表。

依据	内容
（1）工程范围说明； （2）招投标文件与工程合同； （3）工作分解结构；	（1）风险管理目标； （2）风险管理范围； （3）可使用的风险管理方法、措施、工具和数据；

续表

依据	内容
（4）项目管理策划结果； （5）项目管理机构风险管理制度； （6）其他相关信息和历史资料	（4）风险跟踪要求； （5）风险管理责任和权限； （6）必需的资源和费用预算

3. 工程风险管理中，对于特定事件的风险等级应由（ ）间的关系矩阵确定。

A. 风险量等级和风险收益等级　　　　B. 风险发生概率等级和风险损失等级
C. 风险发生概率等级和风险收益等级　　D. 风险量等级和风险损失等级

【解析】根据风险发生概率等级和风险损失等级来确定风险等级。

风险等级的划分见下表

| 风险分为5个等级：
（1）很小（VL）；可忽略。
（2）小（L）；可接受。
（3）中等（M）；不希望出现。
（4）大（H）。
（5）很大（VH）：不可接受 | P概率
M　H　VH
L　M　H
VL　L　M
　　　　　　O损失量
风险等级图 |

4. 某投标人中标后发现其报价有较大失误，因而拒绝与业主签订施工合同。其采取的风险应对策略属于（ ）。

A. 风险减轻　　　　B. 风险自留　　　　C. 风险转移　　　　D. 风险规避

【解析】本题投标人拒绝签合同，是断绝风险的做法，属于风险规避策略。

风险应对的策略见下表。

风险规避	断绝风险，放弃原方案
风险减轻	采取措施降低风险，如制定预防措施、联合体承包
风险转移	向保险公司投保、工程分包、签合同明确计价方式、第三方担保（履约担保、支付担保）
风险自留	风险自己承担

5. 项目风险管理的工作流程：①风险应对；②风险评估；③风险识别；④风险监控。以下程序正确的是（ ）。

A. ③→②→④→①　　　　　　　　B. ②→③→④→①
C. ①→③→②→④　　　　　　　　D. ③→②→①→④

【解析】工程承包风险管理包括风险识别、风险评估、风险应对、风险监控等环节。

6. 工程项目风险管理中常用的风险对策有（ ）。

A. 风险规避　　　　　　　　　　　B. 风险监控

C. 风险减轻 D. 风险自留

E. 风险转移

【解析】风险应对策略有：风险规避、风险减轻、风险转移及风险自留。

7. 下列风险管理工作内容中，属于项目风险评估工作的有（   ）。

A. 分析各种风险因素发生的概率 B. 分析各种风险发生的损失量

C. 确定风险等级 D. 风险发生的可能性

E. 风险源的类型

【解析】选项 D、E 属于风险识别报告的内容。

根据《建设工程项目管理规范》，风险识别和风险评估的内容见下表。

风险识别报告的内容	（1）风险源的类型、数量。 （2）风险发生的可能性。 （3）风险可能发生的部位及风险的相关特征
风险评估报告的内容	（1）各类风险发生的概率。 （2）可能造成的损失量和风险等级。 （3）风险相关的条件因素

8.【2024 年】承包人采取的风险应对措施中，属于风险转移的有（   ）。

A. 投保建筑工程一切险 B. 以联合体方式承包工程

C. 工程进度计划中留有机动时间 D. 要求发包人提供工程款支付担保

E. 与发包人按可调单价方式签订工程合同

【解析】选项 B 属于风险减轻。选项 C 属于风险自留。

风险转移	风险转移给他人承担。 保险转移：向保险公司投保。 非保险转移有三种：工程分包、签合同明确计价方式、第三方担保（履约担保、支付担保）

【答案】1. ABE 2. CDE 3. B 4. D 5. D 6. ACDE 7. ABC 8. ADE

考点 2 工程担保

◆ 工程担保大多采用为第三方担保方式（工程保证担保）

投标担保	（1）形式：投标保函、投标保证金。 （2）金额：不得超过招标项目估算价的 2%。 （3）有效期：与投标有效期一致。 （4）退还：①收到投标人书面撤回投标文件通知之日起 5 日内退还；②最迟应在书面合同签订后 5 日内向中标人和未中标的投标人退还投标保证金及银行同期存款利息

续表

履约担保	（1）目的：发包人为防止施工承包单位不履行合同或违约，用来弥补给发包人造成的经济损失。 （2）形式：银行履约保函、履约担保书、履约保证金等。 （3）金额：不得超过中标合同金额的10%。 （4）有效期：发包人颁发工程接收证书前一直有效。 （5）退还：工程接收证书颁发后28天内将履约担保退还给承包人
预付款担保	（1）作用：用于保证承包人能够按合同规定进行施工，偿还发包人已支付的全部预付金额。 （2）金额：与预付款相同，根据预付款的扣回金额相应递减
工程款支付担保	（1）时间：发包人应在签订施工合同时向承包人提交工程款支付担保。 （2）形式：银行保函或担保公司担保等。 （3）金额：专用条款约定
工程质量保证金	（1）金额：不得高于工程价结算总额的3%。 （2）要求：在工程竣工前，承包人已缴纳履约保证金的，发包人不得同时预留工程质量保证金；采用工程质量保证担保、工程质量保险等其他保证方式的，发包人不得再预留工程质量保证金

1.【2022年】根据《招标投标法实施条例》，项目估算总价为3500万元的工程项目，其投标保证金的金额一般不得超过（　　）万元。

A. 35　　　　　　B. 80　　　　　　C. 105　　　　　　D. 70

【解析】根据《招标投标法实施条例》规定，投标保证金不得超过项目估算价的2%。3500×0.02=70万元。

2. 建设工程中采用的投标保函、履约保函等方式，属于我国《担保法》中的（　　）。

A. 抵押担保　　　B. 保证担保　　　C. 留置担保　　　D. 定金担保

【解析】工程担保中大多采用的是第三方担保，即保证担保。

3. 发包人与承包人签订一份金额为800万元的承包合同，则承包人应提交的履约保证金不得超过（　　）万元。

A. 80　　　　　　B. 240　　　　　　C. 24　　　　　　D. 16

【解析】根据《招标投标法实施条例》，招标文件要求中标人提交履约保证金的，中标人应当按照招标文件的要求提交。履约保证金不得超过中标合同金额的10%。800×10%=80万元。

4. 根据《标准施工招标文件》，担保金额在担保有效期内随着工程款支付可以逐期减少的担保是（　　）。

A. 投标担保　　　B. 履约担保　　　C. 预付款担保　　　D. 支付担保

【解析】预付款担保金额可根据预付款扣回的金额相应递减。

5.【2024年】根据《住房城乡建设部 财政部关于印发建设工程质量保证金管理办法的通知》关于工程质量保证金的说法，正确的是（　　）。

A. 工程质量保证金总预留比例不得高于工程价款结算总额的5%

B. 工程质量保证金需要与履约保证金一并预留

C. 工程质量保证金可由承包人以银行保函替代

D. 工程质量保证金可用于施工过程中工程质量缺陷的修复

【解析】选项A错误，工程质量保证金总预留比例不得高于工程价款结算总额的3%。选项B错误，承包人已缴纳履约保证金的，发包人不得同时预留工程质量保证金。选项D错误，工程质量保证金用以保证承包人在缺陷责任期内对工程施工质量缺陷进行维修的资金。

6. 根据《建设工程施工合同（示范文本）》，招标人要求中标人提供履约担保时，招标人应同时向中标人提供的担保是（　　）。

A. 履约担保　　　　　　　　　　B. 工程款支付担保

C. 预付款担保　　　　　　　　　D. 资金来源证明

【解析】选项A、C错误，发包人要求承包人提供履约担保的，发包人应当向承包人提供支付担保。选项D错误，发包人应在收到承包人要求提供资金来源证明的书面通知后28天内，向承包人提供能够按照合同约定支付合同价款的相应资金来源证明。

7.【2020年】 在招标文件中要求中标人提交履约担保的形式有（　　）。

A. 房屋抵押权证　　　　　　　　B. 保证金

C. 由保险公司开具的履约担保书　D. 有价证券

E. 商业银行开具的担保函

【解析】履约担保形式有银行履约保函、履约担保书、履约保证金等。

【答案】1.D　2.B　3.A　4.C　5.C　6.B　7.BCE

考点3　工程保险

◆ **建筑工程、安装工程一切险**

投保人和被保险人	（1）投保人：发包人和承包人共同。 （2）被保险人：发包人、总承包人、分包人、发包人聘用的监理人员、与工程有密切关系的单位或个人
保险期限	（1）建筑工程：是从投保工程动工之日起直至工程验收之日止。 （2）安装工程有些会有试车、考核的期限
保险责任范围	（1）责任范围：物质损失（自然灾害和意外事故）。 （2）安装工程：安装工程常遇到的电气事故

	续表
免责范围	（1）建筑工程： ① 设计错误引起的损失和费用； ② 自然磨损、内在或潜在缺陷、物质本身变化、自燃、自热、氧化、锈蚀、渗漏、鼠咬、虫蛀、大气（气候或气温）变化、正常水位变化或其他渐变原因造成的保险财产自身的损失和费用； ③ 因原材料缺陷或工艺不善引起的保险财产本身的损失，以及为换置、修理或矫正这些缺点错误所支付的费用； ④ 非外力引起的机械或电气装置的本身损失，或施工用机具、设备、机械装置失灵造成的本身损失； ⑤ 维修保养或正常检修的费用； ⑥ 档案、文件、账簿、票据、现金、各种有价证券、图表资料及包装物料的损失； ⑦ 盘点时发现的短缺； ⑧ 领有公共运输行驶执照的，或已由其他保险予以保障的车辆、船舶和飞机的损失。 （2）安装工程：还会免赔因超负荷、超电压、碰线等电气原因所造成的电气设备或电气用具本身的损失

1. 根据《标准施工招标文件》通用合同条款规定，在缺陷责任期终止证书颁发前，（　　）应以承包人和发包人的共同名义投保第三者责任险。

A．监理人　　　　　B．发包人　　　　　C．承包人　　　　　D．项目主管部门

【解析】在缺陷责任期终止证书颁发前，承包人应以承包人和发包人的共同名义投保第三者责任险，其保险费率、保险金额等有关内容在专用合同条款中约定。

2. 对于投保建筑工程一切险的工程项目，下列情形中，保险人不承担赔偿责任的有（　　）。

A．因台风使工地范围内建筑物损毁

B．维修保养或正常检修的费用

C．因暴雨引起地面下陷，造成施工用吊车损毁

D．自然磨损、内在缺陷造成的损失

E．工程设计错误引起的损失

【解析】一切险的保险责任范围为物质损失（自然灾害和意外事故）。选项A、C属于自然灾害，属于建筑工程一切险的责任范围。

3. 下列财产损失和人身伤害事件中，属于第三者责任险赔偿范围的是（　　）。

A．项目承包商在施工工地的财产损失

B．项目承包商职工在施工工地的人身伤害

C．发包人外聘员工在施工工地的人身伤害

D．发包人、承包商以外的第三者因工程实施而蒙受人身伤亡、疾病或财产损失

【解析】第三者责任险是指在保险期限内，对因工程意外事故造成的、依法应由被保险

人负责的工地上及毗邻地区的第三者人身伤亡、疾病或财产损失（本工程除外），以及被保险人因此而支付的诉讼费用和事先经保险人书面同意支付的其他费用等赔偿责任。

4. 下列安装工程损失费用中属于安装工程的一切险免责范围的是（   ）。
   A. 因安装人员技术不精引起的事故损失
   B. 因突降冰雹造成已安装设备损坏的损失
   C. 因遭遇雷击造成电气设备损坏的损失
   D. 因超负荷造成电器用具本身的损失

【解析】安装工程一切险的责任范围：自然灾害、意外事故导致的物质损失，还增加了对安装工程常遇到的电气事故，如超负荷、超电压、碰线、电弧、走电、短路、大气放电等造成的损失赔偿责任。因承包人安装人员技术不精引起的事故也可成为向保险公司索赔的理由。选项 D 属于安装工程一切险的免责范围。

5.【2024 年】下列工程保险中，属于职业责任保险的是（   ）。
   A. 意外伤害险   B. 设计责任险
   C. 第三者责任险   D. 施工人员工伤险

【解析】工程设计责任险是指以工程设计单位，因设计工作疏忽或过失，而引发工程质量事故造成损失或费用，应承担的经济赔偿责任，为保险标的职业责任保险。

【答案】1. C　2. BDE　3. D　4. D　5. B

第 4 章
建设工程进度管理

本章考点

建设工程进度管理
- 工程进度影响因素与进度计划系统
  - 1. 工程进度影响因素
  - 2. 工程进度计划系统及表达方式
- 流水施工进度计划
  - 1. 流水施工特点及表达方式
  - 2. 流水施工参数
  - 3. 流水施工基本方式
- 工程网络计划技术
  - 1. 网络图的绘制规则
  - 2. 时间参数计算方法
  - 3. 关键工作及关键线路确定方法
- 施工进度控制
  - 1. 施工进度计划实施中的检查与分析
  - 2. 实际进度与计划进度比较方法
  - 3. 施工进度计划调整方法及措施

第 1 节 工程进度影响因素与进度计划系统

考点 1 工程进度影响因素

◆ 工程施工进度影响因素

（1）相关单位影响（建设、勘察设计、监理、供应单位）。
（2）有关协作部门及社会环境影响。
（3）自然条件影响。

(4) 施工单位自身因素影响。

施工技术因素：施工方案不当、施工设备不配套等。

组织管理因素：向有关部门提出各种申请审批手续的延误、组织协调不力等。

1. 影响工程进度的因素中，出现复杂的工程地质条件属于（　　）影响因素。
A. 业主方　　　　　B. 施工技术　　　　　C. 勘察设计　　　　　D. 自然条件

【解析】影响工程进度的因素中，自然条件影响因素如下：复杂的工程地质条件；不明的水文气象条件；地下埋藏文物的保护、处理；洪水、地震、台风等不可抗力等。

2. 图纸供应不及时导致影响工期是属于（　　）。
A. 勘察设计原因　　　　　　　　B. 施工原因
C. 监理原因　　　　　　　　　　D. 建设单位

【解析】与勘察、设计有关的影响进度的因素属于勘察设计原因。如勘察资料不准确，设计内容不完善，施工图纸供应不及时、不配套，或出现重大差错等。

3. 【2024年】在下列影响施工进度的不利因素中，属于社会环境影响因素的是（　　）。
A. 不明水文气象条件　　　　　　B. 地下埋葬文物的处理
C. 建设资金不到位　　　　　　　D. 临时停水停电断路

【解析】本题考查的是影响进度的因素。有关协作部门及社会环境影响：①有关协作部门原因。如有关协作部门协作配合不够或支持力度不够等。②社会环境原因。如其他单位邻近工程的施工干扰；节假日交通、市容整顿限制；临时停水、停电、断路；在国外因法律及制度变化，经济制裁，战争、骚乱、罢工、企业倒闭，汇率浮动和通货膨胀等。选项A、B属于自然条件影响因素；选项C属于建设单位原因。

4. 影响工程进度的因素中，最大的干扰因素是（　　）。
A. 人为因素　　　　　　　　　　B. 技术因素
C. 设备因素　　　　　　　　　　D. 地质因素

【解析】人为因素是最大的干扰因素。

【答案】1. D　2. A　3. D　4. A

考点2　工程进度计划系统及表达方法

◆ 工程进度计划系统

1. 建设单位计划系统

工程项目前期工作计划	对工程项目可行性研究、项目评估及初步设计的工作进度安排，使工程项目前期决策阶段各项工作的时间得到控制

续表

工程项目建设总进度计划	指初步设计被批准后，根据初步设计，对工程项目从开始建设至竣工投产全过程的统一部署	（1）工程项目一览表（单位工程列表）； （2）工程项目总进度计划（单位工程开竣工时间）； （3）投资计划年度分配表； （4）工程项目进度平衡表（设计、设备、施工平衡）
工程项目年度计划	依据：工程项目建设总进度计划和批准的设计文件进行编制	（1）年度计划项目表； （2）年度竣工投产交付使用计划表； （3）年度建设资金平衡表； （4）年度设备平衡表

2. 施工单位进度计划系统

按项目组成	施工总进度计划	目的：确定各单位工程及全工地性工程的施工期限及开竣工日期
	单位工程施工进度计划	对单位工程中的各施工过程作出时间和空间上的安排，并以此为依据，确定施工作业所必需的劳动力、施工机具和材料供应计划
	分部分项工程进度计划	针对工程量较大或施工技术比较复杂的分部分项工程，在依据工程具体情况所制定的施工方案基础上，对其各施工过程所作出的时间安排
按时间进展	年度施工计划、季度施工计划、月（旬）作业计划	

◆ **横道图和网络计划的优缺点**

方式	优点	缺点
横道图	（1）形象直观地表达每一个工作的开始、结束和持续时间； （2）易于编制和便于理解	（1）不能明确地反映出各项工作之间错综复杂的相互关系； （2）不能明确地反映出影响工期的关键工作和关键线路； （3）不能反映出工作所具有的机动时间； （4）不能反映出工程费用与工期之间的关系
网络图	（1）能够明确表达各项工作之间的逻辑关系； （2）通过时间参数的计算，可以找出关键线路和关键工作； （3）通过网络计划时间参数的计算，可以明确各项工作的机动时间； （4）可以利用电子计算机进行计算、优化和调整	不像横道计划那么直观明了等，但可以通过时标网络计划得到弥补

1. 下列进度计划中，属于建设单位计划系统的是（ ）。
A. 工程项目年度计划
B. 设计总进度计划
C. 施工准备工作计划
D. 年度施工计划

【解析】选项 B 属于设计单位计划系统。选项 C、D 属于施工单位的进度计划系统。建设单位进度计划包括工程项目前期工作计划、工程项目建设总进度计划和工程项目年度计划。

2. 建设工程施工进度计划系统中，用来确定各单位工程及全工地性工程的施工期限及开竣工日期，进而确定各类资源、设备、设施数量及能源、交通需求量的进度计划是（ ）。
A. 施工总进度计划
B. 单位工程施工进度计划
C. 施工准备工作计划
D. 分部分项工程进度计划

【解析】根据题干关键词"全工地性"，选择施工总进度计划。

3. 与横道计划相比，工程网络计划的优点有（ ）。
A. 能够直观表示各项工作的进度安排
B. 能够明确表达各项工作之间的逻辑关系
C. 可以明确各项工作的机动时间
D. 可以找出关键线路和关键工作
E. 可以直观表达各项工作之间的搭接关系

【解析】选项 A 阐述的"直观"，是横道图的特点。选项 E 中的"搭接关系"错误，应为逻辑关系。

4.【2024 年】建设单位进度计划系统中，用来明确设计文件交付日期、主要设备交货日期、施工单位进场日期、水电及道路接通日期等的计划表是（ ）。
A. 工程项目综合进度计划表
B. 工程项目总进度计划表
C. 工程项目年度计划表
D. 工程项目进度平衡表

【解析】工程项目进度平衡表主要用来明确设计文件交付日期、主要设备交货日期、施工单位进场日期、水电及道路接通日期等，以保证工程建设中各环节相互衔接，确保工程项目按期投产或交付使用。

5. 工程进度计划体系中，根据初步设计中确定的建设工期和工艺流程，具体安排单项工程、单位工程开工日期和竣工日期的计划是（ ）。
A. 工程项目进度平衡计划
B. 年度竣工投产交付使用计划
C. 年度建设资金平衡计划
D. 工程项目总进度计划

【解析】工程项目总进度计划是根据初步设计中确定的建设工期和工艺流程，具体安排单项工程、单位工程的开工日期和竣工日期。

6. 工程项目建设总进度计划是对工程项目从开始建设至竣工投产全过程的统一部署。该计划应在（　　）之后编制。

A. 可行性研究报告被批准

B. 项目评估通过

C. 初步设计被批准

D. 施工组织设计审核通过

【解析】工程项目总进度计划是指初步设计被批准后，根据初步设计，对工程项目从开始建设至竣工投产全过程的统一部署。

【答案】 1. A 2. A 3. BCD 4. D 5. D 6. C

第 2 节　流水施工进度计划

考点 1　流水施工特点及表达方式

◆依次施工、平行施工、流水施工的特点

	依次施工	平行施工	流水施工
工作面利用、工期	不充分、长	充分、短	尽可能、比较短
单位资源、均衡	少（利于供应）、无法	成倍、无法	少、较为均衡
专业队是否连续施工	不连续	同时	连续，最大限度搭接
专业化、生产率	不能、不利于提高	不能、不利于提高	能实现专业化、提高效率
现场组织管理	简单	复杂	文明施工、科学管理

1. 工程项目组织依次施工的特点是（　　）。

A. 能充分利用工作面进行施工，工期短

B. 能由一个工作队完成全部工作任务，有利于专业化作业

C. 单位时间内利用的施工机具少，有利于调配施工机具

D. 专业工作队连续施工，有利于最大限度地搭接施工

【解析】选项 A 属于平行施工的特点。选项 B 错误，依次施工不能实现专业化施工。选项 D 错误，依次施工的专业工作队不能连续作业，有时间间歇。

依次施工方式具有以下特点：

（1）没有充分地利用工作面进行施工，工期长。

（2）如果按专业组建工作队，则各专业工作队不能连续作业，工作出现间歇，劳动力及施工机具等资源无法均衡使用。

（3）如果由一个工作队完成全部施工任务，则不能实现专业化施工，不利于提高劳动

生产率和工程质量。

（4）单位时间内投入劳动力、施工机具等资源量较少，有利于资源供应的组织。

（5）只有一个工作队进行施工作业，施工现场的组织管理比较简单。

2. 与依次施工，平行施工方式相比，流水施工方式的特点有（　　）。
A. 施工现场组织管理简单
B. 有利于实现专业化施工
C. 相邻专业工作队之间能够最大限度地进行搭接作业
D. 单位时间内投入的资源量较为均衡
E. 施工工期最短

【解析】选项 A 属于依次施工的特点。选项 E 属于平行施工的特点。

流水施工方式具有以下特点：

（1）尽可能地利用工作面进行施工，工期较短。

（2）各工作队实现了专业化施工，有利于提高技术水平和劳动效率，也有利于提高质量。

（3）专业工作队能够连续施工，同时能使相邻专业队之间能够最大限度地进行搭接作业。

（4）单位时间内投入的劳动力、施工机具等资源量较为均衡，有利于资源供应的组织。

（5）为施工现场的文明施工和科学管理创造了有利条件。

3. 建设工程组织平行施工的特点有（　　）。
A. 能够充分利用工作面进行施工
B. 单位时间内投入的资源量较为均衡
C. 不利于资源供应的组织
D. 施工现场的组织管理比较简单
E. 不利于提高劳动生产率

【解析】选项 B 属于流水施工的特点。选项 D 属于依次施工的特点。

平行施工方式具有以下特点：

（1）能够充分利用工作面进行施工，工期短。

（2）如果每一个施工对象均按专业组建工作队，劳动力和施工机具等资源无法均衡使用。

（3）由一个工作队完成一个施工对象的全部施工任务，则不能实现专业化施工，不利于提高劳动生产率和工程质量。

（4）单位时间内投入的劳动力、施工机具等资源成倍增加，不利于资源供应的组织。

（5）多个专业工作队在现场施工，组织管理比较复杂。

【答案】1. C　2. BCD　3. ACE

第4章 建设工程进度管理

考点2 流水施工参数

1. 下列各类参数中,属于流水施工参数的有( )。
A. 工艺参数 B. 定额参数
C. 空间参数 D. 时间参数
E. 机械参数

【解析】流水施工参数有工艺参数、空间参数、时间参数。

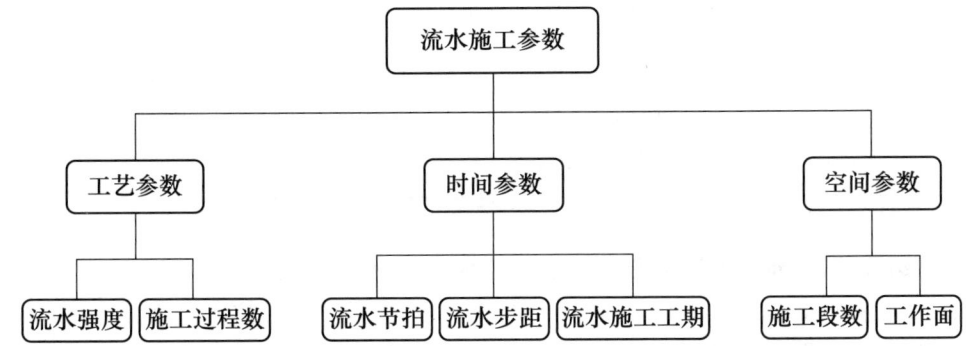

2. 下列流水施工参数中,用来表达流水施工在时间安排上所处状态的参数是( )。
A. 流水强度和流水段数 B. 流水段数和流水步距
C. 流水步距和流水节拍 D. 流水节拍和流水强度

【解析】时间参数主要包括流水节拍、流水步距和流水施工工期等。

3. 建设工程组织流水施工时,用来表达流水施工在空间布置上开展状态的参数有( )。
A. 流水能力 B. 工作面
C. 施工过程 D. 施工段
E. 专业工作队数

【解析】空间参数包括工作面、施工段数。

4. 流水施工参数中,流水步距的含义是( )。
A. 相邻两个专业工作队相继开始施工的最小间隔时间
B. 相邻两个施工段相继开始施工的最小间隔时间
C. 相邻两个施工过程之间因组织安排需要增加的间隔等待时间
D. 相邻两个施工段之间因工艺安排需要增加的间隔等待时间

【解析】流水步距是指组织流水施工时,相邻两个专业工作队相继开始施工的最小间隔时间。

5. 建设工程组织流水施工时,划分施工段的原则有( )。
A. 每个施工段要有足够工作面

B. 施工段数要满足合理组织流水施工要求

C. 施工段界限要尽可能与结构界限相吻合

D. 同一专业工作队在不同施工段的劳动量必须相等

E. 施工段必须在同一平面内划分

【解析】施工段或流水段：平面上划分成若干个劳动量相等或大致相等的施工区段。划分施工段的原则见下表。

划分目的	组织流水施工
划分原则	（1）劳动量应大致相等，相差幅度不宜超过15%。 （2）足够的工作面。 （3）施工段的界限应尽可能与结构界限（如沉降缝、伸缩缝等）相吻合。 （4）施工段的数目要满足合理组织流水施工的要求。 （5）多层建筑物，既分施工段，又分施工层

6.【2024年】下列流水施工参数中属于工艺参数的是（　　）。

A. 流水段和流水步距　　　　　　　B. 流水步距和流水强度

C. 流水强度和施工过程　　　　　　D. 施工过程和流水段

【解析】工艺参数包括施工过程和流水强度两个参数。

7. 组织流水施工时，确定流水步距应满足的基本条件有（　　）。

A. 各施工过程应始终保持工艺先后顺序

B. 同一专业工作队在各个施工段上的劳动量大致相等

C. 各专业工作队保持连续作业

D. 相邻专业工作队可最大限度地实现合理搭接

E. 施工段内的施工机具具备足够的操作空间

【解析】选项B、E属于施工段划分的原则。

流水步距 （K）	概念：组织流水施工时，相邻两个施工过程（或专业工作队）相继开始施工的最小间隔时间。 流水步距的总数=施工过程数-1 满足的基本要求： ① 各施工过程按各自流水速度施工，始终保持工艺先后顺序； ② 各施工过程的专业工作队投入施工后保持连续作业； ③ 相邻两个施工过程（或专业工作队）在满足连续施工的条件下，能最大限度地实现合理搭接

【答案】1. ACD　2. C　3. BD　4. A　5. ABC　6. C　7. ACD

第4章 建设工程进度管理

考点3 流水施工基本方式

◆ 流水施工基本方式的特点

固定节拍	加快成倍节拍	非节奏
所有施工过程在各个施工段上的流水节拍均相等	同一施工过程在其各个施工段上的流水节拍均相等；不同施工过程的流水节拍不等，但其值为倍数关系	各施工过程在各施工段的流水节拍不全相等
相邻施工过程流水步距相等，且等于流水节拍	相邻施工过程（专业工作队）的流水步距相等，且等于流水节拍的最大公约数	相邻施工过程的流水步距不尽相等
专业工作队数等于施工过程数	专业工作队数大于施工过程数	专业工作队数等于施工过程数
各个专业工作队在各施工段上能够连续作业，施工段之间没有空闲时间	各个专业工作队在施工段上能够连续作业，施工段之间没有空闲时间	各专业工作队能够在施工段上连续作业，但有的施工段之间可能有空闲时间

◆ 流水施工工期的计算

固定节拍	工期=（施工过程数+施工段数−1）×流水节拍+间歇时间−插入时间
加快成倍节拍	（1）确定流水节拍的最大公约数； （2）流水节拍/最大公约数=专业队数； （3）∑专业队数； （4）工期=（∑专业队数+施工段数−1）×最大公约数（流水步距）+间歇−插入
非节奏	（1）采用"累加数列、错位相减、取大差"法计算流水步距； （2）工期=∑流水步距+最后一个施工过程（专业工作队）的持续时间+间歇−插入

1. 某工程有 3 个施工过程，分 4 个施工段组织固定节拍流水施工，流水节拍为 4 天，该工程存在提前插入的时间为 1 天，2 天的工艺间歇时间，则流水施工工期为（　　）天。

A. 25　　　　　　B. 26　　　　　　C. 27　　　　　　D. 28

【解析】固定节拍流水施工工期=（施工过程数+施工段数−1）×流水节拍+间歇时间−插入时间=（3+4−1）×4+2−1=25 天。

2. 某工程有 3 个施工过程，分 3 个施工段组织固定节拍流水施工，流水节拍为 2 天。各施工过程之间存在 2 天的工艺间歇时间，则流水施工工期为（　　）天。

A. 10　　　　　　B. 12　　　　　　C. 14　　　　　　D. 16

【解析】注意题干中是各施工过程之间存在 2 天间歇时间。流水施工工期=（3+3−1）×2+2×2=14 天。

3. 下列关于固定节拍流水施工特点的说法中，正确的有（　　）。

A. 所有施工过程在各个施工段上的流水节拍均相等

B. 相邻专业工作队之间的流水步距不尽相等

C. 专业工作队的数量等于施工过程的数量

D. 各施工段之间没有空闲时间

E. 流水施工工期等于施工段数与流水节拍的乘积

【解析】选项 B 属于非节奏流水施工的特点。选项 E 错误，固定节拍流水工期=（施工过程数+施工段数−1）×流水节拍+间歇时间−插入时间。

4. 某工程有 3 个施工过程，划分为 4 个施工段组织加快的成倍节拍流水施工，各施工过程流水节拍分别是 6 天、6 天和 9 天，则该工程的流水步距和专业工作队总数分别是（　　）。

A. 3 天和 7 个　　　B. 3 天和 6 个　　　C. 2 天和 7 个　　　D. 2 天和 6 个

【解析】各施工过程流水节拍分别是 6 天、6 天和 9 天，最大公约数为 3，因此流水步距为 3 天，专业工作队数=∑（各施工过程的流水节拍÷最大公约数）=6/3+6/3+9/3=7 个。

5. 某分部工程有 3 个施工过程，各分为 4 个流水节拍相等的施工段，各施工过程的流水节拍分别为 6 天、4 天和 4 天。如果组织加快的成倍节拍流水施工，则专业工作队数和流水施工工期分别为（　　）。

A. 3 个和 20 天　　　B. 4 个和 25 天　　　C. 5 个和 24 天　　　D. 7 个和 20 天

【解析】专业工作队数=6/2+4/2+4/2=7 个。流水施工工期=（∑专业队数+施工段数−1）×流水步距+间歇时间−插入时间=（7+4−1）×2=20 天。

6. 采用加快的成倍节拍流水施工方式的特点有（　　）。

A. 相邻施工过程的流水步距相等　　　B. 不同施工过程的流水节拍成倍数关系

C. 专业工作队数等于施工过程数　　　D. 流水步距等于流水节拍的最大值

E. 各专业工作队能够在施工段上连续作业

【解析】选项 C 错误，加快的成倍节拍流水施工，专业工作队数大于施工过程数。选项 D 错误，流水步距等于流水节拍的最大公约数。

7. 建设工程组织非节奏流水施工时，计算流水步距的基本步骤是（　　）。

A. 取最大值→错位相减→累加数列

B. 错位相减→累加数列→取最大值

C. 累加数列→错位相减→取最大值

D. 累加数列→取最大值→错位相减

【解析】在非节奏流水施工中，可采用"累加数列、错位相减、取大差"法计算流水步距。

第4章 建设工程进度管理

8. 某分部工程有 3 个施工过程，分为 4 个施工段组织流水施工。各施工过程的流水节拍分别为 3 天、5 天、4 天、3 天，3 天、4 天、4 天、2 天和 4 天、3 天、3 天、4 天，则流水施工工期为（　　）天。

A. 20　　　　B. 21　　　　C. 22　　　　D. 23

【解析】首先计算相邻施工过程间的流水步距，见下式：

```
施工过程1：  3   8   12   15
施工过程2：  -   3    7   11   13
            ─────────────────────
             3   5   [5]   4  -13

施工过程2：  3   7   11   13
施工过程3：  -   4    7   10   14
            ─────────────────────
             3   3   [4]   3  -14
```

流水施工工期=∑流水步距+最后一个施工过程（专业工作队）的持续时间+间歇时间-插入时间=（5+4）+14=23 天。

9. 建设工程组织非节奏流水施工的特点有（　　）。

A. 流水步距等于流水节拍的最大公约数
B. 各施工段的流水节拍不全相等
C. 专业工作队数等于施工过程数
D. 相邻施工过程的流水步距相等
E. 有的施工段之间可能有空闲时间

【解析】选项 A 属于加快成倍节拍流水施工的特点。选项 D 错误，相邻施工过程的流水步距不尽相等。

10. 某工程有 3 个施工过程，组织全等节拍流水施工，流水节拍均为 2 周，如果要求流水施工工期是 12 周，则应划分的施工段个数是（　　）段。

A. 4　　　　B. 3　　　　C. 5　　　　D. 6

【解析】全等节拍流水施工就是固定节拍流水施工。

工期=（施工过程数+施工段数-1）×流水节拍+间歇时间-插入时间。

（3+施工段-1）×2=12，即施工段数=4。

11.【2024 年】某分部工程有 4 个施工过程，划分为 3 个施工段组织加快的成倍节拍流水施工，流水节拍分别为 4 天、6 天、4 天和 2 天，该分部工程需安排的专业工作队数是（　　）个。

A. 8　　　　B. 3　　　　C. 4　　　　D. 6

【解析】本题考查的是加快的成倍节拍流水施工，首先确定流水节拍的最大公约数为 2，专业工作队数=∑流水节拍/最大公约数=4/2+6/2+4/2+2/2=8。

12.【2024年】建设工程组织固定节拍流水施工的特点有（ ）。

A. 相邻施工过程的流水步距相等

B. 专业工作队数等于施工过程数

C. 各施工段的流水节拍不全相等

D. 施工段之间可能有空闲时间

E. 各专业工作队能够连续作业

【解析】固定节拍流水施工具有以下特点：

（1）所有施工过程在各个施工段上的流水节拍均相等；

（2）相邻施工过程的流水步距相等，且等于流水节拍；

（3）专业工作队数等于施工过程数，即每一个施工过程组建一个专业工作队；

（4）各专业工作队在各施工段上能够连续作业，施工段之间没有空闲时间。

13. 某工程组织流水施工，各施工段流水节拍如下表所示，该工程的流水步距，间歇时间和流水施工工期计算正确的有（ ）。

施工过程	施工段		
	Ⅰ	Ⅱ	Ⅲ
A	3	4	3
B	4	3	3
C	2	2	3
D	3	2	4

A. AB 间流水步距为 3

B. BC 间流水步距为 5

C. CD 间流水步距为 2

D. AD 间流水步距为 9

E. 流水施工工期为 20

【解析】求各施工过程流水节拍的累加数列。

施工过程 A：3，7，10；

施工过程 B：4，7，10；

施工过程 C：2，4，7；

施工过程 D：3，5，9。

错位相减求得差数列：在差数列中取最大值求得流水步距 AB 间流水步距为 3，BC 间流水步距为 6，CD 间流水步距为 2。

流水施工工期 = 3+6+2+9 = 20。

【答案】1. A 2. C 3. ACD 4. A 5. D 6. ABE 7. C 8. D 9. BCE 10. A 11. A 12. ABE 13. ACE

第3节　工程网络计划技术

考点1　网络图的绘制规则

◆ **工程网络计划编制程序**

编制阶段	编制步骤	编制阶段	编制步骤
计划准备	调查研究	时间参数计算	计算工作持续时间
	确定网络计划目标 工期目标、时间-资源目标、工期-成本目标		计算网络计划时间参数
绘制网络图	工程项目分解 编制网络计划的前提		确定关键线路和关键工作
	确定逻辑关系 主要依据是施工方案、有关资源供应情况和施工经验	网络计划优化	优化网络计划
	绘制网络图		编制正式网络计划

◆ **网络图的绘制规则**

根据《工程网络计划技术规程》，双代号网络图绘制规则见下表。

必须按照已定逻辑关系绘制	网络图中的节点都必须有编号，其编号严禁重复，并应使每一条箭线上箭尾节点编号小于箭头节点编号
网络图中严禁出现循环回路	网络图中存在循环回路时，节点编号必然会发生从大到小的错误，同时也必然会出现从右向左的逆向箭线。 下图出现循环回路及箭线指向错误

箭线应保持自左向右的方向	不应出现箭头指向左方的水平箭线和箭头偏向左方的斜向箭线（即逆向箭线）
网络图中严禁出现双向箭头和无箭头的连线	下图中工作③—⑤无箭头，工作②—⑤双线箭头
严禁出现无箭尾节点或箭头节点的箭线	
严禁在箭线上引入或引出箭线	图（a）属于在箭线上引入箭线，图（b）属于箭线上引出箭线
应尽量避免工作箭线交叉。当交叉不可避免时可用过桥法或指向法	

网络图应只有一个起点节点和一个终点节点（任务中部分工作需要分期完成的网络计划除外）。

◆ **网络计划优化**

工期优化	（1）网络计划的计算工期不满足要求工期时，通过压缩关键工作的持续时间以满足要求工期目标的过程。 （2）工期优化的前提：不改变工作之间的逻辑关系。 （3）选择缩短持续时间的关键工作应考虑下列因素：①缩短持续时间对质量和安全影响不大的工作；②有充足备用资源的工作；③缩短持续时间所需增加费用最少的工作
费用优化	（1）成本最低→工期安排（根据最低成本，定工期）。 （2）要求工期→最低成本（按照工期，确定最低成本）
资源优化	（1）资源有限，工期最短。 （2）工期固定，资源均衡

1.【2022 年】关于双代号网络计划绘图规则的说法，正确的是（   ）。
A. 任何情况下，只能有一个起点节点和一个终点节点
B. 箭线可以从其他箭线上引出或引入
C. 节点间的连线必须是实箭线
D. 任何情况下，不允许出现循环回路

【解析】选项 A 错误，任务中部分工作需要分期完成的网络计划，可以有多个起点节点或多个终点节点。选项 B 错误，严禁在箭线上引入或引出箭线。选项 C 错误，双代号网络计划中的箭线类型有实箭线和虚箭线两种。

2.【2022 年】下列双代号网络图中，存在的绘图错误有（   ）。

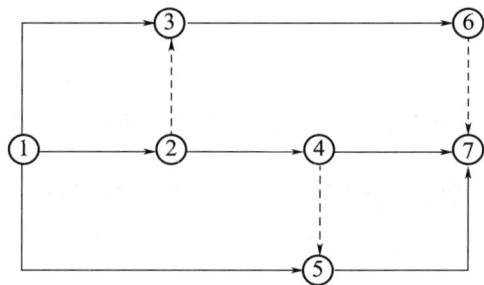

A. 编号顺序混乱
B. 有逆向箭线
C. 有多余虚工作
D. 多个起点节点

【解析】⑥到⑦的虚箭线是多余的，由③节点发出的箭线应直接指向⑦节点。

3.【2021 年】某双代号网络计划如下图所示，存在的不妥之处是（   ）。

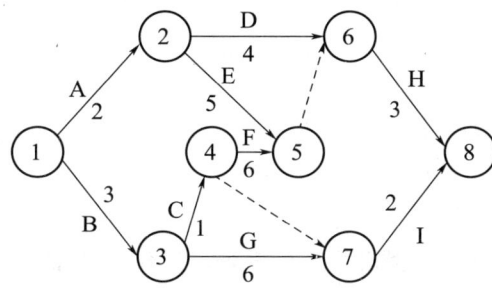

A. 有多个起点节点
B. 工作表示方法不一致
C. 节点编号不连续
D. 有多余时间参数

【解析】箭线上方是工作代码，箭线下方是工作的持续时间。①—③工作的工作名称和持续时间位置标注错误。

4.【2017年】根据《工程网络计划技术规程》JQJ/T 121—2015，网络图存在的绘图错误是（　　）。

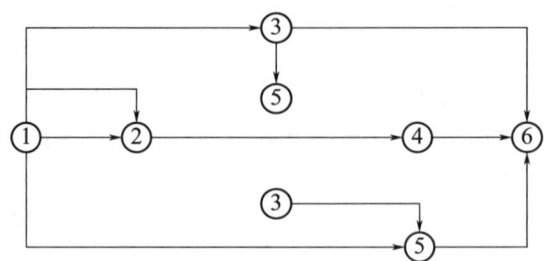

A. 编号相同的工作
B. 多个起点节点
C. 相同的节点编号
D. 无箭尾节点的箭线

【解析】①、②节点间有两个工作，所以有编号相同的两个工作。

5. 某工程双代号网络计划如下图所示，图中出现的错误有（　　）。

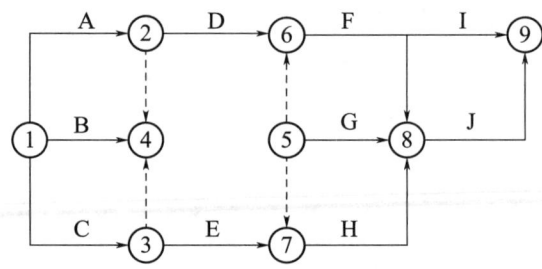

A. 多个起点节点
B. 多个终点节点
C. 存在循环回路
D. 箭线上引出箭线
E. 存在无箭头的工作

【解析】选项A，节点①、⑤都是起点节点；选项B，节点④、⑨都是终点节点；选项D，工作⑥—⑨箭线上引出了箭线。

6.【2022年】某项目的工作逻辑关系见下表，工作A的紧后工作有（　　）。

工作	A	B	C	D	E	G
紧前工作		A	A, B	B, C	B, C, D	A, D, E

A. 工作B　　　　　　　　　　B. 工作C
C. 工作D　　　　　　　　　　D. 工作E
E. 工作G

【解析】工作 B、C、G 的紧前工作包括 A，所以这三项工作为 A 的紧后工作。紧前工作、紧后工作、平行工作之间的关系如下图所示。

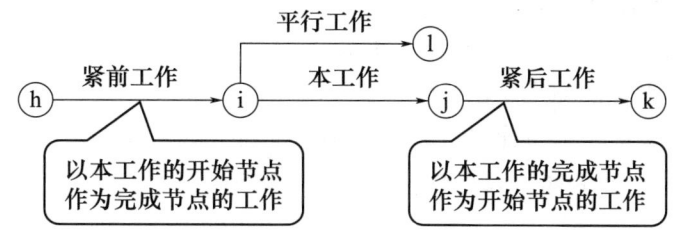

7. 根据工程网络施工进度计划的编制程序，下列网络计划的编制工作中，属于网络图绘制阶段的是（　　）。

A. 确定计划目标 B. 确定关键线路
C. 优化网络计划 D. 工程项目分解

【解析】网络图绘制阶段：主要包括工程项目分解、确定逻辑关系和绘制网络图等工作。

8. 在编制建设工程进度计划时，分析各项工作之间逻辑关系的主要依据是（　　）。

A. 当地气候条件 B. 物资供应量
C. 施工方案 D. 工作项目划分的粗细程度

【解析】依据施工方案、有关资源供应情况和施工经验等分析确定工作间的逻辑关系。

9.【2024 年】工程网络计划工期优化过程中，为达到缩短工期的目的，应选择（　　）的关键工作缩短其持续时间。

A. 有充足备用资源

B. 单位时间所需资源最少

C. 缩短持续时间对质量和安全影响不大

D. 缩短持续时间所需增加费用最少

E. 持续时间较长

【解析】本题考查的是工期优化的知识点。选择缩短持续时间的关键工作应考虑下列因素：①缩短持续时间对质量和安全影响不大的工作；②有充足备用资源的工作；③缩短持续时间所需增加费用最少的工作。

10. 工程网络计划优化中的资源优化是指（　　）的优化。

A. 资源有限，工期最短 B. 资源均衡，费用最少
C. 资源有限，工期固定 D. 资源均衡，资源需用量最少

【解析】本题考查的是资源优化。在通常情况下，网络计划的资源优化分为两种，即"资源有限，工期最短"的优化和"工期固定，资源均衡"的优化。

11. 工程网络计划费用优化的目标是（　　）。

A. 在工期延长最少的条件下使资源需用量尽可能均衡

B. 在满足资源限制的条件下使工期保持不变

C. 在工期最短的条件下使工程总成本最低

D. 寻求工程总成本最低时的工期安排

【解析】本题考查的是费用优化，又称工期-成本优化，是指寻求工程总成本最低时的工期安排，或按要求工期寻求最低成本的计划安排的过程。

12. 工程总费用由直接费和间接费组成，随着工期的缩短，直接费和间接费的变化规律是（　　）。

A. 直接费减少，间接费增加

B. 直接费和间接费均增加

C. 直接费增加，间接费减少

D. 直接费和间接费均减少

【解析】本题考查的是费用优化。直接费会随着工期的缩短而增加，间接费一般会随着工期的缩短而减少。

【答案】1. D　2. C　3. B　4. A　5. ABD　6. ABE　7. D　8. C　9. ACD　10. A　11. D　12. C

考点 2　时间参数计算方法

1. 在工程网络计划中，关于计划工期的说法，正确的是（　　）。

A. 当有要求工期时，计划工期不大于要求工期

B. 当未规定要求工期时，计划工期可小于计算工期

C. 根据网络计划确定计划工期时，计划工期须等于计算工期

D. 根据网络计划确定计划工期时，可不考虑要求工期

【解析】计划工期是指根据要求工期和计算工期所确定的目标工期。当已规定了要求工期时，计划工期不应超过要求工期；当未规定要求工期时，可令计划工期等于计算工期。

2. 根据网络计划时间参数计算得到的工期称之为（　　）。

A. 计划工期　　　　　　　　　　B. 计算工期

C. 要求工期　　　　　　　　　　D. 合理工期

【解析】选项 A，计划工期是指根据要求工期和计算工期所确定的目标工期。选项 B，计算工期是根据网络计划时间参数计算得到的工期。选项 C，要求工期是任务委托人提出的指令性工期。通过本题，掌握选项 A、B、C 的概念。

第4章 建设工程进度管理

3. 某工作有两个紧前工作，最早完成时间分别是第 2 天和第 4 天，该工作持续时间是 5 天，则其最早完成时间是第（　　）天。

A. 9　　　　　　　B. 6　　　　　　　C. 7　　　　　　　D. 11

【解析】最早开始时间等于紧前工作的最早完成时间的最大值，为第 4 天，最早完成时间=最早开始时间+持续时间=4+5=9 天。

4. 工程网络计划中，工作的最迟开始时间是指在不影响（　　）的前提下，必须开始的最迟时刻。

A. 紧后工作最早开始
B. 紧前工作最迟开始
C. 整个任务按期完成
D. 所有后续工作机动时间

【解析】工作的最迟开始时间是指在不影响整个任务按期完成的前提下，本工作必须开始的最迟时刻。

5. 某工作网络计划中，工作 N 的持续时间是 1 天，最早第 14 天上班时刻开始，工作 N 的三个紧前工作 A、B、C 的最早完成时间分别是第 9 天、第 11 天、第 13 天下班时刻，则工作 B 与工作 N 的时间间隔是（　　）天。

A. 0　　　　　　　B. 2　　　　　　　C. 1　　　　　　　D. 4

【解析】为了简化计算，网络计划时间参数中的开始时间和完成时间都应以时间单位的终了时刻为标准。第 n 天，是指第 n 天末，第 $n+1$ 天开始。工作 N 的最早开始时间为第 14 天上班时刻，即第 13 天。时间间隔等于紧后工作的最早开始时间减去本工作的最早完成时间。工作 B 与工作 N 的时间间隔=13−11=2 天。

6. 某工作有三项紧后工作，持续时间分为 4 天、5 天、6 天，对应的最迟完成时间分别为第 18 天、第 16 天、第 14 天，则该工作的最迟完成时间是第（　　）天。

A. 14　　　　　　B. 12　　　　　　C. 8　　　　　　　D. 6

【解析】本工作的最迟完成时间=min 紧后工作最迟开始时间。首先计算紧后工作的最迟开始时间，最迟开始时间=最迟完成时间−持续时间。三项紧后工作的最迟开始分别为 18−4=14、16−5=11、14−6=8，取最小 8，作为本工作的最迟完成时间。

7.【2022 年】 某工程网络计划中，工作 M 的持续时间是 1 天，最早第 4 天开始，工作 M 的两个紧后工作的最迟开始时间分别为第 7 天和第 9 天，工作 M 的总时差是（　　）天。

A. 2　　　　　　　B. 1　　　　　　　C. 3　　　　　　　D. 5

【解析】M 的最早完成时间=最早开始时间+持续时间=4+1=5。M 的最迟完成时间=紧后工作最迟开始的最小值，为第 7 天。总时差=最迟完成时间−最早完成时间=最迟开始时间−最早开始时间，所以，M 工作的总时差=最迟完成时间−最早完成时间=7−5=2 天。

8.【2023年】某工程网络计划中，M工作的持续时间为2天，自由时差为1天，该工作有三项紧后工作，紧后工作的最早开始时间分别为第5天、第6天、第8天，总时差分别为3、2、1，则M工作的最迟开始时间为第（　　）天。

A. 3　　　　B. 5　　　　C. 4　　　　D. 6

【解析】首先计算紧后工作的最迟开始时间。根据公式"总时差＝最迟开始时间－最早开始时间"，可以得出，紧后工作的最迟开始时间＝各紧后工作最早开始时间＋总时差。即5＋3＝8天，6＋2＝8天，8＋1＝9天，M工作最迟完成时间为紧后工作最迟开始时间的最小值，即第8天，则M工作最迟开始时间＝最迟完成时间－持续时间＝8－2＝6天。

9.【2020年】双代号网络计划中，某工作最早第3天开始，工作持续时间2天，有且仅有2个紧后工作，紧后工作最早开始时间分别是第5天和第6天，对应总时差是4天和2天。该工作的总时差和自由时差分别是（　　）。

A. 3天，0天　　　　　　　　B. 0天，0天
C. 4天，1天　　　　　　　　D. 2天，2天

【解析】自由时差＝紧后工作最早开始时间－本工作的最早完成时间＝5－(3＋2)＝0。总时差＝最迟完成时间－最早完成时间。首先计算紧后工作的最迟开始时间，最迟开始时间＝最早开始时间＋总时差。两个紧后工作的最迟开始时间分别是：5＋4＝9，6＋2＝8。本工作的最迟完成时间等于各紧后工作的最迟开始时间的最小值，则本工作的最迟完成时间为8，总时差＝最迟完成时间－最早完成时间＝8－(3＋2)＝3天。

10.【2023年】某分部工程双代号网络计划如图（单位：天）。若计划工期等于计算工期，关于工作时间参数的说法正确的是（　　）。

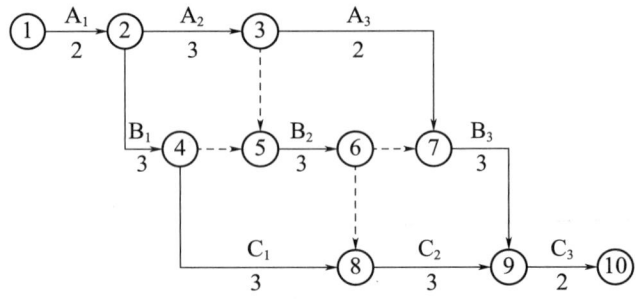

A. 工作 A_2 的自由时差是1天
B. 工作 B_2 的最迟完成时间是第8天
C. 工作 C_2 的总时差是1天
D. 工作 B_3 的最早开始时间是第7天

【解析】选项A错误，工作 A_2 的自由时差是0天。选项C错误，工作 C_2 的总时差是0天。

选项D错误，工作 B_3 的最早开始时间是第8天。

解析视频

11.【2020 年】某双代号网络计划如下图所示，关于工作时间参数的说法，正确的有（　　）。

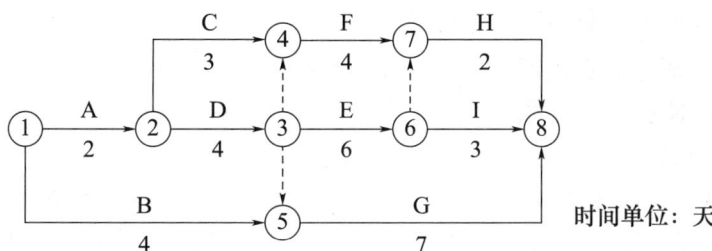

A. 工作 B 的最迟完成时间是第 8 天　　B. 工作 C 的最迟开始时间是第 7 天
C. 工作 F 的自由时差是 1 天　　D. 工作 G 的总时差是 2 天
E. 工作 H 的最早开始时间是第 13 天

【解析】通过计算，工作 C 的最迟开始时间是第 6 天，工作 F 的自由时差是 2 天，工作 H 的最早开始时间是第 12 天。

解析视频

12.【2023 年】双代号网络计划如下图所示，关键线路有（　　）条。

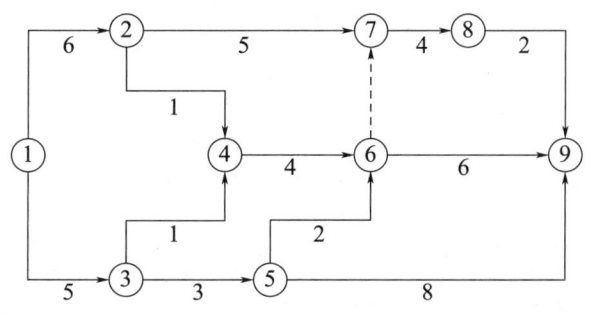

A. 1　　　　B. 3　　　　C. 2　　　　D. 4

【解析】如上图所示，持续时间最长的线路为关键线路。关键线路有三条分别为：①②⑦⑧⑨；①②④⑥⑨；①②④⑥⑦⑧⑨。

解析视频

13.【2018 年】某工程双代号网络计划如下图所示，已标出各项工作的最早开始时间（ES_{i-j}）、最迟开始时间（LS_{i-j}）和持续时间（D_{i-j}）。该网络计划表明（　　）。

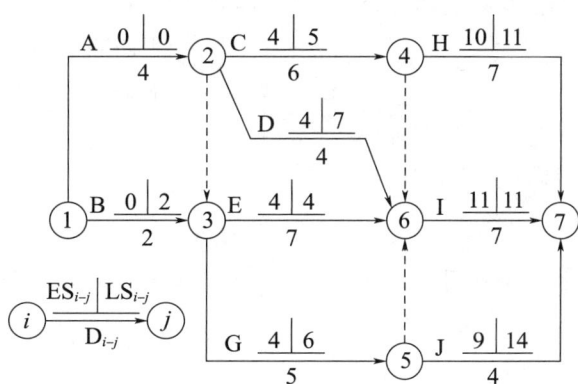

A. 工作 C 和工作 E 均为关键工作
B. 工作 B 的总时差和自由时差相等
C. 工作 D 的总时差和自由时差相等
D. 工作 G 的总时差、自由时差分别为 2 天和 0 天
E. 工作 J 的总时差和自由时差相等

【解析】选项 A 错误，工作 C 总时差为 1，不是关键工作。选项 B 正确，工作 B 的完成节点③为关键节点，所以工作 B 总时差和自由时差相等。选项 C 正确，工作 D 的完成节点⑥为关键节点，所以工作 D 总时差和自由时差相等。选项 D 正确，工作 G 的总时差为 6-4=2，自由时差=紧后工作最早开始时间的最小值减去本工作最早完成时间=9-(4+5)=0，选项 E 正确，工作 J 的完成节点⑦为关键节点，所以工作 J 总时差和自由时差相等。

解析视频

14.【2022 年】某工程双代号网络计划中，工作 B 如下图所示，则工作 B 总时差为（　　）。

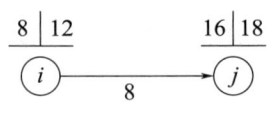

A. 1　　　　　　　　　　B. 2
C. 3　　　　　　　　　　D. 4

【解析】B 总时差=最迟完成时间-最早完成时间=18-(8+8)=2。

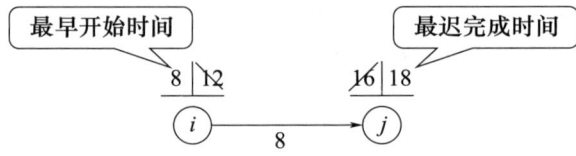

15.【2019 年】某工程网络计划如下图所示，工作 D 的最迟开始时间是第（　　）天。

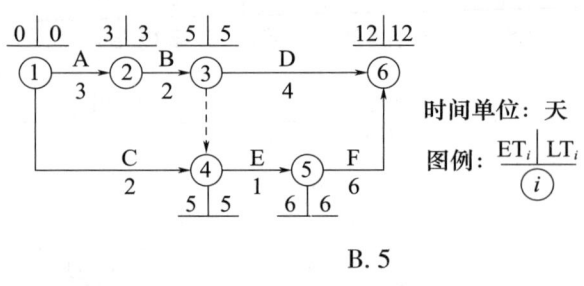

A. 3　　　　　　　　　　B. 5
C. 6　　　　　　　　　　D. 8

【解析】工作 D 最迟开始时间=工作 D 最迟完成时间-工作 D 持续时间=12-4=8 天。

16.【2017年】某单代号网络计划如下图所示，工作A、D之间的时间间隔是（　　）天。

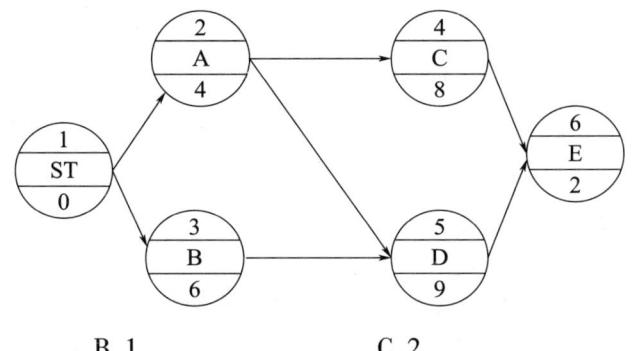

A. 0　　　　　　B. 1　　　　　　C. 2　　　　　　D. 3

【解析】相邻两项工作之间的时间间隔等于紧后工作的最早开始时间和本工作的最早完成时间之差。工作A的最早完成时间为4，工作D的最早开始时间为6，6-4=2，故工作A、D之间的时间间隔为2天。

17.【2022年】某单代号网络计划如下图所示（时间单位：天），其时间参数正确的有（　　）。

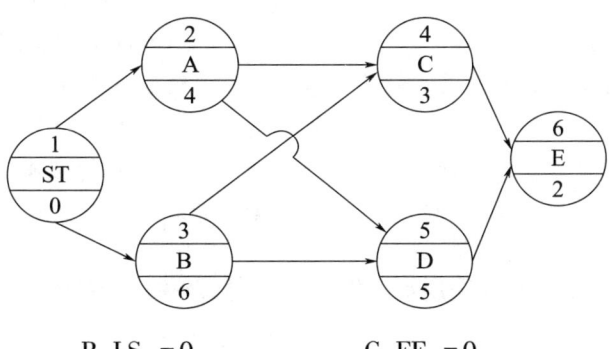

A. $LS_B = 0$　　　　B. $LS_A = 0$　　　　C. $FF_D = 0$
D. $LF_E = 13$　　　E. $TF_C = 0$

解析视频

【解析】选项B错误，工作A最迟开始时间LS为2。选项E错误，工作C的总时差TF应为2。

18.【2015年】已知工作F有且仅有两项并行的紧后工作G和H，工作G的最迟开始时间为第12天，最早开始时间为第8天；工作H的最迟完成时间为第14天，最早完成时间为第12天；工作F与G、H的时间间隔分别为4天和5天，则工作F的总时差为（　　）天。

A. 0　　　　　　B. 5　　　　　　C. 7　　　　　　D. 9

【解析】总时差=min（紧后工作的总时差+本工作与该紧后工作之间的时间间隔）。G工作的总时差=最迟开始时间-最早开始时间=12-8=4天；H工作的总时差=最迟完成时间-最早完成时间=14-12=2天；F工作的总时差= min(4+4,2+5)=7天。

19. 某工程双代号时标网络计划如下图所示，工作 C 的最早开始时间和总时差分别是（   ）天。

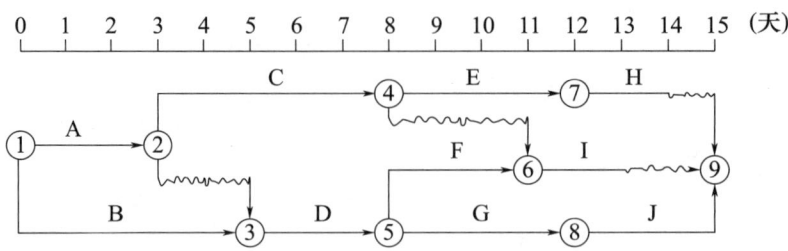

A. 3 和 2　　　　　B. 3 和 1　　　　　C. 2 和 2　　　　　D. 2 和 1

【解析】工作的最早开始时间为工作开始节点在坐标轴上的水平投影，由上图可以看出工作 C 的最早开始时间是第 3 天。总时差的计算方法：从工作 C 开始，通过工作 C 达到终点节点的各条线路中，波形线长度和的最小值。通过工作 C 到达终点节点的线路共 2 条，CEH（波形线长度和为 1）和 CI（波形线长度和为 5），所以工作 C 的总时差取小值为 1。

20.【2024 年】双代号时标网络计划中，某工作箭线中的波形线水平投影长度表示的是（   ）。

A. 该工作的自由时差
B. 该工作与其紧后工作之间的时间间隔
C. 该工作的总时差
D. 该工作与其紧后工作之间的时距

【解析】在时标网络计划中，以实箭线表示工作，实箭线的水平投影长度表示该工作的持续时间；以虚箭线表示虚工作，由于虚工作的持续时间为零，故虚箭线只能垂直画；以波形线表示工作与其紧后工作之间的时间间隔（以终点节点为完成节点的工作除外，当计划工期等于计算工期时，这些工作箭线中波形线的水平投影长度表示其自由时差）。

21. 双代号时标网络计划如下图所示，关于时间参数及关键线路的说法，正确的有（   ）。

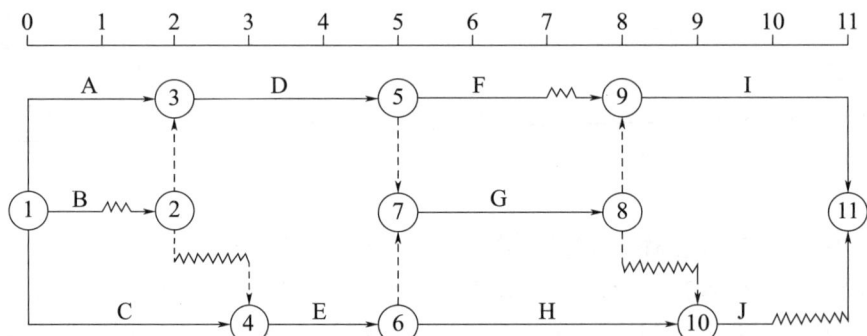

A. 工作 A 的总时差为 1，自由时差为 0
B. 工作 C 的总时差为 0，自由时差为 0
C. 工作 B 的总时差为 1，自由时差为 1
D. 工作 H 的最早完成时间为 9，最迟完成时间为 9
E. ①→②→④→⑥→⑦→⑧→⑨→⑪是关键线路

解析视频

【解析】关键线路有两条：①→③→⑤→⑦→⑧→⑨→⑪，①→④→⑥→⑦→⑧→⑨→⑪。选项 A 错误，工作 A 的总时差和自由时差均为 0。选项 D 错误，工作 H 的最早完成时间为 9，最迟完成时间为 10。选项 E 错误，该线路为非关键线路。

22.【2023 年】 某道路工程包括铺设路基工作 A 和浇筑路面工作 B，根据施工组织安排，需待铺设路基工作 A 开始一段时间为浇筑路面工作 B 创造施工条件后，工作 B 才能开始进行，则制定施工计划时，应将工作 A 与 B 的关系确定为（　　）的搭接关系。

A. FTS　　　　B. STF　　　　C. FTF　　　　D. STS

【解析】道路工程中的铺设路基和浇筑路面，待路基开始工作一定时间为路面工程创造一定工作条件之后，路面工程即可开始进行，这种开始工作时间之间的间隔是 STS 时距。

23.【2023 年】 某工程的单代号搭接网络计划如下图所示（时间单位：天）。该工程的计算工期是（　　）天。

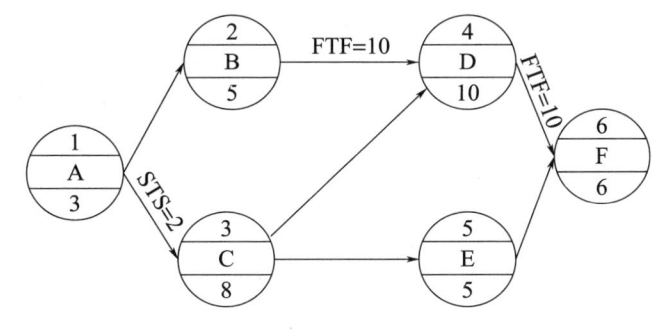

A. 24　　　　　　　　　　　　　　B. 26
C. 30　　　　　　　　　　　　　　D. 27

【解析】关键线路为 ACDF。计算工期 = 2+8+10+10 = 30 天。

24.【2021 年】 某单代号搭接网络计划如下图所示（时间单位：天），其时间参数正确的有（　　）。

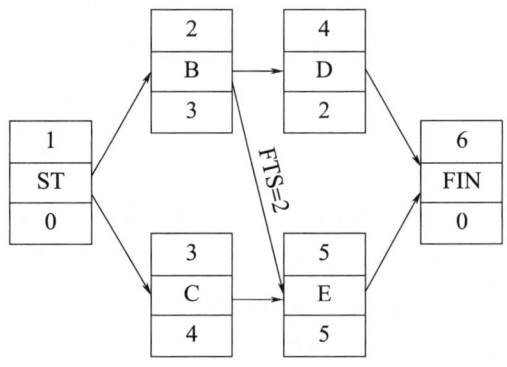

A. $TF_C = 1$　　　　　　　　　　B. $FF_B = 2$
C. $LS_D = 8$　　　　　　　　　　D. $LS_E = 5$　　E. $LF_C = 5$

【解析】$FF_B = 0$，选项 B 错误。

25.【2020年】 单代号搭接网络计划中，某工作持续时间3天，有且仅有一个紧前工作，紧前工作最早第2天开始，工作持续时间5天，该工作与紧前工作间的时距是FTF=2天。该工作的最早开始时间是第（　　）天。

A. 6　　　　　　B. 0　　　　　　C. 3　　　　　　D. 5

【解析】本题的图例如下，将各时间参数标记在图例上，可以计算出工作j最早开始时间。

紧前工作最早完成时间=2+5=7，该工作的最早完成时间=7+2=9，该工作的最早开始时间=9-3=6。

26. 下列网络计划的时间参数中，应以计划工期作为约束条件计算确定的有（　　）。

A. 最早完成时间　　　　　　B. 总时差
C. 自由时差　　　　　　　　D. 间隔时间
E. 最迟完成时间

【解析】计划工期作为约束条件计算确定的是总时差和最迟完成时间。

27.【2021年】 关于工作最迟完成时间计算的说法，正确的有（　　）。

A. 单代号搭接网络计划中，等于该工作最早完成时间加上该工作的总时差
B. 单代号搭接网络计划中，等于各紧后工作最迟开始（或结束）时间减相应时距加该工作持续时间的最小值
C. 双代号网络计划中，等于各紧后工作最迟开始时间的最小值
D. 双代号网络计划中，等于该工作完成节点的最迟时间
E. 双代号时标网络计划中，等于该工作实箭头线结束点对应的时间坐标

【解析】选项B错误，总时差的计算与"时距"无关。选项E阐述的是最早完成时间的计算，不符合题意的最迟完成时间。

28.【2022年】 关于工作自由时差的说法，正确的有（　　）。

A. 自由时差等于该工作和其紧后工作之间间隔时间的最小值
B. 自由时差等于其紧后工作最早开始时间和该工作最早完成时间的最小差值
C. 自由时差是影响紧后工作，但不影响总工期的机动时间
D. 双代号时标网络计划中，自由时差等于其和紧后工作间最短的波形线长度值
E. 自由时差的值等于其最迟开始时间和其最早开始时间的差值

【解析】自由时差计算方法总结：①自由时差是指在不影响其紧后工作最早开始的前提

下，可以利用的机动时间。②自由时差=min 紧后工作最早开始时间−本工作的最早完成时间。③自由时差等于该工作和其紧后工作之间间隔时间的最小值。

总时差计算方法总结：①总时差是在不影响总工期的前提下，本工作可以利用的机动时间。②总时差=最迟开始时间−最早开始时间=最迟完成时间−最早完成时间。③总时差= min（紧后工作的总时差+本工作与该紧后工作之间的时间间隔）。

29.【2023年】工程网络计划中，工作N有紧后工作，确定其总时差的方法有（　　）。
A. 工作N的最迟完成时间减去其最早完成时间
B. 工作N紧后工作的最早开始时间减去工作N的最早完成时间
C. 工作N紧后工作的自由时差加工作N与该紧后工作之间时距的最小值
D. 工作N与其紧后工作之间间隔时间的最小值
E. 工作N紧后工作的总时差加工作N与该紧后工作之间间隔时间的最小值

【解析】选项B错误，其计算结果为工作N与紧后工作之间的时间间隔。选项C错误，总时差的计算与"时距"无关。选项D错误，其计算结果为工作N的自由时差。

30.【2024年】某工程双代号时标网络计划如下图所示，图中显示的正确信息有（　　）。

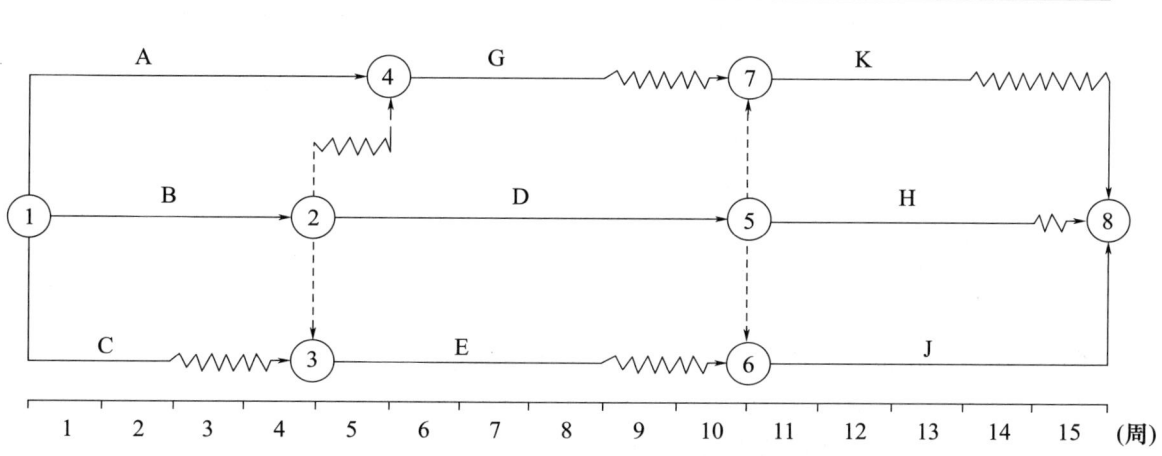

A. 工作A为非关键工作
B. 工作C的自由时差为2周
C. 工作G的自由时差为4周
D. 工作E的总时差为2周
E. 工作D的总时差为1周

【解析】选项A错误，关键工作为B、D、J。选项C错误，工作G的自由时差为2周。选项E错误，工作D的总时差为0周。

【答案】1. A　2. B　3. A　4. C　5. B　6. C　7. A　8. D　9. A　10. B　11. AD　12. B　13. BCDE　14. B　15. D　16. C　17. ACD　18. C　19. B　20. B　21. BC　22. D　23. C　24. ACDE　25. A　26. BE　27. ACD　28. ABD　29. AE　30. BD

考点 3　关键工作及关键线路确定方法

◆ 关键线路的确定方法

类型	双代号网络计划	双代号时标网络计划	单代号网络计划	单代号搭接网络计划
关键线路的确定	（1）总的工作持续时间最长的线路。 （2）全部由关键工作组成的线路	（1）总的工作持续时间最长的线路。 （2）全部由关键工作组成的线路。 （3）无波形线的线路	（1）总的工作持续时间最长的线路。 （2）全部由关键工作组成的线路，且关键工作之间的时间间隔全部为零。 （3）同"搭接网络计划"	从网络计划的终点节点开始，逆着箭线方向依次找出相邻两项工作之间时间间隔全部为零的线路

1. 工程网络计划中，关键工作是指（　　）的工作。

A. 自由时差为零

B. 持续时间最长

C. 总时差最小

D. 关键节点组成的

【解析】在网络计划中，总时差最小的工作为关键工作。选项 B 错误，持续时间最长的线路是关键线路，关键线路上的工作是关键工作。但持续时间最长的工作，不一定是关键工作。选项 D 错误，关键节点组成的工作不一定是关键工作。

2. 在双代号网络计划中，关键线路是指（　　）的线路。

A. 自始至终全部由关键节点组成

B. 自始至终不存在虚工作

C. 自始至终时间间隔全部为零

D. 自始至终全部由关键工作组成

【解析】选项 A 错误，双代号网络计划中关键节点组成的工作不一定是关键工作，关键节点组成的线路不一定是关键线路。选项 B 错误，关键线路上可以有虚箭线。选项 C 属于单代号网络计划判断关键线路的方法，不适用双代号。

3. 关于双代号网络计划关键线路的说法，正确的是（　　）。

A. 一个网络计划可能有几条关键线路

B. 在网络计划执行中，关键线路始终不会改变

C. 关键线路是总的工作持续时间最短的线路

D. 关键线路上的工作总时差为零

【解析】关键线路是总的工作持续时间最长的线路。一个网络计划可能有一条，或几条关键线路，在网络计划执行过程中，关键线路有可能转移。关键工作的总时差最小，不一定为零。当计划工期等于计算工期时，关键工作的总时差就等于零。

4. 关于网络计划中关键线路的说法，正确的是（   ）。

A. 一个网络计划只能有一条关键线路

B. 全部由关键工作组成的线路是关键线路

C. 全部由关键节点组成的线路是关键线路

D. 总持续时间最长的线路是关键线路

【解析】 选项 A 错误，一个网络计划可能有一条或几条关键线路。选项 B 错误，在单代号网络计划下，自始至终全部由关键工作组成，且时间间隔为零的线路为关键线路。选项 C 错误，全部由关键节点组成的线路不一定是关键线路。

5. 关于工程网络计划中关键线路的说法，正确的有（   ）。

A. 关键线路上相邻两项工作之间的时距均为零

B. 关键线路上的工作是关键工作

C. 关键节点组成的线路是关键线路

D. 双代号时标网络计划中无波形线的线路是关键线路

E. 单代号网络计划中时间间隔均为零的线路是关键线路

【解析】 选项 A 错误，时距就是在搭接网络计划中相邻两项工作之间的时间差值，与关键线路并无直接联系。选项 C 错误，关键节点组成的线路不一定为关键线路。

6.【2017 年】 某双代号网络计划如下图所示（图中粗实线为关键工作），若计划工期等于计算工期，则自由时差一定等于总时差且不为零的工作有（   ）。

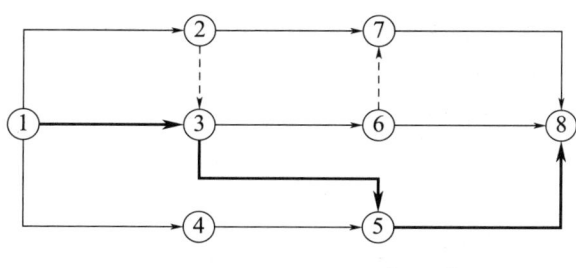

A. ①—② B. ③—⑤

C. ②—⑦ D. ④—⑤

E. ⑥—⑧

【解析】 当计划工期等于计算工期时，只要工作的完成节点是关键节点，那么这项工作的自由时差和总时差是相等的，且不一定为零。本题关键节点为①、③、⑤、⑧节点，选项 B、D、E 对应工作的完成节点是关键节点，这三项工作的总时差等于自由时差。

选项 B：工作③—⑤为关键工作，总时差＝自由时差＝0。

选项 D：工作④—⑤的完成节点为关键节点，总时差＝自由时差≠0。

选项 E：工作⑥—⑧的完成节点为关键节点，总时差＝自由时差≠0。

7.【2024 年】 单代号搭接网络计划中，关键线路是指（   ）的线路。

A. 自始至终关键工作组成

B. 相邻两项工作之间的时间间隔均为零

C. 相邻两项工作之间的时距均为零

D. 自始至终由关键节点组成

【解析】单代号搭接网络计划关键线路的判定：从网络计划的终点节点开始，逆着箭线方向依次找出相邻两项工作之间时间间隔全部为零的线路。

【答案】1. C　2. D　3. A　4. D　5. BDE　6. DE　7. B

第4节　施工进度控制

考点1　施工进度计划实施中的检查与分析

◆ **分析进度偏差对后续工作总工期的影响**

偏差与自由时差、总时差比较：

（1）偏差≤自由时差、总时差，无影响；

（2）自由时差<偏差<总时差，影响紧后工作 ES，不影响工期；

（3）偏差>自由时差、总时差，都影响。

影响的结果＝"差值"。

1. 下列工作中，属于建设工程进度监测系统过程中工作内容的是（　　）。

A. 分析进度偏差产生的原因

B. 分析进度偏差对工期的影响

C. 确定工期的限制条件

D. 比较实际进度与计划进度

【解析】选项 A、B、C 属于施工进度调整系统过程中的内容。

监测系统	（1）收集实际进度数据；（2）实际进度与计划进度比较
调整系统	（1）分析进度偏差产生的原因；（2）分析偏差对后续工作及总工期的影响；（3）确定后续工作及总工期的限制条件；（4）采取措施调整施工进度计划

2. 工程网络计划中，某工作实际进度拖后超过总时差，则该工作实际进度偏差对后续工作及总工期的影响是（　　）。

A. 影响后续工作，也影响总工期　　B. 不影响后续工作，也不影响总工期

C. 影响后续工作，但不影响总工期　　D. 不影响后续工作，但影响总工期

【解析】分析进度偏差对后续工作总工期的影响：①偏差≤自由时差、总时差，无影响。②自由时差<偏差<总时差，影响紧后工作 ES，不影响工期。③偏差>自由时差、总时差，都影响。影响的结果＝"差值"。

3. 【2024年】某工程网络计划执行过程中，经检查发现仅有工作D的实际进度拖后4天。该工作原计划总时差和自由时差分别为5天和2天，则工作D实际进度拖后造成的影响是（　　）。

　　A. 影响后续工作最迟开始时间，但不影响总工期
　　B. 使紧后工作最早开始时间推迟2天，但不影响总工期
　　C. 使紧后工作最早开始时间推迟1天，总工期延长2天
　　D. 不影响后续工作最早开始时间，但会影响总工期

【解析】自由时差<偏差4天<总时差，影响紧后工作ES（4-2=2），不影响工期。

4. 建设工程进度调整系统过程中，需要进行的工作是（　　）。
　　A. 建立进度数据采集系统
　　B. 收集实际进度数据
　　C. 分析进度偏差产生的原因
　　D. 实际进度与计划进度的对比分析

【解析】选项A、B、D属于监测系统的内容。

【答案】1. D　2. A　3. B　4. C

考点2　实际进度与计划进度比较方法

◆ **实际进度与计划进度比较的方法**
（1）横道图比较法；
（2）S曲线比较法；
（3）前锋线比较法。

1. 当利用S曲线比较工程项目的实际进度与计划进度时，如果检查日期实际进展点落在计划S曲线的左侧，则该实际进展点与计划S曲线在水平方向的距离表示工程项目（　　）。

　　A. 实际超额完成的任务量　　　　B. 实际拖欠的任务量
　　C. 实际进度拖后的时间　　　　　D. 实际进度超前的时间

【解析】若工程实际进展点落在计划S曲线左侧，表明此时实际进度超前。水平方向对应的是时间。

【总结】左超右拖，水平距离表示时间、竖向距离表示任务量。

2. 采用S曲线比较法比较工程实际进度与计划进度时，可获得的信息有（　　）。

　　A. 工程实际拥有的总时差　　　　B. 工程实际进展情况
　　C. 工程实际进度超前或拖后的时间　D. 工程实际超额或拖欠完成的任务量
　　E. 后期工程进度预测值

【解析】通过比较实际进度S曲线和计划进度S曲线，可以获得如下信息：①工程实际进展情况；②实际进度超前或拖后的时间；③实际超额或拖欠的任务量；④后期工程进度预测。

3.【2023年】某工程双代号时标网络计划执行至第6周末和第10周末检查进度时，实际进度前锋线如下图所示。下列分析结论中，正确的有（　　）。

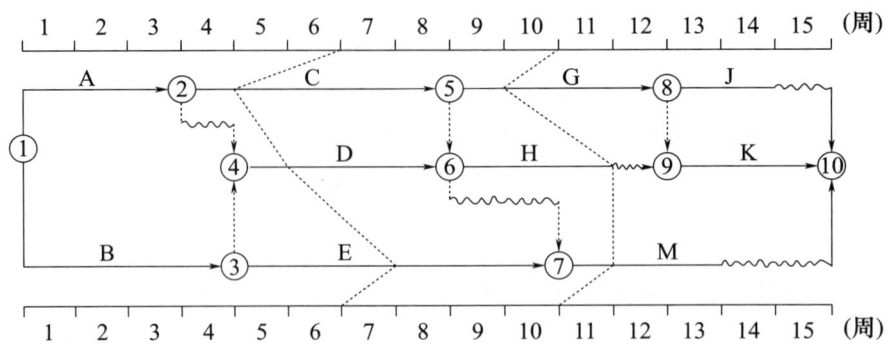

A. 第6周末检查进度时，工作D拖后1周，影响工期1周
B. 第10周末检查进度时，工作G拖后1周，不影响工期
C. 第6周末检查进度时，工作C拖后2周，影响工期2周
D. 第6周末检查进度时，工作E提前1周，不影响工期
E. 第10周末检查进度时，工作H已提前完成，不影响工期

【解析】选项A错误，工作D有1周的总时差，拖后1周不影响总工期。选项B错误，工作G为关键工作，拖后1周影响总工期1周。

进度前锋线的分析方法：工作实际进展位置点落在检查日期的左侧，表明该工作实际进度拖后，拖后的时间为两者之差；工作实际进展位置点落在检查日期的右侧，表明该工作实际进度超前，超前的时间为两者之差。

（1）进度偏差≤总时差，不影响总工期；
（2）进度偏差>总时差，影响工期值＝偏差值-总时差；
（3）进度偏差≤自由时差，不影响紧后工作的最早开始时间；
（4）进度偏差>自由时差，影响紧后工作最早开始时间值＝偏差值-自由时差。

4. 下图所示的双代号时标网络计划，执行到第4天及第10天时，检查其实际进度，如图中前锋线所示，检查结果表示（　　）。

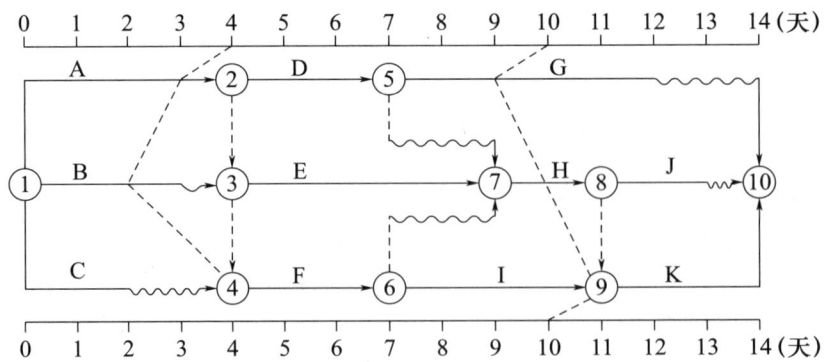

A. 第4天末检查时工作A拖后1天，影响工期1天

B. 第 4 天末检查时工作 B 拖后 1 天，但不影响工期

C. 第 10 天末检查时工作 I 提前 1 天，可使工期提前 1 天

D. 在第 5 天到第 10 天内，工作 F 和工作 I 的实际进度正常

E. 第 10 天末检查时工作 G 拖后 1 天，但不影响工期

【解析】选项 B 错误，第 4 天末检查时工作 B 拖后 2 天，但工作 B 只有 1 天的总时差，所以对工期有影响。选项 C 错误，该网络图有两条关键线路，分别为①—②—③—④—⑥—⑨—⑩、①—②—③—⑦—⑧—⑨—⑩，虽然工作 I 提前 1 天，另一条关键线路并未提前，所以工期不会提前。选项 D 错误，在第 5 周到第 10 周内，工作 F 实际进度正常，但工作 I 的实际进度提前 1 天。

5.【2017 年】某工程网络计划中，工作 N 的自由时差为 5 天，计划执行过程中检查发现，工作 N 的工作时间延后了 3 天，其他工作均正常，此时（　　）。

A. 工作 N 的总时差不变，自由时差减少 3 天

B. 总工期不会延长

C. 工作 N 的总时差减少 3 天

D. 工作 N 的最早完成时间推迟 3 天

E. 工作 N 将会影响紧后工作

【解析】工作 N 拖延 3 天，其自由时差是 5 天，所以并不影响总工期，所以选项 B 正确。工作 N 的总时差等于其自由时差加上紧后工作总时差的最小值，其他工作正常，自由时差减少了 3 天，所以总时差减少 3 天，因此选项 C 正确。因为工作 N 拖延了 3 天完成，因此最早完成时间推迟了 3 天，所以选项 D 正确。

6. 下列方法中可用来进行工程项目整体结构分析比较实际进度与计划进度的有（　　）。

A. 横道图比较法　　　　　　　　B. 前锋线比较法

C. 动态比率比较法　　　　　　　D. S 曲线比较法

E. 流程图比较法

【解析】本题需要结合教材内容进行综合分析。实际进度与计划进度比较常用的比较方法有：横道图比较法、S 曲线比较法和前锋线比较法等。横道图比较法只能进行局部偏差分析。

【答案】 1. D　2. BCDE　3. CDE　4. AE　5. BCD　6. BD

考点 3　施工进度计划调整方法及措施

◆ 施工进度计划调整方法

缩短某些工作的持续时间	前提：不改变施工进度计划中工作之间的逻辑关系。 手段：增加资源投入、提高劳动效率等
改变某些工作间的逻辑关系	手段：将顺序作业的工作改为平行作业、搭接作业或分段组织流水作业

◆ 施工进度计划的调整措施

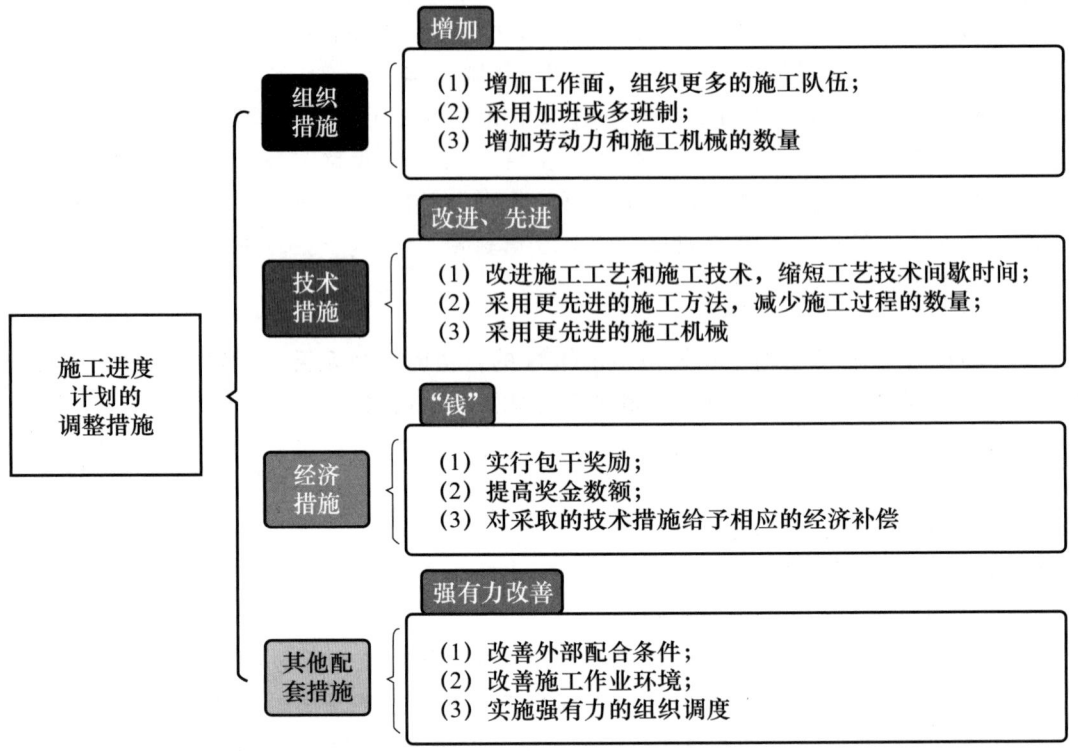

1. 当工程实际进度偏差影响到后续工作、总工期而需要调整进度计划时，可采用（　　）等方法改变某些工作的逻辑关系。

　　A. 增加资源投入量　　　　　　　　B. 提高劳动效率
　　C. 将顺序进行的工作改为平行作业　　D. 将顺序进行的工作改为搭接作业
　　E. 分段组织流水作业

【解析】允许改变逻辑关系时，调整进度计划的方法：将顺序作业的工作改为平行作业、搭接作业或分段组织流水作业等，均可有效缩短工期。选项 A、B，是不改变逻辑关系缩短工期的方法。

2. 通过缩短某些工作的持续时间对施工进度计划进行调整的方法，其主要特点是（　　）。

　　A. 增加网络计划中的关键线路　　　　B. 不改变工作之间的先后顺序关系
　　C. 增加工作之间的时间间隔　　　　　D. 不改变网络计划中的非关键线路

【解析】缩短某些工作的持续时间的前提是不改变工作之间的逻辑关系，通过采取增加资源投入、提高劳动效率等措施达到缩短工期的目的。

3. 调整施工进度计划可采取的组织措施是（　　）。

　　A. 增加工作面　　　　　　　　　　　B. 改善劳动条件
　　C. 改进施工工艺　　　　　　　　　　D. 调整施工方法

【解析】组织措施的判断技巧，找关键词"增加"，所以答案为选项 A。选项 B 属于其他配套措施。选项 C、D 属于技术措施。

4.【2024 年】工程施工过程中，通过缩短关键工作的持续时间来调整施工进度计划时，可采取的技术措施是（   ）。

A. 采用更先进的施工机械
B. 改善施工作业环境
C. 增加施工机械数量
D. 组织更多施工队伍

【解析】选项 B 属于其他配套措施。选项 C、D 属于组织措施。

5. 调整施工进度计划时，为了缩短某些工作的持续时间，可采取的经济措施之一是（   ）。

A. 增加施工机械的数量
B. 实行包干加奖励
C. 改善外部配合条件
D. 采用更先进的施工机械

【解析】经济措施与"钱"有关，所以选择 B。

【答案】1. CDE   2. B   3. A   4. A   5. B

第 5 章
建设工程质量管理

本章考点

建设工程质量管理
- 工程质量影响因素及管理体系
  1. 工程质量形成过程及影响因素
  2. 全面质量管理
  3. 工程质量管理体系
- 施工质量抽样检验和统计分析方法
  1. 施工质量抽样检验方法
  2. 施工质量统计分析方法
- 施工质量控制
  1. 施工准备质量控制
  2. 施工过程质量控制
  3. 施工质量检查验收
- 施工质量事故预防与调查处理
  1. 施工质量事故分类
  2. 施工质量事故预防
  3. 施工质量事故调查处理

第 1 节　工程质量影响因素及管理体系

考点 1　工程质量形成过程及影响因素

◆ 工程质量形成过程

形成过程	作用
工程投资决策	确定建设工程应达到的质量目标及水平； 是影响工程质量的关键阶段，要充分反映业主对质量的要求和意愿

续表

形成过程	作用
工程勘察设计	使决策阶段确定的质量目标及水平具体化； 是影响工程质量的决定性阶段
工程施工	形成工程实体，直接影响最终质量； 工程质量控制的关键阶段
工程竣工验收	工程建设向生产使用转移的必要环节； 影响工程能否最终形成生产能力，体现了工程质量水平的最终结果
工程保修	对于促进工程建设各方加强质量管理，保护用户及消费者的合法权益可起到重要的保障作用

◆ **工程质量影响因素**

影响因素	内容
人	在工程质量管理中，人的因素起着决定性作用； 可变性最大的因素； 工程质量管理，应以控制人的因素为基本出发点； 执业资格注册制度及作业人员持证上岗制度
材料	构成工程实体的原材料、构配件、半成品； 是工程实体的物质条件，是工程实体质量的基础； 加强材料质量控制，是控制工程质量的重要基础
机械设备	构成工程实体及配套的工艺设备和机具：电梯、暖通设备； 施工过程使用的施工机具：垂直运输设备、测量仪器等
方法或工艺	施工方法、施工工艺、施工方案和技术措施
环境	自然环境：地质、水文、气象条件和周边建筑、地下障碍物及其他不可抗力等因素； 技术环境：施工所依据的规范、规程、设计图纸、质量评价标准等因素； 管理环境：质量检验、监控制度、质量管理制度等

1. 建设工程质量的特性主要表现在（   ）。

A. 实用性　　　　　　　　　　B. 舒适性
C. 安全性　　　　　　　　　　D. 可靠性
E. 全面性

【解析】建设工程质量的特性主要表现在：实用性、安全性、可靠性、经济性、美观性、环境协调性。

2. 工程建设活动中，形成工程实体质量的环节在（   ）阶段。

A. 投资决策　　　B. 工程设计　　　C. 工程施工　　　D. 工程竣工验收

【解析】选项 C 正确，施工阶段是形成工程实体质量的环节。选项 A 错误，投资决策阶段，确定建设工程应达到的质量目标及水平，是影响工程质量的关键阶段。选项 B 错误，设计阶段，是影响工程质量的决定性阶段。选项 D 错误，竣工验收阶段，体现了工程质量水平的最终结果。

3. 下列影响施工质量的环境因素中，属于管理环境因素的有（　　）。

A. 施工所依据的质量评价标准

B. 施工单位的质量管理制度

C. 设计图纸

D. 地下障碍物

E. 施工单位的质量检验制度

【解析】选项 A、C 属于技术环境。选项 D 属于自然环境。

4.【2022 年】我国实行建造师执业资格注册制度、管理人员持证上岗制度，都是对建设工程项目质量影响因素中（　　）的控制。

A. 人的因素 B. 管理因素

C. 环境因素 D. 技术因素

【解析】我国实行的执业资格制度及作业人员持证上岗制度，是人的因素控制。

5. 下列影响建设工程施工质量的因素中，作为施工质量控制基本出发点的因素是（　　）。

A. 人 B. 机械 C. 材料 D. 环境

【解析】工程质量管理，应以控制人的因素为基本出发点。

6. 下列影响施工质量的环境因素中，属于技术环境因素的有（　　）。

A. 施工所依据的质量评价标准

B. 施工单位的质量管理制度

C. 施工所依据的规范

D. 周边建筑

E. 施工单位的质量检验制度

【解析】选项 B、E 属于管理环境。选项 D 属于自然环境。环境因素见下表。

环境因素	（1）自然环境：地质、水文、气象条件和周边建筑、地下障碍物及其他不可抗力等因素。 （2）技术环境：施工所依据的规范、规程、设计图纸、质量评价标准等因素。 （3）管理环境：质量检验、监控制度、质量管理制度等。 【提示】区分三类环境因素

7.【2024 年】建设工程投资决策和建设实施的不同阶段对工程质量有着不同程度的影响。其中对工程质量有着决定性影响的是（　　）。

A. 工程投资决策 B. 工程勘察设计

C. 工程施工 D. 工程竣工验收

【解析】勘察设计阶段是影响工程质量的决定性阶段。

8. 建设工程投资决策阶段的质量控制工作是（　　）。

A. 确定项目应采用的质量标准和管理方法

B. 编制项目质量控制工作计划

C. 确定项目应达到的质量目标和水平

D. 编制项目质量管理体系文件

【解析】建设工程投资决策阶段主要是确定建设工程应达到的质量目标及水平。

【答案】 1. ACD　2. C　3. BE　4. A　5. A　6. AC　7. B　8. C

考点2　全面质量管理

1. 质量管理发展的阶段中，（　　）是以制造过程的工序管理为重点的质量保证。

A. 质量检验阶段　　　　　　　　　B. 统计质量控制阶段

C. 全面质量管理阶段　　　　　　　D. 质量考核阶段

【解析】按照解决质量问题所依据的手段和方式，质量管理的发展大致分为三个阶段：质量检验、统计质量控制、全面质量管理。

质量检验阶段	以检查为中心
统计质量控制阶段	以工序管理为重点
全面质量管理阶段	为消费者提供完全满意的优质产品

2. 全面质量管理的基本特点包括（　　）。

A. 管理内容的全面性　　　　　　　B. 管理范围的全面性

C. 参加管理人员的全面性　　　　　D. 管理人员的多样性

E. 管理方法的多样性

【解析】全面质量管理就是要在"全"字上做文章，树立"三全一多样"的管理理念。全面质量管理的基本特点包括：管理内容的全面性；管理范围的全面性；参加管理人员的全面性；管理方法的多样性。

3. 质量管理是个系统工程，只有具备全局的质量观念才能保持高效的质量管理。全面质量管理就是对（　　）的管理。

A. 产品质量　　　　　　　　　　　B. 工程质量

C. 工序质量　　　　　　　　　　　D. 工作质量

E. 服务质量

【解析】在《全面质量管理》一书中，介绍了全面质量管理的概念。全面质量管理就是对产品质量、工程质量、工作质量和服务质量的管理，而不单纯是产品质量的单项管理。

【答案】 1. B　2. ABCE　3. ABDE

考点 3 工程质量管理体系

◆ **工程质量管理体系与企业质量管理体系的区分**

不同点	工程质量管理体系	企业质量管理体系
建立的目的	特定项目质量管理	建筑企业或组织的质量管理
服务的范围	所有质量责任主体	一个承包企业或组织机构
控制的目标	项目质量目标	具体企业或组织的质量管理目标
作用的时效	一次性	永久
评价的方式	项目管理机构组织者自我评价与诊断	第三方认证

◆ **工程质量管理体系的运行**

运行环境	(1) 项目合同结构：纽带、严格履约管理。 (2) 质量管理资源配置：人和资源的合理配置是工程质量管理体系得以运行的基础条件。 (3) 质量管理组织制度：为各个环节的运行，提供必要的行动指南、行为准则、评价基准的依据，是系统有序运行的基本保证
运行机制	(1) 动力机制：核心机制。多主体参与的价值增值链。 (2) 约束机制：约束机制取决于各质量责任主体内部的自我约束能力和外部的监控效力。 (3) 反馈机制。 (4) 持续改进机制

1.【2020 年】 评价和诊断工程质量管理体系的有效性，一般由（　　）进行。
A. 项目监理单位　　　　　　　　　　B. 项目管理的总组织者
C. 项目咨询单位　　　　　　　　　　D. 第三方认证机构

【解析】本题注意区分工程质量管理体系和企业质量管理体系。工程质量管理体系是一次性的质量工作体系，一般由项目管理的总组织者进行自我评价与诊断，不需第三方认证。企业质量管理体系需要第三方认证机构认证。

2.【2018 年】 关于工程质量管理体系的说法，正确的是（　　）。
A. 目的是用于建筑业企业的质量管理
B. 其管理目标是建筑业企业的质量管理目标
C. 体系有效性要进行第三方审核认证
D. 涉及工程项目实施中所有的质量责任主体

【解析】选项 A 错误，工程质量管理体系用于特定项目的质量控制。选项 B 错误，工程质量管理体系的管理目标是项目的质量目标。选项 C 错误，工程质量管理体系由管理的总组织者自我评价和诊断。

3. 【2016 年】下列工程质量管理体系中,属于工程质量管理体系第二层次的是（　　）。
   A. 建设单位项目管理机构建立的工程质量管理体系
   B. 交钥匙工程总承包企业项目管理机构建立的工程质量管理体系
   C. 项目设计总负责单位建立的工程质量管理体系
   D. 施工设备安装单位建立的现场质量自控体系

   【解析】选项 A、B 属于第一层次。选项 D 属于第三层次。工程质量管理体系的结构见下图。

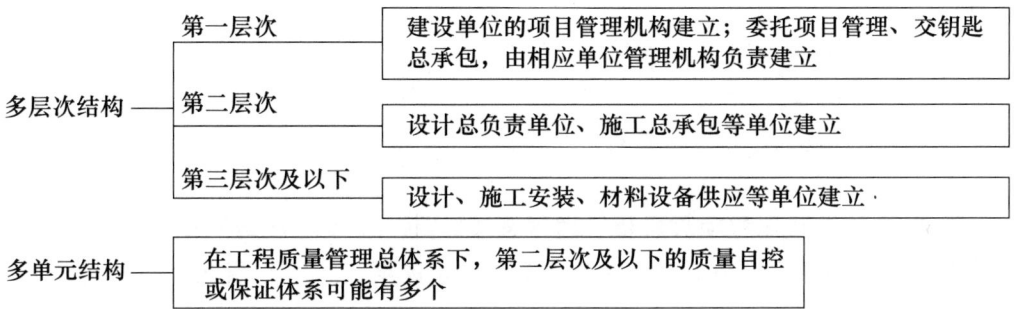

4. 【2022 年、2023 年】建设工程质量管理体系的建立包括下列工作：①制定工程质量管理制度；②编制工程质量计划；③确立工程质量责任的网络架构；④分析工程质量管理界面。上述工作的正确顺序是（　　）。
   A. ①—②—③—④　　　　　　　　B. ③—④—①—②
   C. ①—③—②—④　　　　　　　　D. ③—①—④—②

   【解析】工程质量管理体系建立的程序：确立工程质量责任网络架构→制定工程质量管理制度→分析工程质量管理界面→编制工程质量计划。

5. 【2021 年、2023 年】工程质量管理体系的运行环境主要包括（　　）。
   A. 项目合同结构
   B. 质量管理资源配置
   C. 质量管理动力机制
   D. 质量管理组织制度
   E. 质量管理持续改进机制

   【解析】选项 C、E 属于运行机制。工程质量管理体系的运行环境包括：项目合同结构、质量管理的资源配置和组织制度。工程质量管理体系的运行机制包括：动力、约束、反馈和持续改进机制。

6. 【2022 年补】建设项目工程质量管理体系运行的核心机制是（　　）。
   A. 约束机制　　　　B. 反馈机制　　　　C. 动力机制　　　　D. 持续改进机制

   【解析】动力机制是工程质量管理体系运行的核心机制。
   知识点引申：选项 A，约束机制包括内部约束和外部监控。

7.【2017年】 工程质量管理体系得以运行的基础条件是（　　）。
　A. 项目合同结构合理　　　　　　　　B. 组织制度健全
　C. 人员和资源合理配置　　　　　　　D. 程序性文件规范
【解析】人员和资源的合理配置是质量控制体系得以运行的基础条件。

8. 工程质量管理体系得以有序运行的基本保证是（　　）。
　A. 项目合同结构合理
　B. 质量管理组织制度
　C. 人员和资源合理配置
　D. 程序性文件规范
【解析】质量管理组织制度是工程质量管理体系系统得以运行的基本保证。

9.【2024年】 建设工程项目质量管理体系通常是一个多层次结构体系，其中，由施工总承包单位建设的质量管理体系应属于质量管理体系的第（　　）层次。
　A. 一　　　　　　B. 三　　　　　　C. 二　　　　　　D. 四
【解析】第二层次：设计总负责单位、施工总承包单位建立的。

10.【2024年】 与建筑企业建立的质量管理体系相比，建设工程项目层面的质量管理体系的差异有（　　）。
　A. 管理原则不同　　　　　　　　　　B. 过程方法不同
　C. 服务范围不同　　　　　　　　　　D. 评价方式不同
　E. 作用时效不同
【解析】工程质量管理体系和企业质量管理体系的不同有：目的不同、服务范围不同、目标不同、作用时效不同、评价的方式不同。

【答案】1. B　2. D　3. C　4. D　5. ABD　6. C　7. C　8. B　9. C　10. CDE

第 2 节　施工质量抽样检验和统计分析方法

考点 1　施工质量抽样检验方法

◆采用抽样检验的原因
（1）破坏性检验，无法采取全数检验方式。
（2）全数检验有时会耗时长，在经济上也未必合算。
（3）采取全数检验方式，未必能绝对保证100%的合格品。

◆ 抽样检验分类

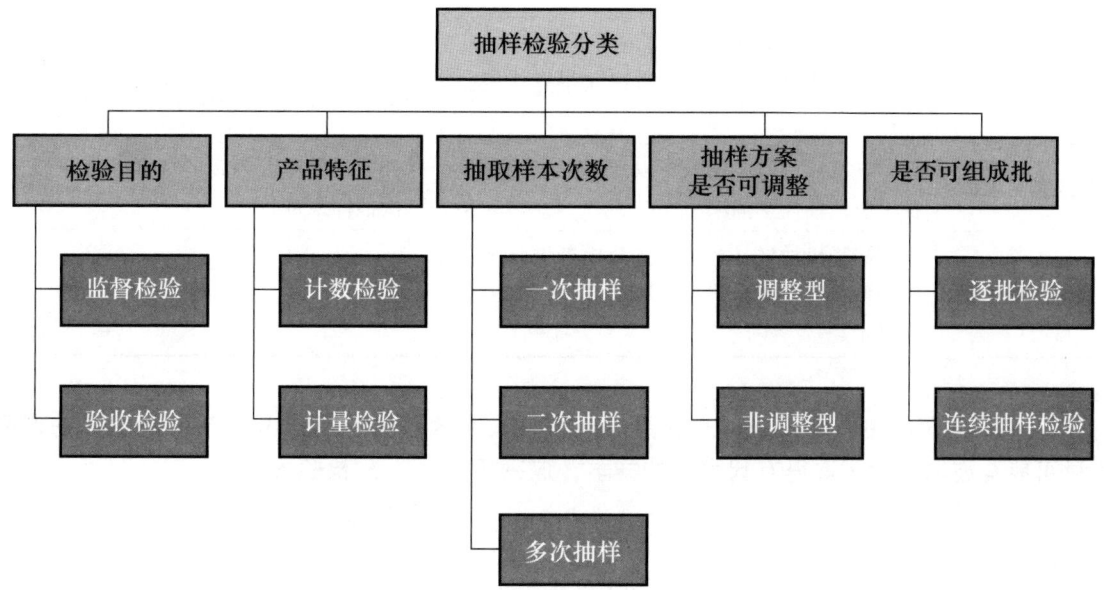

1. 关于全数检验和抽样检验的说法，正确的是（ ）。

A. 只有全数检验在时间上不允许时，才采用抽样检验

B. 只有全数检验在经济上不允许时，才采用抽样检验

C. 能够进行全数检验的，就不要采用抽样检验

D. 破坏性检验，不能采用全数检验

【解析】用抽样检验的原因是全数检验花费时间多、费用高，并不是因为时间和经济上不允许时采用。所以选项 A、B、C 错误。破坏性试验，如果采用全数检验，会破坏全部样本，所以选项 D 正确。

2. 为检测建筑产品质量，第一个样本随机抽取，然后每隔一定时间或空间抽取一个样本的抽样方式是（ ）。

A. 简单随机抽样　　　　　　　　B. 系统随机抽样

C. 分层随机抽样　　　　　　　　D. 整群随机抽样

【解析】随机抽样是以概率论的理论为基础，按随机原则抽取样本的方法。常用的随机抽样方法见下表。需掌握每种方法的概念及适用情况。

方法	概念	适用/举例
简单随机	直接随机抽样	用于原材料、构配件的检验；分项、分部工程、单位工程完工后检验
系统随机 机械随机	第一个样本随机抽取，之后每隔一定时间或空间抽取一个样本	主要用于工序质量检验

续表

方法	概念	适用/举例
分层随机	将总体分割成互不重叠的子总体（层），每层进行简单随机抽样，可以获得有代表性的样本	由不同班组生产的同一种产品组成一个批，按班组分层抽样检验
分级随机抽样	第一级从总体中抽取，以后每一级抽样是在上一级抽样中抽取	如对批量很大的砖的抽样，就可以按二次抽样来进行
整群随机抽样	整群随机抽样是指将总体分成若干互不重叠的群，随机抽取若干个群，群中所有个体为样本	

3. 由不同班组生产的同一种产品组成一个批，在这种情况下，考虑各班组生产的产品质量可能有波动，为了取得有代表性的样本，应采用（　　）检验方法。

A. 分层随机抽样　　　　　　　　　B. 系统随机抽样
C. 完全随机抽样　　　　　　　　　D. 多阶段抽样

【解析】根据题干中关键词"有代表性"，选择分层随机抽样。

4. 计数标准型一次抽样方案为（N、n、C），其中N为送检批的大小，n为抽检样本大小，C为合格判定数。当从n中查出有d个不合格品时，若（　　），应判该送检批合格。

A. $d>C+1$　　　B. $d=C+1$　　　C. $d\leqslant C$　　　D. $d>C$

【解析】本题考查的是一次抽样检验。$d\leqslant C$时，检验批质量合格；$d>C$时，检验批不合格。

5. 某产品质量检验采用计数型二次抽样检验方案，已知：$N=1000$，$n_1=40$，$n_2=60$，$C_1=1$，$C_2=4$；经二次抽样检得：$d_1=2$，$d_2=3$，则正确的结论是（　　）。

A. 经第一次抽样检验即可判定该批产品质量合格
B. 经第一次抽样检验即可判定该批产品质量不合格
C. 经第二次抽样检验即可判定该批产品质量合格
D. 经第二次抽样检验即可判定该批产品质量不合格

【解析】从题干可以看出，$C_1<d_1\leqslant C_2$，需要二次抽样。$d_1+d_2>C_2$，因此经第二次抽样检验可判定为不合格。

6.【2021年】下列质量检查内容中，可通过目测法中"照"的手段检查的是（　　）。

A. 油漆的光滑度　　　　　　　　B. 内墙抹灰的大面是否平直
C. 混凝土的强度是否符合要求　　D. 管道井内管线、设备安装质量

【解析】选项A属于通过目测法中"摸"检查。选项B属于通过目测法中"看"检查。选项C属于通过物理检验法检查。

施工质量检验方法见下表。

观感检验法	看：外观检查，结构表面是否有裂缝、混凝土振捣是否符合要求。 摸：手感触摸检查。 敲：运用敲击方法进行音感检查，根据声音虚实、脆闷判断有无质量问题。 照：就是通过人工光源或反射光照射，仔细检查难以看清的部位
物理检验法	度量检测法：利用工具和设备通过检测材料、构件、工程等的长度、质量、体积、密度等来判定工程质量情况。 电性能检测法：是指利用电工电子仪器和适当的测量方法来检测电器设备和材料性能的方法。如电气安装工程中的绝缘电阻值。 机械性能检测法：是指利用物理力学专用仪器对工程材料、构件等机械性能进行检测的方法。如钢材的抗拉、抗弯；混凝土的抗压、抗渗性等。 无损检测法：是指在不损坏被检物的前提下，对被检物内部或表面缺陷、性质、状态和结构进行检验的方法
化学检验法	对工程材料的化学成分及其含量进行测定的方法。如检测水泥、钢材的化学成分
现场试验法	在施工现场对工程构件、设备等进行试验的方法。 常见的试验有：桩基的静载试验、小应变试验；给水工程、供暖工程中的压力试验；设备安装工程中的设备试运行；电器安装工程中的电器设备动作试验

7. 下列施工现场质量检查方法中，属于现场试验方法的是（　　）。
 A. 桩基静载试验　　　　　　　　B. 超声波焊缝探伤
 C. 检测水泥、钢材的化学成分　　D. 混凝土构件标高测量
【解析】选项B属于物理检测法中的无损检测法。选项C属于化学检验法。选项D属于物理检验法中的度量检测法。

8. 对建筑材料密度的测定属于施工质量检查方法中的（　　）。
 A. 目测法　　　　　　　　　　　B. 机械性能检测法
 C. 无损检测法　　　　　　　　　D. 度量检测法
【解析】利用工具和设备检测长度、质量、体积、密度，属于度量检测法。

9.【2024年】下列施工质量的物理检验方法中，属于无损检测的是（　　）。
 A. 钢材焊接质量的超声波探伤检测
 B. 钢材抗拉、抗弯性能检测
 C. 桩基静载试验检测
 D. 给水管道的压力检测
【解析】无损检测方法判断关键词"波、射线"，所以选项A正确。选项B属于机械性能检测的方法。选项C、D属于现场试验法。

10. 某工程承包商从一生产厂家购买了一批相同规格的预制构件，并将其整齐码放在现场。对这批构件进行进场检验时，宜采用的抽样方法是（　　）。

A. 简单随机抽样　　　　　　　　　　B. 分层随机抽样

C. 系统随机抽样　　　　　　　　　　D. 整群随机抽样

【解析】材料进场检验采用简单随机抽样。

11.【2024年】工程施工中进行工序质量检验时，采用的随机抽样方法是（　　）。

A. 简单随机抽样　　　　　　　　　　B. 分级随机抽样

C. 系统随机抽样　　　　　　　　　　D. 分层随机抽样

【解析】系统随机抽样主要用于工序质量检验。

12.【2024年】按产品质量特征不同，抽样检验方法可划分的种类有（　　）。

A. 计数抽样检验　　　　　　　　　　B. 计量抽样检验

C. 随机抽样检验　　　　　　　　　　D. 多次抽样检验

E. 连续抽样检验

【解析】按产品质量特征不同，抽样检验可分为计数抽样检验和计量抽样检验。

13. 抽样检验按检验的目的不同，分为（　　）。

A. 计数抽样和计量抽样

B. 一次抽样和二次抽样

C. 调整型和非调整型抽样

D. 监督检验和验收检验

【解析】选项 A 属于按照产品特征分类。选项 B 属于按照抽取样本次数分类。选项 C 属于抽样方案是否可以调整分类。

14. 施工质量抽样检验工作中，与计量抽样检验相比，计数抽样检验的优点有（　　）。

A. 所需样本量较小　　　　　　　　　B. 样本信息利用充分

C. 使用简便　　　　　　　　　　　　D. 运用范围广泛

E. 检验结果可信度高

【解析】计数和计量抽样的优缺点见下表。

	计数抽样	计量抽样
优点	使用简便、运用范围广泛	具有信息利用充分、需要的样本量较小
缺点	所需要的样本量较大，样本信息利用也不充分	使用程序较烦琐，适用范围较窄

【答案】1. D　2. B　3. A　4. C　5. D　6. D　7. A　8. D　9. A　10. A　11. C　12. AB　13. D　14. CD

第5章 建设工程质量管理

考点2 施工质量统计分析方法

分层法	将调查收集的原始数据，根据不同的目的和要求，按某一性质进行分组整理的分析方法
因果分析法	是一种反映质量特性与质量缺陷产生原因之间关系的图形工具，可用来分析、追溯质量缺陷产生的最根本原因
排列图法	是用来分析影响质量主次因素的有效方法
相关图法	相关图又称散布图，是用来观察分析两种质量数据之间相关关系的图形方法。 绘制：数据一般不少于30个
直方图法	直方图又称频数分布直方图，是用来反映产品质量数据分布状态和波动规律的统计分析方法。 数据一般不小于100个，如果确实达不到，至少也应大于50个
控制图	判明生产过程是否处于稳定状态的方法。 一般需连续抽取20~25组样本数据，计算控制界限

1. 工程质量统计分析方法中，根据不同的目的和要求将调查收集的原始数据，按某一性质进行分组、整理，分析产品存在的质量问题和影响因素的方法是（　　）。

A. 调查表法　　　　　　　　　　B. 分层法
C. 排列图法　　　　　　　　　　D. 控制图法

【解析】本题考查的是分层法的概念，分层法的关键词是"分组"。

2.【2016年】 某焊接作业由甲、乙、丙、丁四名工人操作，为评定各工作的焊接质量，共抽检100个焊点，抽检结果见下表。根据表中数据，各工人焊接质量由好至差的排序是（　　）。

作业人员	检验点数	不合格点
甲	10	2
乙	40	4
丙	20	10
丁	30	8

A. 甲→乙→丙→丁　　　　　　　B. 乙→甲→丙→丁
C. 丁→乙→甲→丙　　　　　　　D. 乙→甲→丁→丙

【解析】这里要计算出个体不合格率，甲=2/10=20%，乙=4/40=10%，丙=10/20=50%，丁=8/30=26.7%。所以各工人焊接质量由好至差的排序是乙→甲→丁→丙。

3.【2020年】 在采用因果分析图法进行质量问题原因分析时，"混凝土振捣器损坏"属于（　　）的因素。

A. 人　　　　　B. 材料　　　　　C. 环境　　　　　D. 机械

【解析】因果分析图法从人、材、机、方法、环境等五个角度分析产生质量问题的最根本原因。机械原因包括搅拌机失修、振捣器损坏。

4.【2015年】在应用因果分析图确定质量问题的原因时，正确做法是（　　）。
A. 不同类型质量问题可以共同使用一张图分析
B. 通常选出1~5项作为最主要原因
C. 为避免干扰，只能由QC小组成员独立进行分析
D. 由QC小组组长最终确定分析结果

【解析】选项A错误，应用因果分析图法时，一个质量问题使用一张图分析。选项C错误，可以邀请QC小组以外的有关人员参与。选项D错误，由各参与人员采用投票或其他方式确定最终结果。因果分析图法应用时的注意事项：①一个质量特性或一个质量问题使用一张图分析；②通常采用QC小组活动的方式进行，集思广益，共同分析；③必要时可以邀请小组以外的有关人员参与，广泛听取意见；④分析时要充分发表意见，层层深入，排除所有可能的原因；⑤在充分分析的基础上，由各参与人员采用投票或其他方式，从中选择1~5项多数人达成共识的最主要原因。

5.【2022年】关于因果分析图法的说法，正确的是（　　）。
A. 因果分析可以反映质量数据的分布特征
B. 通常采用QC小组活动的方式进行因果分析
C. 可以定量分析影响质量的主次因素
D. 一张因果分析图可以分析多个质量问题

【解析】选项A属于直方图的用途。选项C属于排列图的用途。选项D错误，一张因果分析图只能分析一个质量问题。

6.【2023年】下列质量管理数据统计方法中，采用ABC分类管理法的是（　　）。
A. 排列图法　　　　B. 分层法　　　　C. 直方图法　　　　D. 因果分析法
【解析】采用ABC分类管理法的是排列图法。

7. 采用排列图法分析工程质量影响因素时，可将影响因素分为（　　）。
A. 偶然因素
B. 主要因素
C. 系统因素
D. 次要因素
E. 一般因素

【解析】对应于累计频率曲线A类（0%~80%）为主要因素，B类（80%~90%）为次要因素，C类（90%~100%）为一般因素。

8. 排列图法中，影响质量的因素a、b、c、d、e的累计频率分别为20%、60%、81%、91%、100%，则A类质量问题是（　　）。
A. b
B. a
C. e
D. c
E. d

【解析】 A 类：累计频率 0%～80%主要因素。B 类：累计频率 80%～90%次要因素。累计频率 C 类：90%～100%一般因素。

9. 工程质量统计分析方法中，用来显示两种质量数据之间关系的是（　　）。
A. 因果分析图法　　　　　　　　　B. 相关图法
C. 直方图法　　　　　　　　　　　D. 控制图法
【解析】 本题考查的是相关图法。显示两种质量数据之间关系的方法是相关图法。

10. 工程质量统计分析方法中，是用来反映产品质量数据分布状态和波动规律的统计分析方法称为（　　）。
A. 排列图法　　　　　　　　　　　B. 因果分析图法
C. 相关图法　　　　　　　　　　　D. 直方图法
【解析】 本题考查的是直方图的概念，直方图法判断的关键词是"分布"。

11. 进行工程质量统计分析时，因分组的组数不当绘制的直方图可能会形成（　　）直方图。
A. 折齿型　　　　B. 孤岛型　　　　C. 双峰型　　　　D. 峭壁型
【解析】 非正常直方图的五种类型及原因见下表。

非正常直方图类型	原因
折齿型	分组组数不当、组距确定不当
左（右）缓坡型	操作中对上限或下限控制太严
孤岛型	原材料发生变化，或短时间内工人操作不熟练
双峰型	取样时混批所致，如将两台设备、两种不同施工方法的产品混在一起或在两个不同批量中取样等
峭壁型	数据收集不正常，去掉下限以下的数据，存在人为因素

12. 采用直方图法分析工程质量状况时，将两种不同工艺方法产生的数据混在一起，可能绘制出（　　）直方图。
A. 孤岛型　　　　B. 双峰型　　　　C. 折齿型　　　　D. 峭壁型
【解析】 根据题干中的关键词"两种"判断为双峰型直方图。

13. 采用直方图法分析工程质量时，出现孤岛型直方图的原因是（　　）。
A. 组数或组距确定不当　　　　　　B. 操作中对上限或下限控制太严
C. 原材料发生变化　　　　　　　　D. 人为去掉上限下限数据
【解析】 选项 A 属于折齿型直方图。选项 B 属于缓坡型直方图。选项 D 属于峭壁型直方图。

14.【2019 年、2021 年】根据下列直方图的分布位置与质量控制标准的上下限范围的比较分析，正确的有（　　）。

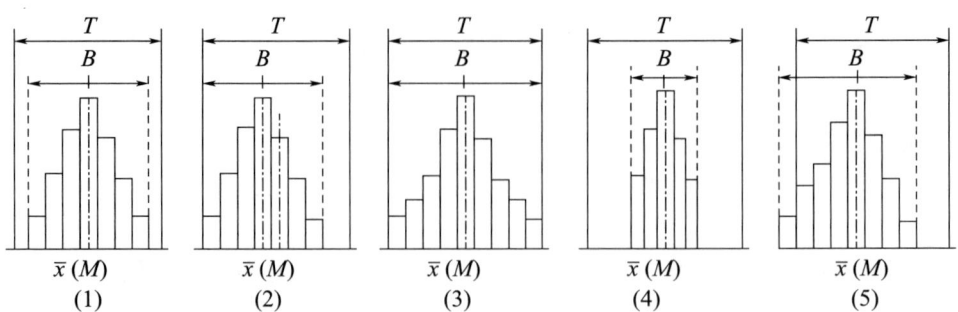

A. 图（1）显示生产过程的质量正常、稳定、受控
B. 图（2）显示质量特性数据分布偏上限，易出现不合格
C. 图（3）显示质量特性数据分布达到质量标准上下限，质量能力处于临界状态
D. 图（4）显示质量特性数据的分布居中，质量能力偏大，不经济
E. 图（5）显示质量特性数据超出质量标准的下限，存在质量不合格情况

【解析】左侧是下限，右侧是上限。选项 B 错误，图（2）显示质量特性数据分布偏下限，易出现不合格。

15. 采用控制图进行工程质量分析时，表明工程质量属于正常情形的有（　　）。

A. 质量点在控制界限内的排列呈周期性变化
B. 连续 25 点以上处于控制界限内
C. 连续 7 点以上呈上升排列
D. 连续 35 点中有 1 点超出控制界限
E. 连续 100 点中有不多于 2 点超出控制界限

【解析】控制图处于稳定状态需同时满足的条件见下表。

点子几乎全部落在控制界限之内	（1）连续 25 点中没有 1 点在界限外。(25-0) （2）连续 35 点中最多 1 点在界限外。(35-1) （3）连续 100 点中最多 2 点在界限外（100-2）
控制界限内的点子排列没有缺陷	指点子的排列是随机的且没有缺陷

控制图缺陷的类型及判定标准见下表。

缺陷类型	判断标准
在中心线一侧	连续 7 点及以上在中心线一侧
上升或下降趋势	连续 7 点及以上呈上升或下降趋势
多次同侧	连续 11 点至少 10 点、连续 14 点至少 12 点、连续 17 点至少 14 点、连续 20 点至少 16 点在中心线一侧

缺陷类型	判断标准
接近控制界限	连续3点至少2点、连续7点至少3点接近控制界限
周期性变动	点子呈周期性变化

选项A、C属于有缺陷。

16. 应用控制图法分析建筑产品生产过程是否处于稳定状态时，可判定为异常情形的是（ ）。

A. 中心线一侧出现七点链　　　　　B. 中心线两侧有6点连续下降

C. 连续11点中有6点在中心线一侧　　D. 中心线两侧有5点连续上升

【解析】选项B、D错误，连续7点或更多点呈上升或下降趋势，应判定生产过程发生异常。选项C错误，连续11点中至少有10点在中心线同一侧，应判定生产过程发生异常。

17. 工程质量控制中，控制图法的用途是（ ）。

A. 用来分析影响质量的主次因素

B. 判断生产过程是否处于稳定状态

C. 用来反映产品质量数据分布状态和波动规律

D. 用来分析、追溯质量缺陷产生的最根本原因

【解析】控制图法：判明生产过程是否处于稳定状态的方法称为控制图法。选项A属于排列图的用途。选项C属于直方图用途。选项D属于因果分析图法的用途。

18.【2022年补】下列数理统计方法中可以用来寻找质量问题原因的方法有（ ）。

A. 分层法　　　　　　　　　　B. 直方图法

C. 排列图法　　　　　　　　　D. 因果分析法

E. 控制图法

【解析】直方图法、控制图法能发现生产过程存在质量问题，但不能寻找产生质量问题的原因。

19. 采用控制图法分析工程质量状况时，为了计算上下控制界限，通常需连续抽取（ ）组样本数据。

A. 20~25　　　　B. 5~10　　　　C. 10~15　　　　D. 15~20

【解析】分析用控制图主要是用来调查分析生产过程是否处于控制状态。绘制分析用控制图时，一般需连续抽取20~25组样本数据，计算控制界限。

20. 峭壁型施工质量统计分析方法因（ ）造成的。

A. 分组不当　　B. 原材料发生变化　　C. 控制太严　　D. 人为去掉下限

【解析】峭壁型直方图通常是因数据收集不正常，可能有意识地去掉下限以下的数据，或是在检测过程中某种人为因素造成的。

21.【2024年】 采用直方图法分析混凝土预制构件质量时，出现孤岛图的原因是（　　）。

A. 数据分组不当
B. 原材料发生变化
C. 短时间内工人操作不熟练
D. 组距确定不当
E. 施工操作中控制过严

【解析】孤岛型直方图是因原材料发生变化，或短时间内工人操作不熟练造成的。

【答案】1. B　2. D　3. D　4. B　5. B　6. A　7. BDE　8. AB　9. B　10. D　11. A　12. B　13. C　14. ACDE　15. BDE　16. A　17. B　18. ACD　19. A　20. D　21. BC

第3节　施工质量控制

1. 下列施工质量控制工作中，属于事后质量控制的是（　　）。

A. 质量活动结果的评价认定
B. 编制施工质量计划
C. 编制和审查施工组织设计
D. 监督质量活动过程

【解析】选项A属于事后质量控制。选项B、C属于事前质量控制。选项D属于事中质量控制。

2.【2024年】 下列施工质量控制工作中，属于事中控制工作内容的是（　　）。

A. 监控质量活动过程
B. 编制施工方案
C. 评价质量活动结果
D. 纠正质量偏差

【解析】施工质量控制的环节见下表。

事前控制	按质量计划进行质量活动前准备工作状态的控制。例如在施工准备阶段，施工单位编制和审查施工组织设计、施工方案，进行施工现场准备（测量控制网、施工平面布置控制）和施工部署
事中控制	是指对产品生产过程中各项作业技术活动操作者的行为约束和对质量活动过程和结果的监督控制。其主要包括自控、监控两大环节
事后控制	是指对质量活动结果的评价认定和对质量偏差的纠正

【答案】1. A　2. A

第 5 章 建设工程质量管理

考点 1　施工准备质量控制

技术准备	现场准备
（1）熟悉和会审图纸； （2）编制和报审施工组织设计	（1）测量控制网的控制：编制切实可行的测量方案；工程定位放线。 （2）施工平面布置的控制：建设单位划定并提供用地范围；施工单位科学合理使用场地；监理机构检查平面布置是否合理

1. 施工准备阶段质量控制中，（　　）属于施工技术准备工作。
A. 熟悉与会审图纸　　　　　　　　　B. 工程定位放线
C. 施工平面布置　　　　　　　　　　D. 设置永久性经纬坐标控制网
【解析】选项B、C、D属于施工现场准备的工作内容。施工技术准备工作的特点是在"室内"进行，包括熟悉和会审图纸、编制和报审施工组织设计。

2. 混凝土预制构件出厂时的混凝土强度不宜低于设计混凝土强度等级值的（　　）。
A. 50%　　　　　B. 65%　　　　　C. 75%　　　　　D. 90%
【解析】依据相关规范，混凝土预制构件出厂时的混凝土强度不宜低于设计混凝土强度等级值的75%。

3. 对涉及结构安全、节能、环境保护和主要使用功能的试块、试件及材料，应按规定进行见证检验。见证检验应在（　　）的监督下现场取样。
A. 项目监理机构　　　　　　　　　　B. 质量监督机构
C. 设计单位　　　　　　　　　　　　D. 质量检查机构
【解析】依据《建设工程质量管理条例》，见证检验应在建设单位或者工程监理单位的监督下现场取样。

【答案】1. A　2. C　3. A

考点 2　施工过程质量控制

作业技术准备状态	作业技术活动过程	作业技术活动结果
（1）质量控制点的设置； （2）作业技术交底控制； （3）进场材料、构配件质量控制； （4）作业环境状态控制； （5）进场施工机械设备性能及工作状态控制； （6）施工测量及计量器具性能、精度的控制； （7）施工现场劳动组织及作业人员上岗资格的控制	（1）施工单位"三检"制度； （2）技术复核工作； （3）见证取样、送检； （4）工程变更控制； （5）质量记录资料	（1）工序质量检验； （2）隐蔽工程验收； （3）工序交接验收

1. 下列施工过程质量控制的工作中，属于作业技术准备状态控制的是（　　）。
A. 工程定位放线　　　　　　　　B. 规划施工场地
C. 设置质量控制点　　　　　　　D. 布置施工机械

【解析】本题考查施工过程中质量过程的内容，选项 A、B、D 属于施工准备阶段（施工现场准备）的工作。

2. 质量控制点是指为保证作业过程质量而确定的（　　）、关键部位或薄弱环节。
A. 重点流程　　　　　　　　　　B. 重点结果
C. 重点控制对象　　　　　　　　D. 重点质检手段

【解析】质量控制点是指为保证作业过程质量而确定的重点控制对象、关键部位或薄弱环节。

3. 根据施工质量控制点的要求，混凝土冬期施工应重点控制的技术参数是（　　）。
A. 受冻临界强度　　　　　　　　B. 养护标准
C. 内外温差　　　　　　　　　　D. 保温系数

【解析】通过本题需要掌握选项 A、C。混凝土冬期施工重点控制的施工技术参数是受冻临界强度，大体积混凝土重点控制的施工技术参数是内外温差。

4. 施工中对进场水泥质量的重点控制内容包括（　　）。
A. 出厂合格证核对　　　　　　　B. 水灰比复验
C. 强度复验　　　　　　　　　　D. 坍落度试验
E. 安定性复验

【解析】水泥质量是直接影响混凝土工程质量，施工中对进场的水泥必须检查核对其出厂合格证，并按要求进行强度和安定性的复验等。

5. 施工单位为做好技术交底，应由项目技术人员编制技术交底书，并经（　　）批准。
A. 项目经理　　　　　　　　　　B. 业主代表
C. 施工员　　　　　　　　　　　D. 项目技术负责人

【解析】施工单位项目技术人员编制技术交底书，并经项目技术负责人批准。

6. 下列影响施工质量的环境因素中，属于施工作业环境控制的是（　　）。
A. 质量责任制是否落实
B. 质量控制自检系统是否处于良好状态
C. 严寒季节的防冻
D. 施工场地空间条件和通道

【解析】选项 A、B 属于施工质量管理环境控制。选项 C 属于施工自然环境条件控制。

施工作业环境	是指水电供应、施工照明、安全防护设备、施工场地空间条件和通道、交通运输和道路条件。以上预先安排并准备妥当

施工质量管理环境	是指施工单位的质量管理体系和质量控制自检系统是否处于良好的状态；项目管理组织结构、管理制度、检测制度、检测标准、人员配备等方面是否完善和明确；质量责任制是否落实
现场自然环境条件	对严寒季节的防冻；夏季的防高温；高地下水位情况下基坑施工的排水或细砂地基防止流沙；施工场地的防洪与排水；风浪对水上打桩或沉箱施工质量影响的防范

7. 对于现场使用的塔式起重机及有特殊安全要求的设备，投入使用前，必须经当地（　　）鉴定，符合要求并办好相关手续后方允许投入使用。

A. 公安部门　　　　　　　　　　B. 劳动安全部门
C. 法定计量部门　　　　　　　　D. 上级安全主管部门

【解析】对于现场使用的塔式起重机及有特殊安全要求的设备，投入使用前，必须经当地劳动安全部门鉴定，符合要求并办好相关手续后方允许投入使用。

8. 从事特殊作业的人员必须持证上岗，特殊作业人员包括（　　）。

A. 架子工　　　　　　　　　　　B. 油漆工
C. 起重工　　　　　　　　　　　D. 电焊工
E. 自卸卡车司机

【解析】特殊作业的人员：如电焊工、电工、爆破工、起重工、架子工等，特殊作业人员必须持证上岗。

9. 技术修改问题通常可由专业监理工程师组织，施工单位和现场设计代表参加，经各方同意后签字并形成纪要，作为工程变更单附件，经（　　）批准后实施。

A. 总监理工程师　　　　　　　　B. 建设单位
C. 设计单位负责人　　　　　　　D. 施工图审查机构

【解析】技术修改问题经总监理工程师批准后实施。

10. 施工承包单位要求变更或修改设计图纸的某些内容时，按现行规范的规定，应向项目监理机构提交（　　）请求批准。

A. 设计变更单　　B. 技术修改单　　C. 工程变更单　　D. 技术核定单

【解析】关于工程变更，施工单位填写《工程变更单》，送交项目监理机构。

11. 技术复核是施工单位应履行的技术工作责任，其复核结果应报送（　　）复验确认后，才能进行后续相关工序施工。

A. 设计单位　　　　　　　　　　B. 项目监理机构
C. 建设单位　　　　　　　　　　D. 质量监督机构

【解析】技术复核的复核结果应报送项目监理机构复验确认后再进行后续相关工序施工。

12. 施工过程质量控制是指对工程实体质量形成过程的控制，作业技术准备状态的控制工作包括（　　）。

A. 质量控制点的设置　　　　　　　B. 作业技术交底控制
C. 技术复核工作　　　　　　　　　D. 工序质量检验
E. 施工测量及计量器具性能、精度的控制

【解析】施工阶段质量控制分为三个阶段：作业技术准备状态、作业技术活动过程、作业技术活动结果控制。选项 C 属于作业技术活动过程质量控制，选项 D 属于作业技术活动结果控制。

13. 如经现场检查发现隐蔽工程质量不合格，项目监理机构签发（　　），指令施工单位整改，整改后自检合格再报项目监理机构复查。

A. 暂停令　　　　　　　　　　　　B. 不合格项目通知
C. 变更通知　　　　　　　　　　　D. 技术整改通知

【解析】如经现场检查发现隐蔽工程质量不合格，项目监理机构签发"不合格项目通知"，指令施工单位整改，整改后自检合格再报项目监理机构复查。

14.【2024 年】 工程施工过程中，施工单位对施工质量的"三检"制度指的是（　　）。

A. 事前检—事中检—事后检　　　　B. 自检—监理检—业主检
C. 自检—交接检—专检　　　　　　D. 施工检—设计检—监理检

【解析】"三检制度"：作业活动结束后，作业者必须自检；不同工序交接，相关人员必须进行交接检查；施工单位专职质检员的专检。

15. 分项工程施工前技术交底书应由（　　）编制，并经项目技术负责人批准。

A. 专监　　　　　　　　　　　　　B. 总监
C. 项目技术人员　　　　　　　　　D. 项目施工班组长

【解析】为做好技术交底，应由项目技术人员编制技术交底书，并经项目技术负责人批准。

16.【2024 年】 施工单位编制的分项工程技术交底书应包括的内容有（　　）。

A. 施工方法　　　　　　　　　　　B. 进度安排
C. 质量要求　　　　　　　　　　　D. 成本控制措施
E. 验收标准

【解析】技术交底书的内容主要包括：施工方法、质量要求和验收标准、施工过程中需注意的问题、可能出现意外情况的应急方案等。本题可以通过排除法分析，选项 B、D 分别与进度和成本有关，技术交底侧重"质量控制"。

【答案】1. C　2. C　3. A　4. ACE　5. D　6. D　7. B　8. ACD　9. A　10. C　11. B　12. ABE　13. B　14. C　15. C　16. ACE

第5章 建设工程质量管理

考点3 施工质量检查验收

1.【2024年】 根据《建筑工程施工质量验收统一标准》GB 50300—2013，为了验收施工质量，制定和审核/确认分部工程划分方案的做法，正确的是（　　）。

 A. 由项目监理机构制定，建设单位确认

 B. 由建设单位组织各方制定，工程质量监督机构确认

 C. 由施工单位制定，项目监理机构审核

 D. 由项目监理机构组织各方制定，建设单位审核

【解析】工程施工前，应由施工单位制定单位工程、分部工程、分项工程和检验批的划分方案，并应由项目监理机构审核、建设单位确认后实施。

2.【2017年】 根据《建筑工程施工质量验收统一标准》GB 50300—2013，分项工程的划分依据有（　　）。

 A. 工程部位　　　　　　　　B. 工种

 C. 材料　　　　　　　　　　D. 施工工艺

 E. 设备类别

【解析】分项工程可按主要工种、材料、施工工艺、设备类别等进行划分。

3. 根据《建筑工程施工质量验收统一标准》GB 50300—2013，检验批可根据施工、质量控制和专业验收的需要，按（　　）进行划分。

 A. 工程量　　　　　　　　　B. 施工段

 C. 楼层　　　　　　　　　　D. 工程部位

 E. 专业性质

【解析】选项D、E属于分部工程划分的要求。

根据《建筑工程施工质量验收统一标准》GB 50300—2013，验收层次划分标准见下表。

层次	划分标准
检验批	工程量、楼层、施工段
分项工程	工种、材料、施工工艺、设备
分部工程	专业性质、工程部位
单位工程	具备独立使用功能的建筑物或构筑物

4.【2017年、2022年】 工程质量验收时，设计单位项目负责人应参加验收的分部工程有（　　）。

 A. 地基与基础　　　　　　　B. 装饰装修

 C. 主体结构　　　　　　　　D. 环境保护

 E. 节能工程

【解析】一般的分部工程由总监理工程组织,施工单位项目负责人和项目技术负责人参加。以下分部工程验收需要再增加参与人员:①主体结构、节能分部工程:设计单位项目负责人和施工单位技术、质量部门负责人应参加验收。②地基与基础分部工程:勘察、设计单位项目负责人和施工单位技术、质量部门负责人参加。

5.【2022年补】根据《建筑工程施工质量验收统一标准》GB 50300—2013,单位工程质量验收合格应符合的规定有(　　)。

A. 所含分部工程的质量均应验收合格
B. 质量控制资料应完整
C. 观感质量应符合要求
D. 建设单位已按合同约定支付工程款
E. 主要使用功能的抽查结果应符合相关专业质量验收规范的规定

【解析】根据《建筑工程施工质量验收统一标准》GB 50300—2013,施工质量验收要求和组织见下表。

层次	质量验收合格符合的规定	验收记录	
		组织者	进行者
检验批	(1)检验批划分的主控项目和一般项目应符合相关标准的规定。 (2)主控项目的质量经抽样检验应全部合格。 (3)一般项目的质量应符合国家现行相关标准的规定。 (4)应具有完整的施工操作依据和质量验收记录	专业监理工程师	施工单位项目专业质量检查员、专业工长
分项工程	(1)所含检验批的质量应验收合格。 (2)所含检验批的质量验收记录应完整、真实	专业监理工程师	施工单位项目专业技术负责人
分部工程	(1)所含分项工程的质量应验收合格。 (2)质量控制资料应完整、真实。 (3)有关安全、节能、环境保护和主要使用功能的抽样检验结果应符合要求。 (4)观感质量应符合要求	总监理工程师	施工单位项目负责人和项目技术负责人
单位工程	(1)所含分部工程的质量应全部验收合格。 (2)质量控制资料应完整、真实。 (3)所含分部工程中有关安全、节能、环境保护和主要使用功能的检验资料应完整。 (4)主要使用功能的抽查结果应符合国家现行强制性工程建设标准规定。 (5)观感质量应符合要求	预验收: 总监理工程师; 正式验收: 建设单位	预验收:专业监理工程师; 正式验收:设计、勘察、监理、施工等单位,分包单位负责人

6. 根据《建筑工程施工质量验收统一标准》GB 50300—2013，检验批质量验收合格的条件有（　　）。

　　A. 主控项目的质量经抽样检验应全部合格
　　B. 一般项目的质量应符合国家现行相关标准的规定
　　C. 具有完整的施工操作依据
　　D. 观感质量符合要求
　　E. 具有完整的质量验收记录

【解析】检验批、分部工程质量验收合格的条件中不涉及观感质量验收。分部工程、单位工程质量验收合格的条件涉及观感质量。

7.【2021年】根据《建筑工程施工质量验收统一标准》GB 50300—2013，单位工程竣工预验收的组织方式是（　　）。

　　A. 施工单位项目负责人组织各专业负责人进行
　　B. 建设单位项目负责人组织总监理工程师、专业监理工程师进行
　　C. 总监理工程师组织各专业监理工程师进行
　　D. 总监理工程师组织施工单位项目负责人、专业负责人进行

【解析】单位工程：①预验收，总监理工程师组织；②正式验收，建设单位组织。

8. 工程施工质量验收时，经加固处理的分部工程，根据技术处理方案要求予以验收的前提是（　　）。

　　A. 不影响安全和使用功能
　　B. 不造成永久性影响
　　C. 不改变结构外形尺寸
　　D. 不影响基本使用功能

【解析】依据《建筑工程施工质量验收统一标准》GB 50300—2013，当施工质量不符合验收标准时，进行如下处理。

经返工或返修的检验批	重新进行验收
经有资质的检测机构检测能够达到设计要求的检验批	应予以验收
经有资质的检测机构检测达不到设计要求，但经原设计单位核算认可能够满足施工质量控制安全和使用功能的检验批	
当经返修或加固处理的分项工程、分部工程，确认能够满足安全及使用功能要求时	按技术处理方案和协商文件的要求予以验收
经返修或加固处理仍不能满足安全或重要使用功能要求的分部工程及单位工程	严禁验收

【答案】1. C　2. BCDE　3. ABC　4. ACE　5. ABCE　6. ABCE　7. C　8. A

第 4 节　施工质量事故预防与调查处理

1.【2017 年】根据《质量管理体系 基础和术语》,工程产品与规定用途有关的不合格,称为（　　）。

A. 质量通病　　　　B. 质量缺陷　　　　C. 质量问题　　　　D. 质量事故

【解析】相关概念总结见下表。

质量不合格	产品未满足要求
质量缺陷	与预期或规定用途有关的不合格
质量问题	凡是工程质量不合格,必须进行返修、加固或报废处理,由此造成直接经济损失低于规定限额以下的
质量事故	指由于建设、勘察、设计、施工、监理等单位违反工程质量有关法律法规和工程建设标准,使工程产生结构安全、重要使用功能等方面的质量缺陷,造成人身伤亡或者重大经济损失的事故

2. 根据《质量管理体系 基础和术语》GB/T 19000—2016/ISO 9000：2015,"工程产品未满足质量要求"称为（　　）。

A. 质量问题　　　　　　　　　　B. 质量事故
C. 质量不合格　　　　　　　　　D. 质量缺陷

【解析】相关概念总结见上表。

【答案】1. B　2. C

考点 1　施工质量事故分类

1.【2023 年】质量管理活动中检验不严引起质量事故,质量事故发生的原因是（　　）。

A. 技术　　　　　　　　　　　　B. 社会、经济原因
C. 人为事故　　　　　　　　　　D. 管理

【解析】关键词"不善""不严""不力"属于管理原因。

分类标准	类别	原因
事故造成后果	未遂	出现了质量问题,经及时采取措施,未造成经济损失、延误工期或其他不良后果
	已遂	凡出现不符合质量标准或设计要求,造成经济损失、工期延误或其他不良后果

续表

分类标准	类别	原因
事故责任	指导责任	由于指导或领导失误而造成的质量事故，如工程负责人不按规范规程组织施工、盲目赶工、强令他人违章作业、降低工程质量标准等
	操作责任	由于操作人员违规操作造成的质量事故，如土方工程中不按规定的填土含水率和碾压遍数施工；浇筑混凝土时随意加水；工序操作中不按操作规程进行操作等
事故产生原因	技术原因	由于设计、施工技术上的失误而造成的。主要包括：结构设计计算错误；地质情况估计错误；盲目采用技术尚未成熟、实际应用中未得到充分实践检验验证其可靠的新技术；采用不适宜的施工方法或工艺等
	管理原因	由于管理不完善或失误而引发的。主要包括：施工单位的质量管理体系不完善；质量检验制度不严密，质量控制不严；质量管理措施落实不力；检测仪器设备管理不善而失准；进料检验不严格等引发的
	社会、经济原因	由于社会、经济因素及社会上存在的弊端和不良风气引起建设中的错误行为导致的
事故严重程度	特别重大 重大 较大 一般	一般事故　　较大事故　　重大事故　　特别重大事故 　　　　3人　　　　10人　　　　30人 死亡├─────┼─────┼─────┼─────→ 313 　　　　　　10人　　　　50人　　　　100人 重伤├─────┼─────┼─────┼─────→ 151 　　　100万元　1000万元　5000万元　1亿元 直接经济损失├────┼─────┼─────┼─────→ 1151 提示：数字分界线归为上一级事故类别。 依据：《关于做好房屋建筑和市政基础设施施工质量事故报告和调查处理工作的通知》

2.【2021年】某工程混凝土浇筑过程中，因工人直接浇筑高度超出施工方案要求造成质量事故，该事故按照事故责任分类属于（　　）。

A. 操作责任事故　　　　　　　　　B. 指导责任事故
C. 技术责任事故　　　　　　　　　D. 管理责任事故

【解析】本题考查质量事故按照事故责任划分为：指导责任事故和操作责任事故。因为生产工人导致的质量事故，属于操作责任事故。

3.【2022年补】按照工程质量事故造成损失的程度分级，下列事故中应认定为重大事故的有（　　）。

A. 造成12人死亡的事故

B. 造成 30 人重伤的事故

C. 造成直接经济损失 6000 万元的事故

D. 造成重大社会影响的事故

E. 造成 60 人轻伤的事故

【解析】依据《关于做好房屋建筑和市政基础设施施工质量事故报告和调查处理工作的通知》，重大事故是指造成 10 人以上 30 人以下死亡，或者 50 人以上 100 人以下重伤或者 5000 万元以上 1 亿元以下直接经济损失的事故。

4. 下列工程质量事故中，属于技术原因引发的质量事故是（   ）。
   A. 检测仪器设备管理不善而失准引起的质量事故
   B. 采用了不适宜的施工工艺引发的质量事故
   C. 质量管理措施落实不力引起的质量事故
   D. 社会上存在的弊端和不良风气的质量事故

   【解析】选项 A、C 属于管理原因。选项 D 属于社会、经济原因。

5. 某工程因片面追求施工进度，放松质量监控，在浇筑楼面混凝土时脚手架坍塌，造成 3 人死亡，15 人重伤。按照事故造成损失的程度及事故责任分类，则该工程质量事故应判定为（   ）。
   A. 特别重大事故   B. 较大质量事故
   C. 重大质量事故   D. 指导责任事故
   E. 操作责任事故

   【解析】按照事故造成损失的程度造成 3 人死亡，15 人受伤，属于较大事故。按事故责任分类，片面追求进度导致的质量事故属于指导责任事故。

6. 【2024 年】某工程施工过程中，发生混凝土结构坍塌事故，造成 8 人重伤和 5000 万元直接经济损失。该施工质量事故等级是（   ）。
   A. 一般事故   B. 较大事故   C. 重大事故   D. 特大事故

   【解析】8 人重伤属于一般事故，5000 万元直接经济损失属于重大事故，从高原则，故本题答案为 C。

7. 因社会不良风气引起建设中的错误行为，导致的质量事故，属于（   ）原因引发的质量事故。
   A. 社会、经济   B. 技术   C. 组织   D. 管理

   【解析】社会经济原因：由于社会、经济因素及社会上存在的弊端和不良风气引起建设中的错误行为。

【答案】1. D 2. A 3. AC 4. B 5. BD 6. C 7. A

第 5 章 建设工程质量管理

考点 2　施工质量事故预防

质量事故 成因分析	（1）违背工程建设基本规律； （2）工程地质勘察失误或地基处理失误； （3）设计计算失误； （4）材料构配件不合格； （5）施工与管理失控； （6）受自然条件影响
质量事故 预防措施	（1）坚持按工程建设程序办事； （2）做好必要的技术复核、技术核定工作； （3）严格把好建筑材料及制品的质量关； （4）加强质量培训教育，提高全员质量意识； （5）加强施工过程组织管理； （6）做好应对不利施工条件和各种灾害的预案； （7）加强施工安全与环境管理

1.【2023 年】 施工质量事故预防措施中，属于坚持按照工程建设程序办事的是（　　）。
A. 严格控制建筑材料质量　　　　　　B. 禁止任意修改设计和不按图纸施工
C. 严禁脚手架超载堆放材料　　　　　D. 推行终身职业技能培训制度
【解析】建设程序为：投资决策→勘察设计→施工→竣工验收→运行阶段。施工单位应该依据设计图纸施工，任意修改设计和不按照图纸施工属于违背工程建设程序。

2. 因天然地基不均匀沉降，结构失稳而导致质量事故的，应归结的主要原因是（　　）。
A. 施工失误　　　　　　　　　　　　B. 违规分包
C. 不可抗力　　　　　　　　　　　　D. 勘察设计失误
【解析】工程地质勘察失误或地基处理失误：①工程地质勘察失误；②地基处理失误。

3. 下列施工质量事故发生的原因中，属于施工与管理失控的是（　　）。
A. 边勘察、边设计、边施工　　　　　B. 采用不正确的结构方案
C. 违反相关规范施工　　　　　　　　D. 图纸未会审即仓促施工
E. 违章作业
【解析】选项 A 属于违背工程建设基本规律。选项 B 属于设计原因。

施工与 管理失控	（1）未经设计单位同意，擅自修改设计；不按图施工。 （2）图纸未经会审即仓促施工；不熟悉图纸，盲目施工。 （3）不按有关施工规范和操作规程施工。 （4）不懂装懂，蛮干施工。 （5）管理混乱，施工方案考虑不周，施工顺序错误等

4. 下列措施中,属于施工质量事故预防措施的有( )。

A. 坚持按工程建设程序办事

B. 做好必要的技术复核和技术核定工作

C. 及时做好质量事故的处理工作

D. 加强施工安全与环境管理

E. 加强质量培训教育,提高全员质量意识

【解析】施工质量事故预防措施:①坚持按工程建设程序办事;②做好必要的技术复核、技术核定工作;③严格把好建筑材料及制品的质量关;④加强质量培训教育,提高全员质量意识;⑤加强施工过程组织管理;⑥做好应对不利施工条件和各种灾害的预案;⑦加强施工安全与环境管理。

本题的分析技巧:"预防措施"应事先制定,本题选项 C 属于事后对事故的处理。

5. 保证工程质量满足设计需求和合同约定是需要进行必要的技术复核工作,下列工作内容中属于技术复核工作的是( )。

A. 施工方案论证　　　　　　　　B. 施工设备验收

C. 施工图纸会审　　　　　　　　D. 建筑材料检测

【解析】施工单位要做好必要的技术复核、技术核定工作,把握表格中的例子。

技术复核	图纸会审或设计交底,工程定位引测点的复测,钢筋混凝土结构中钢筋的安装位置、规格、数量、连接及锚固情况的复核等
技术核定	工程施工过程中对于涉及技术方面的更改,如方案修改、实物量变动、位置变化等

【答案】1. B　2. D　3. CDE　4. ABDE　5. C

考点3　施工质量事故调查处理

◆事故调查处理的程序

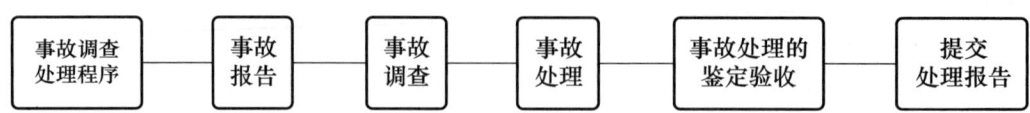

1. 下列建设工程资料中,可以作为施工质量事故处理依据的有( )。

A. 法律法规　　　　　　　　　　B. 工程竣工报告

C. 合同文件　　　　　　　　　　D. 工程建设标准

E. 企业内部管理制度

【解析】施工质量事故处理的依据:①法律法规;②合同文件;③工程建设标准;④企业内部管理制度。

2. 施工质量事故处理的基本要求有（　　）。

A. 确保事故处理期间的安全　　　　B. 正确选择处理的人数和处罚方式
C. 优先采用节约成本的技术措施　　D. 加强事故处理的检查验收工作
E. 重视消除造成事故的原因

【解析】施工质量事故处理的基本要求：①达到安全可靠、不留隐患、满足生产和使用要求、施工方便、经济合理的目的。②重视消除造成质量事故的原因，注意综合治理。③合理确定处理范围和正确选择处理的时机和方法。④加强事故处理的检查验收工作，认真复查事故处理的实际情况。⑤确保事故处理期间的安全。

3. 施工质量事故发生后，应由（　　）向事故发生地县级以上人民政府住房和城乡建设主管部门报告。

A. 施工单位负责人　　　　B. 建设单位负责人
C. 监理单位负责人　　　　D. 设计单位负责人

【解析】事故报告时限及要求见下表。

时限要求	（1）事故现场有关人员应当立即向本单位负责人报告。 （2）本单位负责人应于1h内向事故发生地县级以上人民政府住房和城乡建设主管部门及有关部门报告。 （3）情况紧急时，可越级报告
上报要求	（1）一般事故，逐级上报至省级人民政府住房和城乡建设主管部门。 （2）较大、重大及特别重大事故逐级上报至国务院住房和城乡建设主管部门。 （3）重大和特别重大事故的报告后，应当立即报告国务院。 （4）主管部门并同时通知公安、监察机关等有关部门，都需要报告本级人民政府。 （5）每级上报时间不得超2h，事故报告后出现新情况，以及事故发生之日起30日内伤亡人数发生变化的，应当及时补报

4. 某工程发生质量事故，造成直接经济损失800万元，重伤5人，该事故应逐级上报至（　　）住房和城乡建设主管部门。

A. 县级人民政府　　　　B. 市级人民政府
C. 省级人民政府　　　　D. 国务院

【解析】首先判断该事故为一般事故。一般事故逐级上报至省级人民政府住房和城乡建设主管部门。

5. 关于按规定向有关部门报告建设工程质量事故情况的说法，正确的是（　　）。

A. 事故发生后，事故现场有关人员应当于1h内向本单位负责人报告
B. 出现质量事故的，只需向建设主管部门报告
C. 事故现场人员可以直接向事故发生地县级以上人民政府住房和城乡建设主管部门及有关部门报告
D. 主管部门每级上报的时间不得超过4h

【解析】选项 A 错误，事故现场有关人员应当立即向本单位负责人报告。选项 B "只需"错误。选项 D 错误，每级上报时间不得超 2h，事故报告后出现新情况，以及事故发生之日起 30 日内伤亡人数发生变化的，应当及时补报。

6. 某工程发生质量事故，造成直接经济损失 6800 万元，死亡 3 人，该事故由（　　）组织调查组调查。

　　A. 县级人民政府　　　　　　　　B. 市级人民政府
　　C. 省级人民政府　　　　　　　　D. 国务院

【解析】造成直接经济损失 6800 万元，死亡 3 人，为重大事故。
事故调查组的组建见下表。

事故类别	组建调查组
特别重大	由国务院或国务院授权有关部门组织事故调查组
重大	省级人民政府或授权有关部门
较大	市级人民政府或授权有关部门
一般	县级人民政府或授权有关部门。 未造成人员伤亡的一般事故，县级人民政府也可以委托事故发生单位组织事故调查组进行调查

7. 建设工程施工质量事故调查报告的主要内容包括（　　）。

　　A. 事故救援情况　　　　　　　　B. 事故防范和整改措施
　　C. 事故发生的原因和事故性质　　D. 事故处理依据
　　E. 事故责任者的处理建议

【解析】依据《关于做好房屋建筑和市政基础设施施工质量事故报告和调查处理工作的通知》，事故上报的内容及事故调查报告的内容对比总结见下表。

事故上报的内容	事故调查报告的内容
（1）事故发生单位概况。 （2）事故发生的时间、地点以及事故现场情况。 （3）事故的简要经过。 （4）事故已经造成或者可能造成的伤亡人数（包括下落不明的人数）和初步估计的直接经济损失。 （5）已经采取的措施。 （6）其他应当报告的情况	（1）事故发生单位概况。 （2）事故发生经过和事故救援情况。 （3）事故造成的人员伤亡和直接经济损失。 （4）事故发生的原因和事故性质。 （5）事故责任的认定和事故责任者的处理建议。 （6）事故防范和整改措施

8. 【2023 年】下列施工质量缺陷问题可不做处理的是（　　）。

　　A. 混凝土出现 0.4mm 宽裂隙
　　B. 混凝土采用了安定性不合格的水泥

C. 预应力构件张拉系数不满足设计要求

D. 混凝土现浇楼面平整度偏差 10mm

【解析】选项 A，应进行返修处理。选项 B、C，应进行返工处理。选项 D，后续工序可弥补，不做处理。

不做处理	不影响结构安全、生产工艺和使用要求的。 下一道工序可以弥补的质量缺陷。例如，混凝土结构表面的轻微麻面，可通过后续的抹灰、刮涂、喷涂等弥补，也可不做处理。混凝土现浇楼面的平整度偏差 10mm，但由于后续垫层和面层的施工可以弥补，所以也可不做处理。 法定检测单位鉴定合格的。 出现的质量缺陷，经检测鉴定达不到设计要求，但经原设计单位核算，仍能满足结构安全和使用功能的

9. 混凝土结构加固处理的常用方法有（　　）。

A. 增大截面加固法　　　　　　　　B. 表面密封加固法

C. 外包角钢加固法　　　　　　　　D. 嵌缝密闭加固法

E. 增设支点加固法

【解析】对混凝土结构常用加固的方法主要有：增大截面加固法、外包角钢加固法、粘钢加固法、增设支点加固法、增设剪力墙加固法和预应力加固法等。

10. 当工程质量缺陷经加固、返工处理后仍无法保证达到规定的安全要求，但没有完全丧失使用功能时，适宜采用的处理方法是（　　）。

A. 不做处理　　　　　　　　　　　B. 报废处理

C. 返修处理　　　　　　　　　　　D. 限制处理

【解析】本题考查的限制使用方法的适用情况。

11.【2015 年、2019 年】某工程的混凝土结构出现较深裂缝，但经分析判定其不影响结构的安全和使用，正确的处理方法是（　　）。

A. 表面密封　　　B. 嵌缝封闭　　　C. 灌浆修补　　　D. 限制使用

【解析】混凝土结构裂缝的返修处理方法：宽度不大于 0.2mm 时，表面密封法；宽度大于 0.3mm 时，嵌缝密闭法；裂缝较深，灌浆修补法。本题根据"较深裂缝"，应采取灌浆修补的方法。

12. 建设工程施工质量事故的处理程序中，确定处理结果是否达到预期目的、是否依然存在隐患，属于（　　）环节的工作。

A. 事故处理鉴定验收　　　　　　　B. 事故调查

C. 事故原因分析　　　　　　　　　D. 制定事故处理技术方案

【解析】质量事故的处理是否达到预期的目的，是否依然存在隐患，应当通过检查鉴定和验收作出确认。

13. 施工质量事故处理的工作包括：①事故报告；②事故调查；③事故处理的鉴定验收；④提交事故处理报告；⑤事故处理。正确的程序是（　　）。

A. ①②⑤③④ B. ①②③④⑤

C. ②①③④⑤ D. ④②⑤①③

【解析】施工质量事故处理程序：①事故报告；②事故调查；③事故处理；④事故处理的鉴定验收；⑤提交事故处理报告。

14. 住房城乡建设主管部门接到（　　）的报告后，应当立即报告国务院。

A. 特别重大事故

B. 重大和特别重大事故

C. 较大、重大和特别重大事故

D. 一般、较大、重大和特别重大事故

【解析】重大和特别重大事故，住房城乡建设主管部门应当立即报告国务院。

15. 下列施工质量缺陷问题需返工处理的有（　　）。

A. 混凝土出现 0.1mm 宽裂隙

B. 混凝土浇筑后 5 天仍未凝固硬化，28 天的混凝土实际强度不到规定强度的 32%

C. 公路桥梁工程预应力构件张拉系数不满足设计要求

D. 混凝土结构表面的轻微麻面

E. 某防洪堤坝填筑压实后，其压实土的干密度未达到规定值

【解析】选项 A 需要返修处理。选项 D 不进行处理。

返工处理	当工程质量缺陷经过返修、加固处理后仍不能满足规定的质量标准要求，或不具备补救可能性，则必须采取返工处理，如： （1）某防洪堤坝填筑压实后，其压实土的干密度未达到规定值。 （2）某公路桥梁工程预应力按规定张拉系数为 1.3，而实际仅为 0.8，严重质量缺陷，无法修补，只能返工。 （3）混凝土浇筑后 5 天仍未凝固硬化，28 天的混凝土实际强度不到规定强度的 32%，不得不返工重浇

16. 质量事故技术处理方案，一般应委托（　　）提出，由其他单位提供的技术处理方案，应经（　　）签认。

A. 原设计单位、原设计单位同意 B. 监理单位、建设单位

C. 原设计单位、建设单位 D. 施工单位、原设计单位

【解析】质量事故技术处理方案，一般应委托原设计单位提出，由其他单位提供的技术处理方案，应经原设计单位同意签认。

【答案】1. ACDE 2. ADE 3. A 4. C 5. C 6. C 7. ABCE 8. D 9. ACE 10. D 11. C 12. A 13. A 14. B 15. BCE 16. A

第6章 建设工程成本管理

本章考点

建设工程成本管理
- 工程成本影响因素及管理流程
  - 1. 工程成本分类及影响因素
  - 2. 工程成本管理流程
- 施工成本计划
  - 1. 施工责任成本构成
  - 2. 施工成本计划编制
- 施工成本控制
  - 1. 施工成本控制过程
  - 2. 施工成本控制方法
  - 3. 挣值法
  - 4. 成本偏差的表达方法
  - 5. 施工成本纠偏措施
- 施工成本分析与管理绩效考核
  - 1. 施工成本分析
  - 2. 施工成本管理绩效考核

第1节 工程成本影响因素及管理流程

考点1 工程成本分类及影响因素

生产费用计入工程成本的方法	直接成本	构成工程实体或有助于实体形成。 人工费、材料费、施工机械使用费和其他直接费。 特点：可以直接计入某一成本核算对象
	间接成本	勘察设计费、采购成本、现场管理人员的人工费、资产使用费、工具用具使用费、保险费、检验试验费、工程保修费，以及其他费用。 特点：无法直接计入某一成本核算对象，分配计入

续表

成本与工程数量的关系	固定成本	在一定的期间和一定的工程量范围内不受工程量增减变动影响的成本。如办公设施的折旧费、管理人员工资
	变动成本	随着工程量的增减变化而成正比例变化的各项成本。如材料费、计件工资等
构成要素	工期成本	在一般情况下，直接成本会随着工期缩短而增加，间接成本会随着工期缩短而减少
	质量成本	控制成本：预防成本、鉴定成本。损失成本：内部损失、外部损失
	安全成本	安全生产保障成本包括安全防护工程费用、安全防护措施费用、安全教育培训费用等。安全事故损失成本包括企业内部损失成本和企业外部损失成本
	绿色成本	在绿色建筑及绿色建造成本，以及因绿色建造不善造成的损失费用之和。其分为绿色建造成本、事故损失成本
成本形成的时间	预算成本	通过招标投标签订的工程建设合同时确定的工程成本。依据：招标文件、自身管理水平
	计划成本	求完成相应的设计、采购、施工等工作，结合项目实际及本单位的管理水平和生产力水平而计算确定的工程项目最低费用总和。是工程项目成本控制和考核的基本依据
	实际成本	项目实施期内实际发生的各项费用的总和，包括设计成本、采购成本、施工成本
是否可控	可控成本	能够为特定部门的职能权限所控制的成本。工程部门能够控制材料的消耗量。采购部门能够控制价格变动引起的一定范围内的成本变动
	不可控成本	工程部门的不可控成本：价格变动引起的材料成本的变动

1. 下列建设工程项目施工成本费用中，属于间接成本的有（　　）。

A. 人工费　　　　　　　　　　　B. 现场管理人员的人工费

C. 工程保修费　　　　　　　　　D. 检验试验费

E. 机械费

【解析】选项A、E属于直接成本。直接成本包括人工费、材料费、施工机械使用费和其他直接费。间接成本包括勘察设计费、检验试验费、工程保修费、保险费等。

2. 下列选项中，（　　）属于施工单位的预防成本。

A. 新工艺鉴定费　　　　　　　　B. 施工图纸审查费

C. 外购件检验试验费　　　　　　D. 工序检验费

【解析】选项B、C、D属于鉴定成本。

质量成本	控制成本	(1) 预防成本：质量规划费、工序控制费、新工艺鉴定费、质量培训费、质量信息费等。 (2) 鉴定成本：施工图纸审查费、施工文件审查费、原材料、外购件检验试验费、工序检验费、工程质量验收费等。
	损失成本	(1) 内部损失：施工过程中发生的，如返工损失、返修损失、停工损失、质量事故处理费。 (2) 外部损失：在使用过程中发生的，如工程保修费、损失赔偿费

3. 质量成本分为控制成本和损失成本，下列选项（　　）属于外部损失成本。
A. 返工损失费　　　　　　　　　　B. 停工损失费
C. 工程保修费　　　　　　　　　　D. 质量事故处理费

【解析】选项 A、B、D 是在施工过程中发生的损失费，属于内部损失成本。外部损失成本是指使用过程中发生的损失。

4. （　　）是工程项目成本控制和考核的基本依据。
A. 控制成本　　B. 计划成本　　C. 损失成本　　D. 质量成本

【解析】工程项目的计划成本是成本控制和考核的基本依据。

5. 在一般情况下，关于工期成本的说法，正确的是（　　）。
A. 直接成本会随着工期缩短而增加，间接成本会随着工期缩短而减少
B. 直接成本会随着工期缩短而减少，间接成本会随着工期缩短而增加
C. 直接成本、间接成本会随着工期缩短而减少
D. 直接成本、间接成本会随着工期缩短而增加

【解析】在一般情况下，缩短工期，单位时间内增加人、材、机费用的投入，所以直接成本会随着工期缩短而增加，工期缩短，间接成本会减少。

6. （　　）是决策之后影响工程成本最重要的阶段。
A. 勘察　　B. 设计　　C. 施工　　D. 保修

【解析】决策阶段和设计阶段是影响工程成本最大的阶段。

7. 在工程施工阶段影响工程成本的诸多因素中，影响施工机具设备成本的因素不包括（　　）。
A. 租赁成本　　　　　　　　　　　B. 机械闲置现象
C. 维护成本　　　　　　　　　　　D. 燃料费用

【解析】工程施工成本的影响因素包括：人工成本、材料和设备成本、施工机具成本、现场管理能力、施工方法、工期、质量等。施工机具设备成本影响因素：①燃料费用；②维护费用；③租赁费用。选项 B 属于现场管理能力的影响因素。

8. 按成本性态不同，施工成本可分为固定成本和变动成本，下列属于固定成本的是（　　）。

A. 计件工资　　　B. 材料费　　　C. 施工机械使用费　　　D. 管理人员工资

【解析】固定成本是指在一定期间和工程量范围内不受工程量变动影响的成本，如办公设施的折旧费、管理人员工资等。

9.【2024年】 工程成本与工程量的关系划分中，属于成本分类的是（　　）。

A. 目标成本和责任成本　　　　　B. 固定成本和变动成本
C. 预算成本和计划成本　　　　　D. 直接成本和间接成本

【解析】按工程成本与工程数量的关系分类，工程成本分为固定成本和变动成本。

10. 下列影响施工成本的因素中，属于施工单位工程部门可控的是（　　）。

A. 施工机械台班租赁费　　　　　B. 现场管理费
C. 材料单价　　　　　　　　　　D. 材料消耗量

【解析】工程部门能够控制材料的消耗量。采购部门能够控制价格变动引起的一定范围内的成本变动。

11. 按工程成本形成的时间，工程成本可划分为（　　）。

A. 预算成本　　　　　　　　　　B. 直接成本
C. 计划成本　　　　　　　　　　D. 实际成本
E. 工期成本

【解析】选项B属于按生产费用计入工程成本的方法分类。选项E属于按工程成本要素构成划分。

12. 安全成本可分为安全生产保障成本和安全事故损失成本两部分。（　　）属于安全保障成本。

A. 安全防护工程费用　　　　　　B. 工程保修费
C. 安全防护措施费用　　　　　　D. 质量事故处理费用
E. 安全教育培训费用

【解析】安全成本的分类：

安全成本	（1）安全生产保障成本包括安全防护工程费用、安全防护措施费用、安全教育培训费用等； （2）安全事故损失成本包括企业内部损失成本和企业外部损失成本

13.【2024年】 根据工程特点和成本管理要求不同，工程成本可分为不同类别。构成工程实体的材料费可归入的工程成本类别有（　　）。

A. 变动成本　　　　　　　　　　B. 直接成本
C. 采购成本　　　　　　　　　　D. 措施成本
E. 质量成本

【解析】变动成本是随着工程量的增减变化而成正比例变化的各项成本，如材料费、计件工资等。直接成本是指在工程项目实施过程中直接耗费的构成工程实体或有助于工程形成的各项支出，包括人工费、材料费、机械使用费和其他直接费。

14. 影响工程成本的因素很多，主要来自（　　）方面。
A. 项目范围　　　　　　　　　　B. 项目运营
C. 工程设计　　　　　　　　　　D. 工程施工
E. 项目评估
【解析】影响工程成本的因素很多，主要来自三个大的方面，包括项目范围、工程设计和工程施工。

【答案】1. BCD　2. A　3. C　4. B　5. A　6. B　7. B　8. D　9. B　10. D　11. ACD　12. ACE　13. AB　14. ACD

考点2　工程成本管理流程

成本计划	是开展成本控制和分析的基础，也是成本控制的主要依据
成本控制	成本控制能对成本计划的实施进行监督，保证成本计划的实现
成本分析	对成本计划是否实现进行的检查，并为成本管理绩效考核提供依据
成本管理绩效考核	是实现责任成本目标的保证和手段

1. （　　）是对成本计划是否实现进行的检查，并为成本管理绩效考核提供依据。
A. 成本核算　　　　　　　　　　B. 成本控制
C. 成本分析　　　　　　　　　　D. 成本管理绩效考核
【解析】本题考查的是成本分析的概念。选项 A，最新教材已删除成本核算的相关内容。选项 B，成本控制是监督成本计划的实施。选项 D，绩效考核是实现目标的保证和手段。

2. 成本管理各环节是一个有机联系与相互制约的系统过程，成本管理的工作为：①成本控制；②成本分析；③成本管理绩效考核；④成本计划。其正确的排序是（　　）。
A. ①④③②　　B. ①④②③　　C. ④①③②　　D. ④①②③
【解析】成本管理的工作为：成本计划→成本控制→成本分析→成本管理绩效考核。

3. 施工成本控制的主要依据是（　　）。
A. 成本预测　　B. 成本核算　　C. 成本分析　　D. 成本计划
【解析】成本计划是开展成本控制和分析的基础，也是成本控制的主要依据。

4. 工程成本管理流程第一步是（　　）。
A. 工程项目管理策划　　　　　　B. 工程成本数据收集管理
C. 施工组织设计及施工方案编制　　D. 工程投标报价

【解析】工程成本管理流程：工程投标报价→工程项目管理策划→施工组织设计及施工方案→施工安排及资源供应→工程施工→工程成本收集整理→成本节约超支分析→成本管理持续改进→竣工结算。

【答案】1. C　2. D　3. D　4. D

第 2 节　施工成本计划

考点1　施工责任成本构成

1. （　　）是以履行施工合同为前提，依据施工项目预算成本，经过施工单位和项目管理机构协商确定的由项目管理机构控制的成本总额。
A. 目标成本　　　　　　　　　B. 计划成本
C. 施工责任成本　　　　　　　D. 实际成本
【解析】本题考查的是施工责任成本的概念。

2. 施工责任成本具备的条件包括（　　）。
A. 可考核性　　　　　　　　　B. 可预计性
C. 可控制性　　　　　　　　　D. 可计量性
E. 可分析性
【解析】责任成本具有四个条件：①可考核性；②可预计性；③可计量性；④可控制性。

3. 施工责任成本由（　　）组成。
A. 人工费　　　　　　　　　　B. 施工机具使用费
C. 利润　　　　　　　　　　　D. 间接费
E. 税金
【解析】施工责任成本由人工费、材料费、施工机具使用费、专业分包费、措施费、间接费、其他费组成。本题可用排除法作答，施工责任成本不包括利润和税金。

4. 施工企业在既定的市场环境下，根据自身的管理水平和管理特点，按照企业费用支出标准、资源市场价格信息和工程实际情况，测算出的项目各项费用总和。该费用可作为施工项目的（　　）。
A. 预算成本　　　　　　　　　B. 施工责任成本
C. 指导性成本　　　　　　　　D. 竞争性成本
【解析】预算成本是在既定的市场环境下，根据企业管理水平和管理特点，按企业费用支出标准、资源市场价格信息和工程实际情况，测算的项目各项费用总和。

5.【2024年】关于施工责任成本的说法,正确的是( )。

A. 施工责任成本是以任务中心为对象进行归集的预算成本
B. 施工责任成本是以责任中心为对象进行归集的预算成本
C. 施工责任成本是以任务中心为对象进行归集的可控成本
D. 施工责任成本是以责任中心为对象进行归集的可控成本

【解析】施工责任成本是以责任中心为对象来进行归集的可控成本,将企业成本管理中的经济责任进行明确划分,体现出"分级控制"与"责权利一体"的现代企业管理理念。

【答案】1. C 2. ABCD 3. ABD 4. A 5. D

考点2 施工成本计划编制

◆ 成本计划按发挥作用的分类

类型	阶段	依据
竞争性	投标及签订合同阶段的估算成本计划	以招标文件为依据,根据施工企业自身的工料消耗标准、水平、价格资料和费用指标等
指导性	选派项目经理阶段的预算成本计划,项目经理的责任成本目标	以合同价为依据,按照企业定额标准制定的,确定施工责任成本
实施性	施工准备阶段编制的施工成本计划	以项目实施方案为依据,以落实项目经理责任目标为出发点,根据企业施工定额编制

提示:区分三类成本计划编制的阶段和依据。

◆ 施工成本计划的编制依据和程序

编制依据	编制程序
合同文件; 项目管理实施规划; 相关设计文件; 价格信息; 相关定额; 类似项目的成本资料	预测项目成本; 确定项目总体成本目标; 编制项目总体成本计划; 项目管理机构与企业职能部门根据其责任成本范围,分别确定各自的成本目标,并编制相应的成本计划; 针对成本计划制定相应的控制措施; 由项目管理机构与企业职能部门负责人分别审批相应的成本计划

◆ 施工成本计划的编制方法

按成本组成	人、材、机、管
按项目机构	编制成本支出计划时,要在项目总体层面上考虑总的预备费,也要在主要的分项工程中安排适当的不可预见费

按工程实施阶段	两种表示方式： 一是根据时标网络计划按月编制施工成本计划； 二是用时间-成本累计曲线（S曲线）

1. 以项目实施方案为依据，以落实项目经理责任目标为出发点，根据企业施工定额编制的施工成本是（ ）。

A. 竞争性成本计划　　　　　　　　B. 实施性成本计划

C. 指导性成本计划　　　　　　　　D. 预测性成本计划

【解析】成本计划分类：竞争性、指导性、实施性。其中，实施性成本计划是根据施工定额编制的。

2.【2016年、2020年】施工项目竞争性成本计划是（ ）的估算成本计划。

A. 选派项目经理阶段　　　　　　　B. 投标阶段

C. 施工准备阶段　　　　　　　　　D. 签订合同阶段

E. 制定企业年度计划阶段

【解析】竞争性成本计划是在施工投标及签订合同阶段的估算成本计划。

3.【2018年】下列成本计划中，用于确定施工责任成本的是（ ）。

A. 指导性成本计划　　　　　　　　B. 竞争性成本计划

C. 响应性成本计划　　　　　　　　D. 实施性成本计划

【解析】用以确定施工责任成本的指导性成本计划。

4.【2022年补】下列项目施工成本管理资料中，可以作为编制施工成本计划依据的有（ ）。

A. 合同文件　　　　　　　　　　　B. 预算定额

C. 资源市场价格　　　　　　　　　D. 设计文件

E. 项目管理规划大纲

【解析】选项E错误，应该为项目管理实施规划。成本计算的公式为：成本＝工程量×定额消耗量×生产要素单价。工程量根据设计文件计算，定额消耗量来自相关定额，生产要素单价来自价格信息，所以施工成本计划的编制依据包括设计文件、相关定额、价格信息，还依据合同文件、项目管理规划以及类似项目的成本资料。

5. 项目成本计划编制程序的第一步是（ ）。

A. 确定项目总体成本目标

B. 预测项目成本

C. 针对成本计划制定相应的控制措施

D. 项目管理机构与企业职能部门分别确定自己的成本目标

【解析】施工成本计划的编制依据和程序：预测成本计划→确定总成本目标，编制总成本计划→确定各职能部门成本目标，确定对应的成本计划→制定控制措施→审批成本计划。

第6章 建设工程成本管理

6.【2022年】 成本计划编制过程中，可按（　　）编制"时间-成本累积曲线"成本计划。

A. 工程实施阶段　　　　　　　　B. 成本组成

C. 项目结构　　　　　　　　　　D. 工程量清单

【解析】成本计划编制过程中，可按工程实施阶段编制"时间-成本累积曲线"成本计划。

7.【2017年、2021年】 绘制时间-成本累积曲线的步骤中，紧接"计算规定时间 t 计划累计支出的成本额"之后的工作是（　　）。

A. 在时标网络图上，按时间编制成本支出计划

B. 确定工程项目进度计划，编制进度计划的横道图

C. 绘制 S 形曲线

D. 计算单位时间的成本

【解析】按工程实施阶段编制施工成本计划的步骤如下：①编制工程项目施工进度时标网络计划；②计算单位时间（月或旬）施工成本；③计算时间累计支出的成本额；④绘制 S 形曲线。

8. 施工项目管理机构可按（　　）编制施工成本计划。

A. 合同计价方式　　　　　　　　B. 成本组成

C. 项目结构　　　　　　　　　　D. 工程实施阶段

E. 资金来源

【解析】项目管理机构应按成本组成、项目结构和工程实施阶段（进度）分别编制施工成本计划。

9. 关于按工程实施阶段编制施工成本计划的说法，正确的是（　　）。

A. 施工成本应按时间进行分解，分解得越细越好

B. 首先要将总成本分解到单项工程和单位工程中

C. 首先要将成本分解为人工费、材料费和施工机具使用费

D. 可在控制施工进度的网络图基础上进一步扩充得到施工成本计划

【解析】选项 A，编制网络计划时，在充分考虑进度控制对项目划分要求的同时，还要考虑确定成本支出计划对项目划分的要求，做到两者兼顾。选项 B 和选项 C，分别是按项目结构分解总成本与按成本组成分解总成本。

10. 为了提高项目按期竣工的保证率，利用 S 形曲线编制成本计划时，可以采取的做法是（　　）。

A. 非关键线路上的工作都按最迟时间开始

B. 所有工作都按最早时间开始

C. 施工成本大的工作按最迟时间开始

D. 人工消耗量大的工作按最早时间开始

【解析】S形曲线包络在按最早开始时间开始和按最迟必须开始时间开始的曲线所组成的"香蕉图"内。各项工作都按最早时间安排，优点是能提高工程按期竣工的保证率，承包单位可以尽早获得工程款。

11.【2024年】施工单位按实施进度编制施工成本计划时，将施工进度网络计划中的所有工作均按最早开始时间和最早完成时间安排的优点是（　　）。
A. 可增加非关键工作的总时差
B. 可使积累工程量曲线更平缓
C. 可提高工程按期竣工保证率
D. 可使工程资源投入更均衡

【解析】对施工单位而言，施工进度网络计划中的所有工作均按最早开始时间开始、按最早完成时间完成，可以尽早获得工程进度款支付，同时也能提高工程按期竣工的保证率，但同时也会占用建设单位大量资金。

12. 关于施工企业实施性成本计划的说法，正确的是（　　）。
A. 以落实项目经理责任目标为出发点，根据企业施工定额编制
B. 在工程项目投标及签订合同阶段进行编制
C. 是选派项目经理时的预算成本计划
D. 以合同价为依据，是战略性成本计划的深化

【解析】实施性成本计划是指在工程项目施工准备阶段，以项目实施方案为依据，以落实项目经理责任目标为出发点，根据企业施工定额编制的施工成本计划。

【答案】1. B　2. BD　3. A　4. ABCD　5. B　6. A　7. C　8. BCD　9. D　10. B　11. C　12. A

第3节　施工成本控制

考点1　施工成本控制过程

程序	作用	内容
管理行为控制的过程	施工全过程控制的基础	（1）建立成本管理体系的评审组织和评审程序； （2）建立成本管理体系运行的评审组织和评审程序； （3）目标考核，定期检查；（每个岗位目标） （4）制定对策，纠正偏差
指标控制的过程	成本控制的重点	（1）确定成本管理分层次目标； （2）采集成本数据，监测成本形成过程； （3）找出偏差，分析原因； （4）制定对策、纠正偏差； （5）调整改进成本管理方法

1. 项目施工成本控制的过程主要包括（　　）。
A. 管理控制过程和评审控制过程
B. 管理行为控制过程和指标控制过程
C. 管理人员激励过程和指标控制过程
D. 管理行为控制过程和目标考核过程

【解析】成本控制的过程：管理行为控制过程、指标控制过程。

2.【2018 年】 项目成本指标控制的工作包括：①采集成本数据，监测成本形成过程；②制定对策，纠正偏差；③找出偏差，分析原因；④确定成本管理分层次目标。其正确的工作程序是（　　）。
A. ④→①→③→②
B. ①→②→③→④
C. ①→③→②→④
D. ②→④→③→①

【解析】项目成本的指标控制是利用目标动态控制原理。控制过程为：①确定成本管理分层次目标；②采集成本数据，监测成本形成过程；③找出偏差，分析原因；④制定对策，纠正偏差；⑤调整改进成本管理方法。

3. 关于建设工程项目成本控制的说法，错误的有（　　）。
A. 施工成本管理体系由社会有关组织进行评审和认证
B. 管理行为控制程序是进行成本过程控制的重点
C. 管理行为控制过程是为规范项目成本管理行为而制定的约束和激励体系
D. 管理行为控制程序和指标控制程序是相互独立的
E. 管理行为控制程序是项目施工成本结果控制的主要内容

【解析】选项 A，自身生存发展的需要，没有社会组织评审和认证。选项 B，行为是基础，指标是重点。选项 D，管理行为控制程序和指标控制程序相对独立又相互联系，既相互补充又相互制约。选项 E，管理行为控制程序是项目施工成本过程控制的主要内容。

【答案】1. B 2. A 3. ABDE

考点2 施工成本控制方法

人工费	方法：量价分离（人工消耗量、人工单价）	
材料费	量价分离，控制材料用量和材料价格	
	量的控制	定额控制：有消耗定额的材料，以消耗定额为依据，实行限额领料（分项工程、工程部位、单位工程）。
		指标控制：没有消耗定额的材料，实行计划管理和按指标控制，根据以往项目，制定领用指标，超的必须经过审批。
		计量控制：收发计量检查和投料计量检查。
		包干控制：部分小型及零星材料（钢钉、钢丝），折算成费用，由作业者包干使用
	价格控制	由采购部门控制。由买价、运杂费、运输中的合理损耗等组成。应用招标与询价方式控制材料、设备采购价格

1.【2023年】关于施工材料费控制的说法，正确的是（　　）。
A. 主要控制材料的采购价格　　　　B. 应由施工作业者包干控制
C. 应遵循"量价分离"原则　　　　　D. 主要是定额控制

【解析】施工成本过程控制方法包括人工费、材料费、施工机具使用费、施工分包费控制。其中人、材、机费用控制的原则：量价分离。分别控制人、材、机的消耗量和单价。

2.【2015年】某施工项目部根据以往项目的材料实际耗用情况，结合具体施工项目要求，制定领用材料标准控制发料。这种材料用量控制方法是（　　）。
A. 定额控制　　　　　　　　　　　B. 计量控制
C. 指标控制　　　　　　　　　　　D. 包干控制

【解析】根据"以往项目"制定领用材料标准，属于指标控制。

3.【2022年补】限额领料依据中，计算和调整非实体性消耗材料的基础是（　　）。
A. 准确的工程量　　　　　　　　　B. 预算定额
C. 施工组织设计　　　　　　　　　D. 发包人认可的变更洽商单

【解析】限额领料的依据：①准确的工程量，是计算限额领料量的基础。②施工组织设计，主要用于确定措施项目，所以是计算和调整非实体性消耗材料的基础。③施工过程中发包人认可的变更洽商单，变更会导致工程量变化，所以是调整限额量的依据。

4.【2020年】下列施工机械使用费控制措施中，属于控制台班数量的有（　　）。
A. 加强施工机械设备内部调配
B. 加强机械设备配件管理
C. 加强设备租赁计划管理
D. 提高机械设备利用率
E. 按油料消耗定额控制油料消耗

【解析】选项B、E属于控制台班单价的内容。本题结合工程经济教材中施工机械台班单价的组成分析，属于机械台班单价组成的人工费、燃料动力费、检修维护费，都属于台班单价控制的内容。

台班数量	加强内部调配，提高机械设备的利用率。 尽量避免停工、窝工，尽量减少施工中所消耗的机械台班数量。 核定设备台班定额产量，实行超产奖励办法，加快施工生产进度，提高机械设备单位时间的生产效率和利用率。 加强设备租赁计划管理，减少不必要的设备闲置和浪费
台班单价	加强现场设备的维修、保养工作，降低修理费。 加强机械操作人员的培训工作，提高技能和效率。 加强配件的管理，控制油料消耗。 降低材料成本，做好配件和材料采购计划。 成立设备管理领导小组，负责设备调度、检查、维修、评估等

5. 采用过程控制的方法控制施工成本时，控制的要点有（ ）。
  A. 人工费、材料费按量价分离原则进行控制
  B. 材料价格由项目经理负责控制
  C. 零星材料采用定额控制方法进行控制
  D. 合理安排施工生产，减少因安排不当引起的设备闲置
  E. 对分包费用的控制，重点是做好分包工程询价、验收和结算等工作
  【解析】选项 B 错误，正确的表述应为"材料价格主要由材料采购部门控制"。选项 C 错误，对部分小型及零星材料，采用包干控制。

6. 限额领料依据中，按工程施工图纸计算的正常施工条件下的数量，计算限额领料量的基础是（ ）。
  A. 准确的工程量   B. 预算定额
  C. 施工组织设计   D. 发包人认可的变更洽商单
  【解析】限额领料的依据：①准确的工程量，是计算限额领料量的基础；②施工组织设计，主要用于确定措施项目，所以是计算和调整非实体性消耗材料的基础；③施工过程中发包人认可的变更洽商单，变更会导致工程量变化，所以是调整限额量的依据。

  【答案】 1. C 2. C 3. C 4. ACD 5. ADE 6. A

考点3 挣值法

1.【2023 年】某工程中期检查时，已完工作预算费用 820 万元，计划工作预算费用为 800 万元，已完工作实际费用为 860 万元，则中期检查时，该工程费用绩效指标为（ ）。
  A. 1.025   B. 0.930   C. 1.075   D. 0.953
  【解析】费用绩效指数（CPI）= 已完工作预算费用/已完工作实际费用 = 820/860 = 0.953。

挣值法	计算公式	
三个基本参数	已完工作预算费用（BCWP）= ∑（已完成工作量×预算单价）	
	拟完工作预算费用（BCWS）= ∑（计划工作量×预算单价）	
	已完工作实际费用（ACWP）= ∑（已完成工作量×实际单价）	
四个评价指标	费用偏差（CV）= 已完工作预算费用-已完工作实际费用 = 已完工程量×（预算单价-实际单价）	绝对偏差，仅适合于对同一项目作偏差分析
	进度偏差（SV）= 已完工作预算费用-拟完工作预算费用 =（已完工程量-计划工程量）×预算单价	
	费用绩效指数（CPI）= $\dfrac{\text{已完工作预算费用（BCWP）}}{\text{已完工作实际费用（ACWP）}}$	相对偏差，可适用于同一项目和不同项目之间的偏差分析
	进度绩效指数（SPI）= $\dfrac{\text{已完工作预算费用（BCWP）}}{\text{拟完工作预算费用（BCWS）}}$	
总结：偏差>0，比值>1，节约资金、工期提前，有利于成本控制		

2.【2022年】 挣值法评价指标中，适用于不同项目之间偏差分析的有（   ）。

A. 费用偏差
B. 进度偏差
C. 综合绩效指数
D. 费用绩效指数
E. 进度绩效指数

【解析】费用绩效指数和进度绩效指数是相对偏差，可适用于同一项目和不同项目之间的偏差分析。

3.【2022年补】 某分项工程计划月末完成工程量为 $3200m^2$，计划单价为 15 元$/m^2$；月末实际完成工程量为 $2800m^2$，实际单价为 15.5 元$/m^2$，则该分项工程的费用偏差（CV）是（   ）元。

A. 600   B. -600   C. 1400   D. -1400

【解析】费用偏差（CV）=已完工作预算费用（BCWP）-已完工作实际费用（ACWP）= $2800×15-2800×15.5=42000-43400=-1400$ 元。

4. 某项目进行到第 6 个月时累计费用偏差为 -300 万元，费用绩效指数为 0.9，进度偏差为 200 万元，由此可以判断该项目的状态是（   ）。

A. 进度绩效指数大于1，进度提前
B. 进度绩效指数小于1，进度延迟
C. 第6个月费用超支，进度延误
D. 前6个月费用节约，进度提前

【解析】累计 CV=-300 万元<0，则前 6 个月费用超支。CPI=0.9<1，表示费用超支。SV=200 万元>0 表示进度提前，则 SPI>1。

5.【2018年】 混凝土工程的清单综合单价 1000 元$/m^3$，按月结算，进度数据见下表。按挣值法计算，3月末已完工作实际费用（ACWP）是 9790 千元。该工程 3月末参数或指标正确的有（   ）。

工作名称	计划工程量(m^3/月)	实际工程量(m^3/月)	工程进度(月)			
			1	2	3	4
工作A	4500	4500				
工作B	2500	2300				
工作C	1200	1250				

图例：■ 实际进度   ■ 计划进度

A. 已完工作预算费用（BCWP）是 9100 千元
B. 进度偏差（SV）是 -1600 千元
C. 费用绩效指数（CPI）是 0.85
D. 计划工作预算费用（BCWS）是 10700 千元
E. 费用偏差（CV）是 -690 千元

【解析】已完工作预算费用（BCWP）= $1000×(4500+2300×2)=9100$ 千元

计划工作预算费用（BCWS）= 1000×（4500+2500×2+1200）= 10700 千元

进度偏差（SV）= 已完工作预算费用－拟完工作预算费用 = 9100－10700 = －1600 千元

进度绩效指数（SPI）= 已完工作预算费用/拟完工作预算费用 = 0.85

费用偏差（CV）= 已完工作预算费用－已完工作实际费用 = －690 千元

费用绩效指数（CPI）= 已完工作预算费用/已完工作实际费用 = 0.93

6.【2024 年】 某工程开工后至第 4 月末，累计已完工程实际费用 300 万元，已完工程预算费用 350 万元，拟完工程预算费用 330 万元。则该工程第 4 月末实际进展和费用支出状况，正确的是（　　）。

A. 费用绩效指数为 0.86，实际费用超支

B. 进度偏差为 20 万元，实际进度拖后

C. 费用偏差为－50 万元，实际费用节约

D. 进度绩效指数为 1.06，实际进度超前

【解析】费用偏差 = 已完工程预算费用－已完工程实际费用 = 350－300 = 50 万元>0，表示费用节约。

费用绩效指数 = 已完工程预算费用/已完工程实际费用 = 350/300 = 1.17>1，表示费用节约。

进度偏差 = 已完工程预算费用－拟完工程预算费用 = 350－330 = 20 万元>0，表示进度提前。

进度绩效指数 = 已完工程预算费用/拟完工程预算费用 = 350/330 = 1.06>1，表示进度提前。

【答案】1. D　2. DE　3. D　4. A　5. ABDE　6. D

考点 4　成本偏差的表达方法

	特点
横道图法	能够形象、直观、准确地表达费用的绝对偏差，而且能直观地表明费用偏差的严重性，但这种方法反映的信息量少，一般在项目的较高管理层应用
表格法	直接在表格中进行费用偏差分析。由于各偏差参数都在表中列出，使得费用管理者能够综合了解并处理这些数据
曲线法	（1）可用已完工作预算费用（BCWP）、拟完工作预算费用（BCWS）、已完工作实际费用（ACWP）三个参数分别绘制出三条曲线。 （2）三条曲线靠得很近、平稳上升，表明施工项目按预定计划进行

1.【2016 年、2019 年、2023 年】 应用曲线法进行施工成本偏差分析时，已完工作实际成本曲线与已完工作预算成本曲线的竖向距离表示项目进展的（　　）。

A. 进度累计偏差　　　　　　　　　　B. 进度局部偏差

C. 费用累计偏差　　　　　　　　　　D. 费用局部偏差

【解析】已完工作实际成本曲线与已完工作预算成本曲线的竖向距离，表示费用偏差，因曲线法偏差都是累计值，所以选择选项 C。

2. 关于挣值法及相关评价指标的说法，正确的有（　　）。
A. 进度偏差为负值时，表示实际进度快于计划进度
B. 理想状态是已完工作实际费用、计划工程预算费用和已完成工作预算费用三条曲线靠得很近并平稳上升
C. 费用（进度）偏差适于同一项目和不同项目比较中采用
D. 采用挣值法可以克服进度、费用分开控制的缺点
E. 挣值法可定量判断进度、费用的执行效果

【解析】选项 A 错误，当进度偏差为负值时，说明进度滞后，实际进度慢于计划进度。选项 C 错误，费用和进度偏差只能适用于同一个项目的比较。

3. 关于成本偏差的表达方法，下列说法正确的是（　　）。
A. 横道图法能够形象、直观、准确地表达费用的相对偏差
B. 表格法反映的信息量少，一般在项目较高管理层应用
C. 曲线法可预测项目完工时的费用偏差
D. 曲线法可以反映局部进度和费用偏差

【解析】选项 A，"相对偏差"错误，应为"绝对偏差"。选项 B 错误，横道图法一般在项目的较高管理层应用。选项 D 错误，曲线法进行累计偏差分析。

【答案】1. C　2. BDE　3. C

考点5　施工成本纠偏措施

1.【2023年】下列成本管理的措施中，属于组织措施的有（　　）。
A. 进行技术经济分析，确定最佳的施工方案
B. 对成本管理目标进行风险分析，并制定防范性对策
C. 编制资金使用计划，确定成本管理目标
D. 编制成本管理工作计划
E. 确定合理详细的成本管理工作流程

【解析】选项 A 属于技术措施。选项 B、C 属于经济措施。
施工成本纠偏措施记忆技巧见下表。

措施分类	记忆关键词
组织措施	组织、人员、分工、责任、流程
技术措施	施工方案、施工组织设计、定机定料
经济措施	"钱"
合同措施	合同、索赔

2.【2022年】下列成本管理措施中，属于合同措施的是（　　）。
A. 编制科学合理的成本管理工作计划　　B. 在项目实施过程中寻找索赔机会

C. 对成本管理目标进行风险分析　　　　D. 对不同的技术方案进行比选

【解析】选项 A 属于组织措施。选项 C 属于经济措施。选项 D 属于技术措施。

3. 下列施工成本管理措施中，属于经济措施的是（　　）。
A. 编制合理的资金使用计划，节约资金成本
B. 选用满足功能要求且成本低的施工机械
C. 明确各级成本管理人员的任务和责任
D. 通过代用、使用外加剂等方法减少材料消耗量

【解析】选项 B、D 属于技术措施。选项 C 属于组织措施。

4.【2018 年】结合项目的施工组织设计及自然地理条件，降低材料的库存成本和运输成本，属于成本管理的（　　）措施。
A. 组织　　　　　B. 经济　　　　　C. 技术　　　　　D. 合同

【解析】题干中"降低材料的库存成本和运输成本"，是采取措施后的结果。采取的措施：结合项目的施工组织设计及自然地理条件，与施工组织设计有关的措施是技术措施。

【答案】1. DE　2. B　3. A　4. C

第 4 节　施工成本分析与管理绩效考核

考点 1　施工成本分析

1. 关于施工成本分析依据的说法，正确的是（　　）。
A. 统计核算可以用货币计算
B. 业务核算主要是价值核算
C. 统计核算的计量尺度比会计核算窄
D. 会计核算可以对尚未发生的经济活动进行核算

【解析】选项 B 错误，会计核算主要是价值核算。选项 C 错误，统计核算的计量尺度比会计核算宽。选项 D 错误，业务核算可对尚未发生的经济活动进行核算。

施工成本主要分析依据
- 会计核算
  - 1. 价值核算
  - 2. 计算尺度：货币
  - 3. 计量范围：已发生的经济活动
- 业务核算
  - 1. 计量范围：过去、现在、将来比会计、统计核算广
  - 2. 目的：迅速取得资料，以便在经济活动中及时采取措施进行调整
- 统计核算
  - 1. 统计数量、发现规律和发展趋势
  - 2. 计算尺度：货币、实物或劳动量
  - 3. 计量范围：已发生的经济活动

2. 关于工程成本会计核算、业务核算和统计核算区别和联系的说法，正确的是（　　）。
   A. 会计核算是对已发生的经济活动进行核算，而业务核算和统计核算还可对正在进行的经济活动进行核算
   B. 业务核算是价值核算，会计核算的范围比业务核算的范围更广
   C. 统计核算和会计核算必须用货币计量，业务核算可以用实物量或劳动量计量
   D. 统计核算是利用会计核算和业务核算的资料，把数据按统计方法加以系统管理，发现企业生产经营活动的规律

【解析】选项 A 错误，会计和统计核算一般是对已经发生的经济活动进行核算。选项 B 错误，会计核算主要是价值核算，业务核算的范围比会计、统计核算要广。选项 C 错误，会计核算的计量尺度是货币，统计核算的计量尺度比会计宽，可以用货币计算，也可以用实物或劳动量计量。

3. 【2022 年】成本分析的步骤包括：①收集成本信息；②选择成本分析方法；③进行成本数据处理；④分析成本形成原因；⑤确定成本结果。正确的编制程序是（　　）。
   A. ①→②→④→③→⑤
   B. ①→②→⑤→③→④
   C. ②→①→③→④→⑤
   D. ②→①→④→⑤→③

【解析】成本分析的步骤：选择分析方法→收集信息→进行数据处理→分析形成原因→确定结果。

4. 【2014 年、2016 年、2023 年】下列施工成本分析方法中，最适用于分析各种因素对成本影响程度的是（　　）。
   A. 相关比率法
   B. 比重分析法
   C. 动态比率法
   D. 连环置换法

【解析】施工成本分析的基本方法如下图所示。

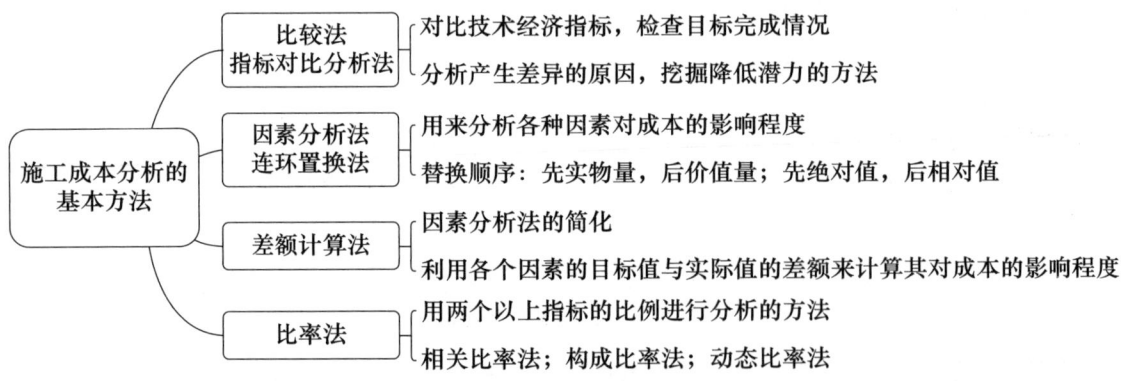

5. 【2022 年补】在施工项目成本因素分析法中，应遵循的影响因素排序规则是（　　）。
   A. 先价值量，后实物量；先绝对值，后相对值
   B. 先实物量，后价值量；先相对值，后绝对值

C. 先价值量，后实物量；先相对值，后绝对值
D. 先实物量，后价值量；先绝对值，后相对值

【解析】因素分析法应遵循的影响因素排序规则是：先实物量，后价值量；先绝对值，后相对值。

6.【2018年】某单位产品1月份成本相关的参数见下表，用因素分析法计算，单位产品人工消耗量变动对成本的影响是（　　）元。

项目	单位	计划值	实际值
产品产量	件	180	200
单位产品人工消耗量	工日/件	12	11
人工单价	元/工日	100	110

A. -20000　　　　　　　　　　　B. -18000
C. -19800　　　　　　　　　　　D. -22000

【解析】本题采用因素分析法，连环置换的顺序见下表。

顺序	连环替代计算	差异（元）	因素分析
目标数	① 180×12×100		
第一次替代	② 200×12×100	②-①=24000	由于产量增加20件，成本增加24000元
第二次替代	③ 200×11×100	③-②=-20000	由于单位产品人工消耗量减少1工日，成本降低20000元
第三次替代	④ 200×11×110	④-③=22000	由于人工单价提高10元，成本增加22000元

7.【2015年、2023年】某项目施工成本数据见下表，根据差额计算法，成本降低率提高对成本降低额的影响程度为（　　）万元。

项目	单位	计划	实际
成本	万元	220	240
成本降低率	%	3	3.5
成本降低额	万元	6.6	8.4

A. 0.6　　　　B. 1.8　　　　C. 1.1　　　　D. 1.2

【解析】此题计算的是成本降低率的提高对降低额的影响。降低率是绝对值，其替换时，计划成本已经替换为实际成本，所以应该用降低率差额乘以实际的成本来计算。本题的计算公式为：(3.5%-3%)×240=1.2，答案选D。

8. 通过计算材料成本及其占总成本的比重以判定材料成本的合理性，该成本分析方法是（　　）。

    A. 相关比率法　　　　　　　　　　B. 指标对比分析法
    C. 动态比率法　　　　　　　　　　D. 构成比率法

【解析】本题考查的是比率法，如下图所示。

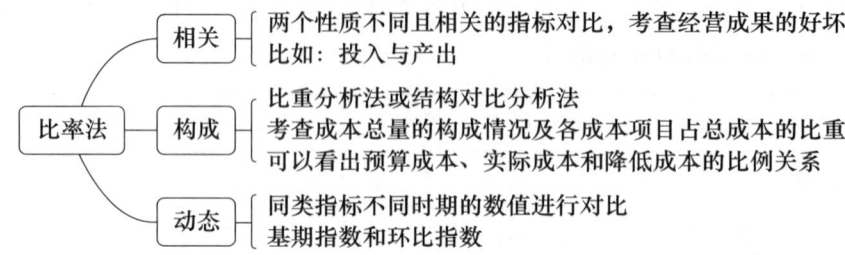

9. 施工项目成本分析时，可用于分析某项成本指标发展速度的方法是（　　）。

    A. 构成比率法　　　B. 环比指数法　　　C. 因素分析法　　　D. 差额计算法

【解析】动态比率法是将同类指标不同时期的数值进行对比，求出比率，以分析该项指标的发展方向和发展速度。动态比率的计算，通常采用基期指数和环比指数两种方法。

10.【2016年、2019年、2022年补】在进行月（季）度成本分析时，如果存在"政策性"亏损，则应（　　）。

    A. 增加收入，弥补亏损　　　　　　B. 降低标准，防止再超支
    C. 暂停生产，等待政策调整　　　　D. 控制支出，压缩超支额

【解析】如果是属于规定的"政策性"亏损，则应从控制支出着手，把超支额压缩到最低限度。

11.【2021年】施工项目年度成本分析的内容，除了月（季）度成本分析的六个方面以外，重点是（　　）。

    A. 针对下一年度施工进展情况，制定切实可行的成本管理措施
    B. 通过对技术组织措施执行效果的分析，寻求更加有效的节约途径
    C. 通过实际成本与计划成本的对比，分析成本降低水平
    D. 通过实际成本与目标成本的对比，分析目标成本控制措施落实情况

【解析】年度成本分析重点是针对下一年度的施工进展情况制定切实可行的成本管理措施，以保证施工项目成本目标的实现。

12.【2021年】下列施工项目综合成本的分析方法中，可以全面了解单位工程的成本构成和降低成本来源的是（　　）。

    A. 分部分项工程成本分析　　　　　B. 月（季）度成本分析
    C. 竣工成本的综合分析　　　　　　D. 年度成本分析

【解析】通过竣工成本的综合分析，可以全面了解单位工程的成本构成和降低成本的来源，对今后同类工程的成本管理提供参考。

13. 【2016 年、2021 年】关于分部分项工程成本分析，下列说法正确的有（　　）。
    A. 分部分项成本分析是施工项目成本分析的基础
    B. 必须对施工项目所有的分部分项进行成本分析
    C. 分部分项成本分析的方法是进行实际成本与目标成本比较
    D. 分部分项成本分析的对象为已完成分部分项工程
    E. 对主要的分部分项工程要做到从开工到竣工进行系统的成本分析
【解析】选项 B 错误，由于施工项目包括很多分部分项工程，无法也没有必要对每一个分部分项工程都进行成本分析。选项 C 错误，分部分项工程成本分析的方法是：进行预算成本、目标成本和实际成本的"三算"对比。

14. 【2022 年补】工程项目施工成本分析的基本方法包括（　　）。
    A. 比较法   B. 因素分析法
    C. 比率法   D. 专项成本分析法
    E. 分部分项工程成本分析法
【解析】成本分析的基本方法包括比较法、因素分析法、差额计算法、比率法等。
【记忆口诀】比因比差

15. 【2020 年】下列成本分析工作中，属于综合成本分析的有（　　）。
    A. 年度成本分析   B. 月度成本分析
    C. 工期成本分析   D. 分部分项工程成本分析
    E. 资金成本分析
【解析】综合成本的分析方法包括：分部分项工程成本分析，月（季）度成本分析，年度成本分析，竣工成本的综合分析。
【记忆口诀】竣工分年月

16. 成本项目的分析中，材料费分析包括（　　）。
    A. 竣工成本分析   B. 周转材料使用费分析
    C. 材料储备资金分析   D. 辅助材料使用费分析
    E. 采购保管费分析
【解析】成本项目的分析内容：人工费、材料费、施工机具使用费、管理费。其中材料费分析包括主要材料费、周转材料费、材料的采购保管费和材料储备资金分析。选项 D 错误，材料费只分析用量大的主材，不分析用量少的辅助材料。

17. 关于施工项目材料费分析的说法，正确的是（　　）。
    A. 运距长短对于材料费没有直接影响
    B. 材料费分析中不应考虑材料的保管费

C. 材料单价、材料储备天数和日平均用量均影响储备资金占用量
D. 租赁周转材料的时间越长，租赁费支出越少

【解析】选项 A 错误，运距长短会影响材料费中的运输成本。选项 B 错误，需要考虑保管费。选项 D 错误，租赁周期越长，租赁费支出越多。材料的储备资金是根据日平均用量、材料单价和储备天数计算的。上述任何一个因素变动，都会影响储备资金的占用。

18. 【2024 年】砖基础工程施工成本的主要影响因素由工程量、砖消耗量和价格构成。上述三个影响因素的计划值分别为 500m³、529 块/m³、0.26 元/块，实际值分别为 510m³、530 块/m³ 和 0.25 元/块。采用因素分析法进行成本分析时，按上述影响因素顺序第二次替代与第一次替代的差额是（　　）元。

A. -2703　　　　B. 132.6　　　　C. -1195　　　　D. 1375.4

【解析】第一次替代：510×529×0.26＝70145.4 元
第二次替代：510×530×0.26＝70278 元
差额：70278－70145.4＝132.6 元

19. 关于分部分项工程成本分析的说法，正确的有（　　）。
A. 以年度成本报表为依据，分析累计成本降低水平
B. 进行"三算"对比，计算实际偏差和目标偏差，分析偏差产生原因
C. 分析采用的实际成本来自施工任务单的实际工程量和实耗量
D. 通过主要分部分项工程成本的系统分析可基本了解项目成本形成全过程
E. 分析采用的预算成本来自施工预算，目标成本来自投标报价

【解析】选项 A 错误，年度成本分析依据年度成本报表。选项 E 错误，预算成本来自投标报价，目标成本来自施工预算。综合成本的分析方法见下表。

分部分项工程成本分析	(1) 分析已完的分部分项工程，成本分析的基础。 (2) "三算"对比：已完工作的预算成本（来自投标报价成本）、目标成本（来自施工预算）、实际成本（来自施工任务单的实际工程量、实耗人工、实耗材料）。 (3) 分别计算实际偏差和目标偏差，分析偏差产生的原因，为今后的分部分项工程成本寻求节约的途径。 (4) 对于主要的分部分项工程必须进行成本分析，而且要做到从开工到竣工进行系统的成本分析
月（季）度成本分析	(1) 通过对各成本项目的成本分析，可以了解成本总量的构成比例和成本管理的薄弱环节。 (2) 如果属于"政策性"亏损，则应从控制支出着手，把超支额压缩到最低限度
年度成本分析	(1) 企业成本要求一年结算一次，不得将本年度成本转入下一年度。 (2) 依据年度成本报表，重点是针对下一年度的施工进展情况制定切实可行的成本管理措施，以保证施工项目成本目标的实现
竣工成本的综合分析	以各单位工程竣工成本分析的资料为基础，再加上项目管理层的经营效益进行综合分析。包括三个方面：①竣工成本分析；②主要资源节超对比分析；③主要技术节约措施及经济效果分析

20. 单位工程竣工成本分析的内容包括（　　）。
A. 专项成本分析
B. 竣工成本分析
C. 成本总量构成比例分析
D. 主要资源节超对比分析
E. 主要技术节约措施及经济效果分析

【解析】单位工程竣工成本分析包括三个方面：①竣工成本分析；②主要资源节超对比分析；③主要技术节约措施及经济效果分析。

【答案】 1. A　2. D　3. C　4. D　5. D　6. A　7. D　8. D　9. B　10. D　11. A　12. C　13. ADE　14. ABC　15. ABD　16. BCE　17. C　18. B　19. BCD　20. BDE

考点 2　施工成本管理绩效考核

1. 施工企业对项目管理机构可控责任成本的考核可用的指标有（　　）。
A. 施工计划成本实际降低额
B. 施工责任目标成本实际降低额
C. 施工计划成本实际降低率
D. 项目经理责任目标总成本降低额
E. 项目施工成本降低额

【解析】选项 E 属于企业对项目施工成本的考核。施工成本绩效考核的内容如下图所示。

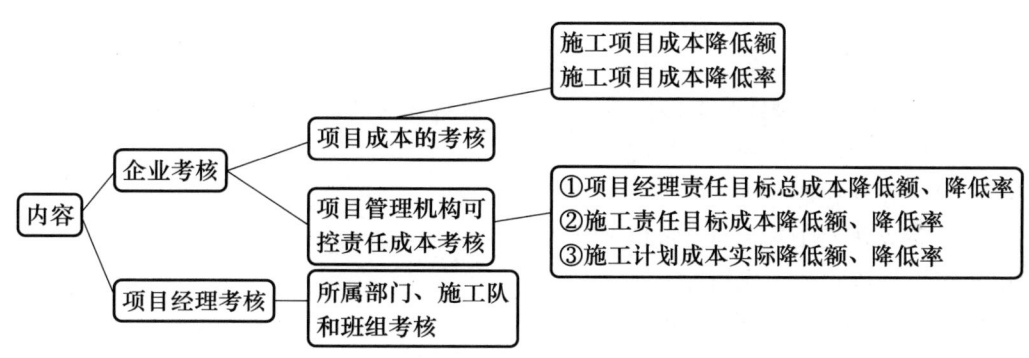

2. 企业对项目成本考核的指标有（　　）。
A. 项目施工成本降低额
B. 施工责任目标成本实际降低额
C. 施工计划成本实际降低率
D. 项目经理责任目标总成本降低额
E. 项目施工成本降低率

【解析】选项 B、C、D 属于企业对项目管理机构可控责任成本的考核。

3. 施工成本管理绩效考核的方法有（　　）。
A. 关键绩效指标
B. 360°反馈法

C. 因素分析法　　　　　　　　　D. PDCA 管理循环法
E. 平衡积分卡

【解析】施工成本管理绩效考核方法见下表。

方法	适用
关键绩效指标	适用于需要定量化考核且考核周期短的企业
360°反馈法	适用于需要定性化考核的企业，要求企业具有良好的团队文化，完善的考核指标体系
PDCA 管理循环法	适用于需要周期性考核的企业，要求企业有良好的团队工作精神和健全的成本管理流程
平衡积分卡	适用于需要定量化考核且考核周期长的企业，要求企业具有明确的成本管理目标，健全的成本管理流程
目标管理法	适用于需要定量化考核的企业，要有明确的成本管理目标、多部门的组织结构等

4. （　　）适用于需要定量化考核且考核周期长的企业，要求企业具有明确的成本管理目标，健全的成本管理流程。

A. 360°反馈法　　　　　　　　　B. 关键绩效指标
C. PDCA 管理循环法　　　　　　 D. 平衡积分卡

【解析】平衡积分卡适用于需要定量化考核且考核周期长的企业，所以选择选项 D。选项 A 适用于需要定性化考核的企业。选项 B 适用于需要定量化考核且考核周期短的企业。选项 C 适用于需要周期性考核的企业。

5. 下列施工成本管理绩效考核内容中，属于项目部对各班组考核内容的是（　　）。

A. 岗位成本管理责任的执行情况
B. 班组任务单的管理情况
C. 班组完成施工任务后的考核情况
D. 班组责任成本的完成情况

【解析】项目经理对所属各部门、各施工队和各班组的考核见下表。

各部门	本部门、本岗位责任成本的完成情况； 本部门、本岗位成本管理责任的执行情况
各施工队	对专业作业合同规定的承包范围和承包内容的执行情况； 专业作业合同以外的补充收费情况； 对班组施工任务单的管理情况； 班组完成施工任务后的考核情况
各班组	以分部分项工程成本作为班组的责任成本，以施工任务单和限额领料单的结算资料为依据，与施工预算进行对比，考核班组责任成本完成情况

第6章 建设工程成本管理

6.【2024年】 进行施工成本管理绩效考核时,从企业层面考核项目施工成本降低额的正确计算公式是（　　）。

A. 项目计划总成本-项目实际施工成本
B. 项目施工合同成本-项目实际施工成本
C. 施工计划总成本-工程竣工结算成本
D. 施工责任目标成本-工程竣工结算成本

【解析】企业的项目成本考核指标:
项目成本降低额=项目施工合同成本-项目实际施工成本
项目成本降低率=项目施工成本降低额/项目施工合同成本×100%

7. 若施工企业具有明确的成本管理目标,健全的成本管理流程,完备的成本控制体系,以及较强的数据收集和分析能力,可以实现对成本定量化考核且考核周期较短。则该企业适宜采用的成本管理绩效考核方法是（　　）。

A. 全视角反馈法　　　　　　　　B. PDCA管理循环法
C. 关键绩效指标法　　　　　　　D. 目标管理法

【解析】根据已知条件关键词"定量化、周期短",应选择选项C。

8.【2024年】 采用PDCA循环法进行施工成本管理绩效考核的不足有（　　）。

A. 不适合需要周期性考核的企业
B. 投入成本高
C. 会抑制各部门之间的协同合作
D. 难以持续提高管理成效
E. 过于强调计划性

【解析】施工成本管理绩效考核方法的优缺点见下表。

	优点	缺点
关键绩效指标	明确管理焦点,提高管理成效,提高考核客观性	指标难界定且缺乏弹性,使用范围有限,实施困难
360°反馈法	提高考核准确性,促进个体发展,增强部门合作	考核时间和成本高,考核标准不明确,存在负面影响
PDCA管理循环法	提高管理绩效,增强部门协作	投入成本高,过于强调计划性
平衡积分卡	提高考核准确性,提高管理效率,促进长期发展,激发个体积极性	实施难度大且缺乏弹性,实施周期长
目标管理法	提高管理成效,提高考核客观性,考核成本较低,激发个体积极性,增强部门协作	目标设定难度大且协调成本高,缺乏过程管理

9. 采用关键绩效指标法考核施工成本管理绩效的优点有（   ）。

A. 实施容易　　　　　　　　　　B. 适用范围广

C. 明确管理焦点　　　　　　　　D. 提高管理成效

E. 提高考核客观性

【解析】关键绩效指标法的优点：明确管理焦点，提高管理成效，提高考核客观性。

缺点：指标难界定且缺乏弹性，使用范围有限，实施困难。

10. 采用平衡积分卡法考核施工成本管理绩效的优点有（   ）。

A. 能够提高考核准确性　　　　　B. 能够实现短期灵活考核

C. 能够提高管理效率　　　　　　D. 能够促进长期发展

E. 能够激发个体积极性

【解析】平衡积分卡的优点如下：①提高考核准确性；②提高管理效率；③促进长期发展；④激发个体积极性。

11. 采用 360°反馈法考核施工成本管理绩效的优点有（   ）。

A. 不存在负面影响　　　　　　　B. 考核成本低

C. 提高考核准确性　　　　　　　D. 促进个体发展

E. 增强部门协作

【解析】360°反馈法的优点：提高考核准确性，促进个体发展，增强部门合作。

缺点：考核时间和成本高，考核标准不明确，存在负面影响。

【答案】1. ABCD　2. AE　3. ABDE　4. D　5. D　6. B　7. C　8. BE　9. CDE　10. ACDE　11. CDE

第 7 章
建设工程施工安全管理

本章考点

建设工程施工安全管理
- 施工安全管理基本理论
  - 1. 施工生产危险源及其控制
  - 2. 安全事故致因理论
- 施工安全管理体系及基本制度
  - 1. 施工安全管理体系
  - 2. 施工安全管理基本制度
- 专项施工方案及施工安全技术管理
  - 1. 专项施工方案编制与报审
  - 2. 施工安全技术措施及安全技术交底
- 施工安全事故应急预案和调查处理
  - 1. 施工安全事故隐患处置
  - 2. 施工安全事故应急预案
  - 3. 施工安全事故等级和应急救援
  - 4. 施工安全事故报告和调查处理

第 1 节 施工安全管理基本理论

考点 1 施工生产危险源及其控制

◆ 危险源辨识与风险评价方法

安全检查表法	是指用检查表方式将一系列检查项目列出进行分析
预先危险性分析	又称初始危险分析,是指在每项生产活动之前,特别是在设计的开始阶段,对识别和评价对象存在的危险类别、出现条件、事故后果等进行概略分析
危险与可操作性分析	该方法主要用于生产工艺流程分析,可借鉴用于施工生产危险源辨识和评价

事故树分析法	从一个可能的事故开始，自上而下、层层地寻找顶事件的直接原因事件和间接原因事件，直到基本原因事件
LEC 评价法	侧重于风险评价，该方法用与风险有关的三种因素指标值的乘积来评价操作人员伤亡风险的大小。 三种因素：事故发生的可能性 L、人员暴露于危险环境的频繁程度 E、一旦发生事故可能造成的后果 C

1. 下列施工现场危险源中，属于第一类危险源的是（　　）。

A. 工人焊接操作不规范

B. 油漆存放没有相应的防护措施

C. 现场存放的炸药

D. 焊接设备缺乏维护保养

【解析】　第一类危险源是各种能量或危险物质。选项 A、B、D 属于第二类危险源。

第一类危险源（本身）	第二类危险源（外在）
施工现场或生产过程中存在的各种能量或危险物质	导致能量或危险物质约束或限制措施破坏或失效，以及防护措施缺乏或失效因素
（1）能量源：变电站、锅炉、起重机械、高度差较大的场所、压力容器、带电导体、炸药/化学物质储存空间、行驶中的车辆、作业中的施工机具等。 （2）危险物质：一氧化碳、氮气、炸药、氯气、苯等	（1）物的不安全状态：物的缺陷或堆放不当。 （2）人的不安全行为：违规操作、注意力不集中。 （3）环境不良：湿度、温度、照明、作业空间等。 （4）管理缺陷：采购管理不当、维修管理不当等
决定事故后果的严重程度	决定事故发生的可能性

2. 下列施工现场的危险源中，属于第二类危险源的有（　　）。

A. 手代替工具操作

B. 作业中的施工机具

C. 高度差较大的场所

D. 维修管理不当导致安全装置失效

E. 安全交底不清晰导致的违章指挥

【解析】　第二类危险源：物的不安全状态，人的不安全行为，环境不良，管理缺陷。选项 B、C 属于第一类危险源。

3. 下列风险控制方法中，属于第一类危险源控制方法的是（　　）。

A. 建立健全危险源管理规章制度　　B. 限制能量和隔离危险物质

C. 加强危险源的日常管理、定期检查　　D. 加强员工的安全意识教育

【解析】　选项 A、C、D 属于第二类危险源控制的方法。

	第一类危险源	第二类危险源
记忆关键词	消除、约束、限制、隔离、防护等	建立制度、加强教育、开展检查等

4. 下列风险控制方法中，属于第二类危险源控制方法的有（　　）。

A. 建立健全危险源管理规章制度　　B. 限制能量和隔离危险物质

C. 加强危险源的日常管理、定期检查　　D. 加强员工的安全意识教育

E. 消除能量源

【解析】选项 B、E 属于第一类危险源控制的方法。

5. 依据事故类型的统计，（　　）属于建筑施工生产常见的危险源。

A. 高处坠落　　B. 物体打击

C. 坍塌倾覆　　D. 机械伤害

E. 爆炸

【解析】建筑施工生产常见的危险源：①高处坠落；②物体打击；③坍塌倾覆；④机械伤害；⑤触电与火灾事故。

6. 下列危险源中，属于物体打击事故危险源的是（　　）。

A. 未按规范设置水平防护和立面防护　　B. 土方施工未按规定放坡和支护

C. 进入施工现场未戴安全帽　　D. 高处作业面层工具放置不当

E. 大型机械设备基础不坚固引发倾覆

【解析】选项 A 属于高处坠落事故危险源。选项 B 属于坍塌倾覆事故危险源。选项 E 属于机械伤害事故危险源。

7. （　　）主要用于生产工艺流程分析，可借鉴用于施工生产危险源辨识和评价。

A. 安全检查表法　　B. 预先危险性分析

C. 危险与可操作性分析　　D. 事故树分析法

【解析】本题考查的是危险源辨识与风险评价方法。危险与可操作性分析主要用于生产工艺流程分析，可借鉴用于施工生产中，所以选择选项 C。选项 A 利用安全检查表进行危险源辨识。选项 C 根据关键词"预先"可判断该方法适用于生产活动之前。选项 D 根据一个"事故"来分析。

8. （　　）侧重于风险评价，该方法用与风险有关的三种因素指标值的乘积来评价操作人员伤亡风险的大小。

A. 安全检查表法　　B. 预先危险性分析

C. LEC 评价法　　D. 事故树分析法

【解析】LEC 评价法：侧重于风险评价，该方法用与风险有关的三种因素指标值的乘积来评价操作人员伤亡风险的大小。

9. 危险源辨识与风险评价的主要方法有（　　）。

A. 平衡积分卡
B. 预先危险性分析
C. 事故树分析法
D. 关键绩效指标
E. LEC 评价法

【解析】选项 A、D 属于施工成本管理绩效考核的方法。

10. 辨识危险源时，从一个可能的事故开始，自上而下，层层地寻找顶事件的直接原因事件和间接原因事件，直至基本原因事件，并用逻辑图表达事件之间的逻辑关系。这种分析方法是（　　）。

A. LEC 评价法
B. 预先危险性分析法
C. 事故树分析法
D. 安全检查表法

【解析】根据题干的"事故开始"，应选择选项 C。

11.【2024 年】 施工生产危险源可分为第一类危险源和第二类危险源。下列危险源中，属于第二类危险源的是（　　）。

A. 施工用炸药储存室
B. 行驶中的车辆
C. 违规操作设备
D. 可燃烧危险物质

【解析】选项 C 是人的不安全行为，属于第二类危险源。选项 A、B、D 都是第一类危险源。

12. LEC 评价法侧重于风险评价，该方法用与风险有关的三种因素指标值的乘积来评价操作人员伤亡风险的大小。其中 L 表示（　　）。

A. 人员暴露于危险环境中的频繁程度
B. 事故发生的可能性
C. 一旦发生事故可能造成的后果
D. 危险性

【解析】三种因素：事故发生的可能性 L、人员暴露于危险环境的频繁程度 E、一旦发生事故可能造成的后果 C。给三种因素的不同等级分别确定不同的分值，再以三个分值的乘积 D（Danger，危险性）来评价作业条件危险性的大小。

【答案】1. C　2. ADE　3. B　4. ACD　5. ABCD　6. CD　7. C　8. C　9. BCE　10. C　11. C　12. B

考点2　安全事故致因理论

事故频发倾向理论	事故的发生主要是由于人的因素引起的
事故因果连锁论	海因里希事故因果连锁理论提出了人的不安全行为和物的不安全状态是导致事故的直接原因这一论断。人的不安全行为在事故发生中占绝对地位
能量意外释放理论	事故是一种不正常的或不希望的能量释放，意外释放的各种形式的能量是构成伤害的直接原因

第7章 建设工程施工安全管理

续表

轨迹交叉理论	人的因素运动轨迹和物的因素运动轨迹交叉才会导致事故的发生，交叉的时间和地点就是发生伤亡事故的时间和空间
系统理论	把人、机械、环境作为一个整体（系统）看待，从中发现事故的致因，揭示出预防事故的途径

1. 事故频发倾向理论将安全事故归因为（　　）的因素。

A. 人　　　　　　　　　　　　　　B. 物
C. 管理　　　　　　　　　　　　　D. 环境

【解析】事故频发倾向理论将安全事故归因为人的因素。

2. 某机械厂认为优秀的人员选择是预防事故的重要措施，该厂通过严格的生理、心理检验，从众多的求职人员中选择身体、智力、性格特征及动作特征等方面优秀的人才就业。该厂做法符合事故致因理论中的（　　）。

A. 能量意外释放理论
B. 事故频发倾向理论
C. 系统安全理论
D. 轨迹交叉理论

【解析】事故频发倾向理论：事故频发倾向者的存在是事故发生的主要原因。

3. 某公司组织对供水系统进行安全检查，检查人员甲固执己见未听劝阻，在未佩戴防护用品条件下进入阀门井，下井后即晕倒在该井中，最终造成窒息死亡。事故调查发现，该公司未制定有限空间作业制度，阀门井在进行检查前已被污水污染，含有毒气体。下列有关该事故的说法中，符合轨迹交叉理论观点的是（　　）。

A. 违反安全规定和阀门井存在有毒气体共同作用导致事故发生
B. 阀门井受污染产生有毒气体是导致事故发生的主要原因
C. 检查人员甲性格偏执、不遵守规定是导致事故发生的根本原因
D. 该公司的有限空间作业制度缺失是导致事故发生的直接原因

【解析】轨迹交叉理论则基于人的不安全行为和物的不安全状况共同作用进行事故致因分析。

4. （　　）理论，把人、机械、环境作为一个整体看待，研究人、机械、环境之间的相互作用、反馈和调整机理，从中发现事故的致因，揭示出预防事故的途径。

A. 事故因果连锁　　　　　　　　　B. 事故频发倾向
C. 系统　　　　　　　　　　　　　D. 能量意外释放

【解析】系统理论，把人、机械、环境作为一个整体看待，研究人、机械、环境之间的相互作用、反馈和调整机理，从中发现事故的致因，揭示出预防事故的途径。

5.【2024 年】 海因里希提出的事故因果连锁过程包括 5 个因素：①伤害；②事故；③遗传及社会环境；④人的缺点；⑤人的不安全行为或物的不安全状态。上述因素之间正确的连锁关系是（   ）。

A. ①→②→③→④→⑤
B. ③→④→⑤→②→①
C. ③→④→①→②→⑤
D. ⑤→③→①→④→②

【解析】 本题考查的是事故因果连锁理论。5 个因素及其连锁关系是：遗传及社会环境→人的缺点→人的不安全行为或物的不安全状态→事故→伤害。

6. 下述对于事故致因理论描述有误的是（   ）。

A. 根据海因里希的事故因果连锁理论，大多数工业伤害事故由人的不安全行为引起
B. 根据能量意外释放理论，事故是不希望的能量意外释放的结果
C. 根据事故频发倾向理论，只要企业中没有事故频发倾向者就不会有事故
D. 根据轨迹交叉理论，人的因素运动轨迹和物的因素运动轨迹交叉才会导致事故的发生

【解析】 选项 A 错误，海因里希事故因果连锁论提出了人的不安全行为和物的不安全状态是导致事故的直接原因这一论断。人的不安全行为在事故发生中占绝对地位。

7. 在安全事故致因理论的事故因果连锁论中，（   ）是最重要因素。

A. 人的不安全行为或物的不安全状态
B. 个人原因及与工作有关的原因
C. 安全管理
D. 社会环境

【解析】 事故因果连锁中一个最重要的因素是安全管理，企业完全靠技术上的改进来预防事故是不现实的，需要完善的安全管理工作，进行生产过程的有效控制，才能防止事故的发生。安全管理欠缺会导致事故基本原因出现。选项 A 属于直接原因，选项 B 属于基本原因。

8. 根据能量意外释放理论，能量逆流于人体造成的伤害分为两类，其中第一类伤害是指（   ）。

A. 由于施加了局部或全身性损伤阈值的能量引起的伤害，如物体打击伤害等
B. 由于影响了局部或全身性能量交换引起的伤害，如中毒伤害等
C. 由于能量超过人体的损伤临界值导致局部或全身性的伤害，如冻伤等
D. 由于接触的能量不能被屏蔽导致的局部或全身性的伤害，如触电伤害等

【解析】 能量意外释放理论，将伤害分为两类：

第一类伤害是由于对人体施加了局部或全身性损伤阈值的能量引起的（人体接触了超过其抵抗力的某种形式的过量的能量）。

第二类伤害是由于影响了人体局部或全身性能量交换引起的（人体与周围环境的正常能量交换受到了干扰），主要指中毒窒息和冻伤。

9.【2024年】根据轨迹交叉理论造成安全事故的直接原因有（   ）。

A. 社会环境条件差
B. 物的不安全状态
C. 组织不健全
D. 管理制度不完善
E. 人的不安全行为

【解析】轨迹交叉理论的原因分析见下表。

基本原因	社会因素
间接原因	管理因素
直接原因	人的不安全行为、物的不安全状态

【答案】 1. A 2. B 3. A 4. C 5. B 6. A 7. C 8. A 9. BE

第 2 节　施工安全管理体系及基本制度

考点 1　施工安全管理体系

1. 施工单位建立的施工安全管理体系的内容包括（   ）。

A. 施工安全生产方针和目标　　　　B. 文化保证体系
C. 制度保证体系　　　　　　　　　D. 组织保证体系
E. 要素保证体系

【解析】施工安全管理体系的内容包括：（1）施工安全生产方针和目标；（2）组织保证体系；（3）文化保证体系；（4）制度保证体系；（5）工作保证体系；（6）信息保证体系。

2. 根据《施工企业安全生产管理规范》GB 50656—2011，施工单位建设工程项目的安全生产第一责任人是（   ）。

A. 主要负责人　　　　　　　　　　B. 法定代表人
C. 项目经理　　　　　　　　　　　D. 专职安全生产员

【解析】项目经理应为工程项目安全生产第一责任人。

3. 施工安全工作保障体系的内容是（   ）。

A. 施工安全生产目标
B. 项目部应配备项目管理人员，划分工作岗位和职责
C. 建立健全安全生产责任体系
D. 工程项目施工前，编制施工组织设计

【解析】选项 A 与工作保证体系是并行关系。选项 B、C 属于组织保证体系。

工作保证体系	(1) 施工企业：加强日常安全管理，项目部应接受企业的安全生产管理。 (2) 项目部：接受监督检查，按要求落实发现的问题。 (3) 项目部实施施工现场安全生产管理。 (4) 施工前，编制施工组织设计。 (5) 项目部定期上报现场安全生产信息，企业应全面掌握项目的安全生产状况

4. 本质安全的理念是（ ）。

A. 减小事故发生的概率　　　　　　B. 减轻事故后果的严重性
C. 从工艺源头上永久消除风险　　　D. 加强人的安全意识

【解析】本质安全的理念是从工艺源头上永久地消除风险。

5. 促进工程项目物的本质安全的主要控制措施有（ ）。

A. 实施合理的施工组织设计
B. 开展预先危险性分析
C. 落实安全风险分级管控和隐患排查治理双重预防机制
D. 严把设备、设施使用前的验收
E. 合理布局施工现场平面

【解析】本质安全化控制措施包括人的本质安全控制措施、物的本质安全控制措施、系统的安全可靠性控制措施。选项 A、E 属于系统的安全可靠性控制措施。

6. 本质安全属于安全管理范畴，应当遵循安全管理 3E 原则实施安全管理，促进本质安全化。3E 是指（ ）。

A. 工程技术　　　　　　　　　　B. 工程环境
C. 教育培训　　　　　　　　　　D. 强制管理
E. 工程设备

【解析】3E 原则：工程技术（Engineering）；教育培训（Education）；强制管理（Enforcement）。

【答案】1. ABCD　2. C　3. D　4. C　5. BCD　6. ACD

考点2　施工安全管理基本制度

1. 施工企业最基本的安全管理制度是（ ）。

A. 全员安全生产责任制度　　　　B. 安全生产检查制度
C. 安全生产许可证制度　　　　　D. 安全生产教育培训制度

【解析】全员安全生产责任制度是企业所有安全生产管理制度的核心，最基本的安全管理制度。

2. 施工企业安全生产责任制度应当覆盖的范围是（　　）。
A. 纵向从最高管理者到专职安全生产管理人员，横向涵盖各职能部门
B. 纵向从最高管理者到专职安全生产管理人员，横向涵盖各项目负责人
C. 纵向从最高管理者到班组长和岗位人员，横向涵盖各职能部门
D. 纵向从最高管理者到班组长和岗位人员，横向涵盖各项目负责人

【解析】纵向是各级人员的安全生产责任制，即从最高管理者覆盖到各操作岗位人员。横向方面是各个职能部门。

3.《企业安全生产费用提取和使用管理办法》中，建设单位应当在合同中单独约定并于工程开工日一个月内向承包单位支付至少（　　）企业安全生产费用。
A. 30%   B. 40%
C. 50%   D. 60%

【解析】《企业安全生产费用提取和使用管理办法》规定建设单位应当在合同中单独约定并于工程开工日起一个月内向承包单位支付至少50%企业安全生产费用。

4.【2016年】根据《安全生产许可条例》，施工企业安全生产许可证（　　）。
A. 有效期为2年
B. 有效期届满时经同意可以不再审查
C. 要求企业获得职业健康安全管理体系认证
D. 应在有效期届满后3个月内办理延期手续

【解析】根据《安全生产许可条例》，企业安全生产许可证有效期为3年。有效期满需要延期的，企业应当于期满前3个月向原安全生产许可证颁发管理机关办理延期手续。在有效期内，企业严格遵守有关安全生产的法律法规，未发生死亡事故的，经原安全生产许可证颁发管理机关同意，不再审查，安全生产许可证有效期延期3年。

5. 某建筑公司员工甲在工作中发生轻伤，休工一年半后又回到原工作岗位继续工作。依据《生产经营单位安全培训》规定，在复岗前甲需要接受（　　）安全教育培训。
A. 企业级、项目部级、班组级   B. 项目部级、班组级
C. 企业级、项目部级   D. 班组级

【解析】安全生产教育培训制度。培训对象：本单位全体从业人员及劳务派遣人员、实习学生。

企业主要负责人和安全生产管理人员	初次培训时间：不得少于32学时。 再培训时间：不得少于12学时/年
从业人员上岗	三级培训：企业、施工项目部、班组。 企业新上岗的从业人员，岗前安全培训时间不得少于24学时。 从业人员在本单位内调整工作岗位或离岗一年以上重新上岗时，应重新接受项目部和班组级的安全培训

6. 关于安全生产教育培训制度，下列说法正确的是（　　）。

A. 企业安全生产教育培训的对象为本单位全体从业人员及劳务派遣人员，不包括实习学生

B. 企业新上岗的从业人员，岗前安全培训时间不得少于 48 学时

C. 从业人员在本单位内调整工作岗位或离岗一年以上重新上岗时，应重新接受企业和项目部的安全培训

D. 企业采用新工艺、新技术、新材料或者使用新设备时，应对有关从业人员重新进行有针对性的安全培训

【解析】选项 A 错误，包括实习学生。选项 B 错误，应为 24 学时。选项 C 错误，应重新接受项目部和班组级的安全培训。

7. 根据《建设工程安全生产管理条例》，施工单位的（　　）应当经住房城乡建设行政主管部门或者其他有关部门考核合格后方可任职。

A. 项目技术人员　　　　　　　　　　B. 主要负责人

C. 项目负责人　　　　　　　　　　　D. 专职安全生产管理人员

E. 消防安全责任人

【解析】施工单位主要负责人、项目负责人、专职安全生产管理人员应经住房城乡建设行政主管部门或者其他有关部门考核合格后方可任职。

8. 关于特种作业人员应具备条件的说法，正确的是（　　）。

A. 具有初中及以上文化程度　　　　　B. 必须为男性

C. 连续从事特种工作 10 年以上　　　D. 年满 16 周岁且不超过国家法定退休年龄

【解析】根据相关规定，特种作业人员的相关要求见下表。

特种作业人员	依据《建设工程安全生产管理条例》，特种作业人员包括：施工单位垂直运输机械作业人员、安装拆卸工、爆破作业人员、起重信号工、登高架设作业人员等。 必须经专门的安全作业培训并考核合格，取得《中华人民共和国特种作业操作证书》后，方可上岗作业
特种作业人员应具备的条件	（1）年满 18 周岁以上，且不超过国家法定退休年龄。 （2）体检健康合格。 （3）具有初中及以上文化程度。 （4）具备必要的安全技术知识与技能。 （5）相应特种作业规定的其他条件
对特种作业人员的安全教育	（1）应当接受相应的安全技术理论培训和实际操作培训。 （2）证书每 3 年复审 1 次。有效期内，连续从事本工种 10 年以上且遵法，发证机关同意，复审延长每 6 年 1 次。 （3）需复审的，期满前 60 日内提出申请。 （4）特种作业操作证申请复审或者延期复审前，特种作业人员应参加必要的安全培训并考试合格。安全培训时间不少于 8 个学时，主要培训法律、法规、标准、事故案例和有关新工艺、新技术、新装备等知识

第 7 章
建设工程施工安全管理

9. 根据《特种作业人员安全技术培训考核管理规定》，对首次取得特种作业操作证书的人员，其证书的复审周期为（ ）年一次。
A. 1 B. 6 C. 3 D. 10

【解析】特种作业操作证书每3年复审1次。有效期内，连续从事本工种10年以上且遵法，发证机关同意，复审延长每6年1次。

10. 根据《建筑施工特种作业人员管理规定》，下列建设工程活动中，属于特种作业人员的有（ ）。
A. 建筑起重信号司索工
B. 高处作业吊篮安装拆卸工
C. 卫生洁具安装作业
D. 建筑电工
E. 建筑外墙抹灰作业

【解析】根据《建筑施工特种作业人员管理规定》，特种作业人员包括：建筑电工、建筑架子工、建筑起重信号司索工、建筑起重机械司机、建筑起重机械安装拆卸工、高处作业吊篮安装拆卸工和经省级以上人民政府住房和城乡建设主管部门认定的其他特种作业人员等。

11. 项目的（ ）应不定期地抽查班组班前安全活动记录，看是否有漏记，对记录质量状况进行检查。
A. 项目经理
B. 专职安全生产管理员
C. 各职能部门管理人员
D. 项目技术负责人

【解析】项目的专职安全生产管理员应不定期地抽查班组班前安全活动记录，看是否有漏记，对记录质量状况进行检查。

12. （ ）办理安全监督手续时，应如实申报拟建工程的重大危险源，并提交对拟建工程重大危险源的安全管理、监控和应急预案。
A. 施工单位
B. 建设单位
C. 设计单位
D. 监理单位

【解析】建设单位办理安全监督手续时，应如实申报拟建工程的重大危险源，并提交对拟建工程重大危险源的安全管理、监控和应急预案。

13. 关于劳动保护用品使用管理制度，下列说法正确的是（ ）。
A. 为保障施工作业人员安全与健康，建设单位必须为作业人员免费提供劳动保护用品
B. 劳动保护用品必须以实物形式发放，也可以以货币或其他物品替代
C. 施工单位应建立相应的管理台账，管理台账保存期限不得少于1年，以保证劳动保护用品的质量具有可追溯性
D. 企业应加强对施工作业人员劳动保护用品使用情况的检查，并对施工作业人员劳动保护用品的质量和正确使用负责

【解析】为保障施工作业人员安全与健康，施工单位必须为作业人员提供劳动保护用

品。劳动保护用品必须以实物形式发放，不得以货币或其他物品替代。选项 A 错误，施工单位提供。选项 B 错误，不得以货币或其他物品替代。选项 C 错误，管理台账保存期限不得少于 2 年。

14.【2024 年】根据《安全生产法》，建筑企业应构建（　　）双重预防机制。
A. 安全风险辨识排查和分级管控
B. 安全风险分级管控和隐患排查治理
C. 安全意识教育和隐患排查治理
D. 安全意识教育和安全风险辨识排查

【解析】企业应根据《安全生产法》要求，构建安全风险分级管控和隐患排查治理双重预防机制，建立安全风险分级管控制度，按照安全风险分级采取相应的管控措施。

15.【2024 年】特种作业操作证的复审时间可以延长的基本条件是持有该证的特种作业人员在证书有效期内，连续从事本工种工作（　　）年以上。
A. 3　　　　　　　B. 5　　　　　　　C. 10　　　　　　　D. 6

【解析】特种作业人员在特种作业操作证有效期内，连续从事本工种 10 年以上，严格遵守有关安全生产法律法规的，经原考核发证机关或者从业所在地考核发证机关同意，特种作业操作证的复审时间可以延长至每 6 年 1 次。

16. 施工企业针对安全生产和特殊季节安全防范的需要，可以适时召开（　　）。
A. 安全生产专题会　　　　　　　B. 安全生产事故分析会
C. 安全生产技术交底会　　　　　D. 安全生产现场会

【解析】本题考查的是安全生产会议制度。

不定期召开安全生产会议	安全生产技术交底会：对重大安全生产保障措施进行安全生产技术交底。
	安全生产专题会：针对安全生产和特殊季节安全防范的需要。
	安全生产事故分析会：教育事故单位，警示其他单位。
	安全生产现场会：达到树立典型、推动后进，共同提高安全生产管理工作水平

17. 某建筑施工企业根据《企业安全生产费用提取和使用管理办法》有关规定，针对安全生产费用提取和使用管理拟制定内部规章制度，下列关于该企业安全生产费用使用范围正确的有（　　）。
A. 开展重大危险源和事故隐患评估、监控和整改支出
B. 安全设施及特种设备检测检验支出
C. 安全生产宣传、教育、培训支出
D. 新建项目安全评价的支出
E. "三同时"要求初期投入的安全设施

【解析】建设工程施工企业安全生产费用包含内容较多，采用排除法记忆。不包含：①"三同时"要求初期投入的安全设施；②不含新建、改建、扩建项目安全评价。

【答案】1. A 2. C 3. C 4. B 5. B 6. D 7. BCD 8. A 9. C 10. ABD 11. B 12. B 13. D 14. B 15. C 16. A 17. ABC

第3节 专项施工方案及施工安全技术管理

考点1 专项施工方案编制与报审

1. 根据《建设工程安全生产管理条例》，对达到一定规模的危险性较大的分部分项工程，正确的安全管理做法有（　　）。

A. 所有专项施工方案均应组织专家进行论证、审查

B. 施工单位应当编制专项施工方案，并附具安全验算结果

C. 专项施工方案由专职安全生产管理人员进行现场监督

D. 专项施工方案经现场工程师签字后即可实施

E. 专项施工方案应由企业法定代表人审批

【解析】选项 A 错误，并不是所有的专项施工方案都组织专家进行论证、审查。选项 D、E 错误，专项施工方案经施工单位技术负责人、总监理工程师签字后实施。根据《建设工程安全生产管理条例》，专项施工方案编制与报批见下表。

以下达到一定规模的危险性较大的分部分项工程： （1）基坑支护与降水工程。 （2）土方开挖工程。 （3）模板工程。 （4）起重吊装工程。 （5）脚手架工程。 （6）拆除、爆破工程。 （7）其他危险性较大的工程	（1）施工单位应编制专项施工方案，并附具安全验算结果，经施工单位技术负责人、总监理工程师签字后实施，由专职安全生产管理人员进行现场监督。 （2）涉及深基坑、地下暗挖工程、高大模板工程的，施工单位还应当组织专家进行论证、审查

2.【2020年、2022年】 根据《建设工程安全生产管理条例》，施工单位应当组织专家进行专项施工方案论证的有（　　）。

A. 深基坑工程　　　　　　　　B. 脚手架工程

C. 地下暗挖工程　　　　　　　D. 拆除爆破工程

E. 高大模板工程

【解析】深基坑工程、地下暗挖工程、高大模板工程的专项施工方案，施工单位应当组织专家进行论证、审查。

【记忆口诀】挖大坑

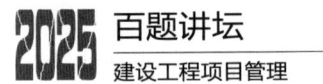

3. 根据《建设工程安全生产管理条例》，对达到一定规模的危险性较大的分部分项工程，施工单位应编制专项施工方案的是（　　）。

A. 场地平整工程　　　　　　　　B. 土方开挖工程
C. 砌体工程　　　　　　　　　　D. 抹灰工程

【解析】本题考查的知识点是专项施工方案的编制，需要编制专项施工方案的工程参见第 1 题的表格。

4. 超过一定规模的危险性较大的分部分项工程专项施工方案经专家论证后结论为"修改后通过"的，施工单位正确的做法是（　　）。

A. 参考专家意见自行修改完善
B. 修改后应按照规定的要求重新组织专家论证
C. 应按照专家意见进行修改，修改情况应及时告知专家
D. 重新编制专项施工方案并组织专家论证

【解析】专家论证的结论有"通过、修改后通过、不通过"三种，施工单位的做法见下表。

通过	施工单位可参考专家意见自行修改完善
修改后通过	专家意见要明确具体修改内容，施工单位应按照专家意见进行修改，修改情况应及时告知专家
不通过	施工单位修改后应按照规定的要求重新组织专家论证

5.【2024 年】在建设工程专项施工方案审批环节，需要签字盖章的有（　　）。

A. 施工单位技术负责人签字
B. 施工单位公章
C. 总监理工程师签字
D. 总监理工程师执业印章
E. 施工单位法定代表人签字

【解析】专项施工方案应由施工单位技术负责人审核签字、加盖单位公章，并由总监理工程师审查签字、加盖执业印章后方可实施。

【答案】1. BC　2. ACE　3. B　4. C　5. ABCD

考点 2　施工安全技术措施及安全技术交底

1. 根据《建筑施工高处作业安全技术规范》JGJ 80—2016，坠落高度基准面 2m 及以上进行临边作业时，应在临空一侧设置（　　），并应采用密目式安全网或工具式栏杆封闭。

A. 防护栏杆　　　　　　　　　　B. 安全提示围栏
C. 安全警示牌　　　　　　　　　D. 安全网

【解析】防高处坠落的安全技术措施：

（1）临边作业。坠落高度基准面2m及以上进行临边作业时，应在临空一侧设置防护栏杆，并应采用密目式安全立网或工具式栏板封闭。

（2）洞口作业。①当竖向洞口短边边长<500mm时，应采取封堵措施；②当竖向洞口短边边长≥500mm时，应在临空一侧设置高度不小于1.2m的防护栏杆，并应采用密目式安全立网或工具式栏板封闭，设置挡脚板。

2. 根据《建筑施工高处作业安全技术规范》JGJ 80—2016规定，使用单梯时梯面应与水平面成75°夹角，踏步不得缺失，梯格间距宜为（　　），不得垫高使用。

A. 100mm　　　　B. 200mm　　　　C. 300mm　　　　D. 400mm

【解析】攀登作业防坠落措施：

（1）当采用梯子攀爬作业时，踏面荷载不应大于1.1kN。

（2）同一梯子上不得两人同时作业。脚手架操作层上严禁架设梯子作业。

（3）使用单梯时梯面应与水平面成75°夹角，踏步不得缺失，梯格间距宜为300mm，不得垫高使用。

（4）使用固定式直梯攀登作业时，当攀登高度超3m时，宜加设护笼；当攀登高度超8m时，应设置梯间平台。

（5）深基坑施工应设置扶梯、入坑踏步及专用载人设备或斜道等设施。采用斜道时，应加设间距不大于400m的防滑条等防滑措施。作业人员严禁沿坑壁、支撑或乘运土工具上下。

3. 根据《建筑施工高处作业安全技术规范》JGJ 80—2016规定，使用固定式直梯攀登作业时，当攀登高度超过（　　）m时，宜加设护笼；当攀登高度超过（　　）m时，应设置梯间平台。

A. 3；5　　　　B. 5；5　　　　C. 5；8　　　　D. 3；8

【解析】使用固定式直梯攀登作业时，当攀登高度超3m时，宜加设护笼；当攀登高度超8m时，应设置梯间平台。

4. 施工现场内临时消防车道与在建工程的距离不宜小于（　　）m。

A. 3　　　　B. 4　　　　C. 5　　　　D. 10

【解析】施工现场内应设置临时消防车道，临时消防车道与在建工程、临时用房、可燃材料堆场及其加工厂的距离，不宜小于5m，且不宜大于40m。

5. 各类施工机械距基坑（槽）、边坡和基础桩孔边的距离应根据设备重量、基坑（槽）、边坡和基础桩的支护、土质情况确定，并不得小于（　　）m。

A. 5　　　　B. 10　　　　C. 15　　　　D. 30

【解析】保证临边堆码及施工作业安全距离：各类施工机械距基坑（槽）、边坡和基础桩孔边的距离，应根据设备重量、基坑（槽）、边坡和基础桩的支护、土质情况确定，并不得小于15m。

6. 当防护栏杆高度大于1.2m时，应增设横杆，横杆间距不应大于600mm；防护栏杆立杆间距不应大于（　　）m；挡脚板高度不应小于180mm。

A. 2.5　　　　　B. 2.1　　　　　C. 2　　　　　D. 1.5

【解析】临边作业防护栏杆应由横杆、立杆及挡脚板组成，防护栏杆应符合下列规定：

（1）防护栏杆应为两道横杆，上杆距地面高度应为1.2m，下杆应在上杆和挡脚板中间设置。

（2）当防护栏杆高度大于1.2m时，应增设横杆，横杆间距不应大于600mm。

（3）防护栏杆立杆间距不应大于2m。

（4）挡脚板高度不应小于180mm。

（5）防护栏杆立杆底端应固定牢固。

7. 安全防护棚应采用双层保护方式，当采用脚手片时，层间距为（　　）mm，铺设方向应互相垂直。

A. 250　　　　　B. 300　　　　　C. 500　　　　　D. 600

【解析】安全防护棚应采用双层保护方式，当采用脚手片时，层间距为600mm，铺设方向应互相垂直。

8. 当立网用于龙门架、物料提升架及井架的封闭防护时，四周边绳应与支撑架贴紧，边绳的断裂张力不得小于（　　）kN，系绳应绑在支撑架上，间距不得大于（　　）mm。

A. 2，450　　　　B. 2，750　　　　C. 3，450　　　　D. 3，750

【解析】安全网搭设要求：(1) 密目式安全立网搭设时，每个开眼环扣应穿入系绳，系绳应绑扎在支撑架上，间距不得大于450mm。相邻密目网间应紧密结合或重叠。(2) 当立网用于龙门架、物料提升架及井架的封闭防护时，四周边绳应与支撑架贴紧，边绳的断裂张力不得小于3kN，系绳应绑在支撑架上，间距不得大于750mm。

9. 根据《建筑施工高处作业安全技术规范》JGJ 80—2016，关于施工安全技术措施，下列说法正确的有（　　）。

A. 当竖向洞口短边边长小于500mm时，应在临空一侧设置高度不小于1.2m的防护栏杆

B. 当采用梯子攀爬作业时，踏面荷载不应大于1.1kN

C. 脚手架操作层上严禁架设梯子作业

D. 交叉作业时，下层作业位置应处于上层作业的坠落半径之内

E. 施工现场出入口的设置应满足消防车通行的要求，并宜布置在不同方向，其数量不宜少于2个

【解析】选项A错误，当竖向洞口短边边长<500mm时，应采取封堵措施；当垂直洞口短边边长≥500mm时，应在临空一侧设置高度不小于1.2m的防护栏杆，并应采用密目式安

全立网或工具式栏板封闭，设置挡脚板。选项 D 错误，交叉作业时，下层作业位置应处于上层作业的坠落半径之外。

10. 易燃易爆危险品库房与在建工程的防火间距不应小于（　　）m。
A. 5　　　　　　　B. 10　　　　　　　C. 15　　　　　　　D. 6

【解析】防火间距应符合：易燃易爆危险品库房与在建工程的防火间距不应小于15m，可燃材料堆场及其加工厂、固定动火作业场与在建工程的防火间距不应小于10m，其他临时用房、临时设施与在建工程的防火间距不应小于6m。

11. 临边作业防护栏杆应由横杆、立杆及挡脚板组成，防护栏杆应符合（　　）规定。
A. 防护栏杆应为两道横杆，上杆距地面高度应为1.5m，下杆应在上杆和挡脚板中间设置
B. 当防护栏杆高度大于1.2m时，应增设横杆，横杆间距不应大于500mm
C. 防护栏杆的立杆间距不应大于2m
D. 挡脚板高度不应小于200mm

【解析】临边作业防护栏杆应由横杆、立杆及挡脚板组成，防护栏杆应符合下列规定：
（1）防护栏杆应为两道横杆，上杆距地面高度应为1.2m，下杆应在上杆和挡脚板中间设置。
（2）当防护栏杆高度大于1.2m时，应增设横杆，横杆间距不应大于600mm。
（3）防护栏杆立杆间距不应大于2m。
（4）挡脚板高度不应小于180mm。
（5）防护栏杆立杆底端应固定牢固。

12. 关于操作平台的安全防范措施，不正确的是（　　）。
A. 操作平台的临边应设置防护栏杆
B. 操作平台使用中应每月不少于2次定期检查
C. 应在操作平台明显位置设置标明允许负载值的限载牌及限定允许的作业人数
D. 操作平台应由专人进行日常维护工作

【解析】选项 B 错误，操作平台使用中应每月不少于1次定期检查。

13. 关于防触电技术措施，下列说法正确的有（　　）。
A. 现场用电必须使用便桥标准闸箱
B. 采用保护接地，可以完全保证人身安全
C. 辅助安全用具可以单独使用
D. 工作接零与保护接地不允许混接
E. 在整改过程中，可安排1人作业

【解析】选项 B 错误，采用保护接地，仅能减轻触电的危险程度，但不能完全保证人身安全。选项 C 错误，辅助安全用具必须与基本安全用具一起使用。选项 E 错误，在整改过程中，必须两人进行，一人操作，一人监护。

14. 进出建筑物主体通道口应搭设防护棚，进深尺寸应符合高处作业安全防护范围。当坠落物高度为 5~15m 时，坠落半径为（　　）m。

A. 1 B. 2 C. 3 D. 4

【解析】进出建筑物主体通道口应搭设防护棚。棚宽大于道口，两端各长出 1m，进深尺寸应符合高处作业安全防护范围。坠落半径（R）分别为：当坠落物高度为 2~5m 时，R 为 3m；当坠落物高度为 5~15m 时，R 为 4m；当坠落物高度为 15~30m 时，R 为 5m；当坠落物高度大于 30m 时，R 为 6m。

15. 对于超过一定规模的危险性较大分部分项工程，必须先由施工单位（　　）向项目技术负责人交底。

A. 项目经理　　　　　　　　B. 技术负责人
C. 法定代表人　　　　　　　D. 专职安全生产员

【解析】本题考查施工安全技术交底。施工技术交底，由项目技术负责人向施工员、班组长、分包单位技术负责人交底，再由班组长向操作工人交底；对于超过一定规模的危险性较大分部分项工程，必须先由施工单位技术负责人向项目技术负责人交底。

16.【2023 年】建设工程施工安全技术交底的主要内容包括（　　）。

A. 本工程项目的施工作业特点和危险点
B. 作业过程中应注意的安全事项
C. 针对危险点的具体预防措施
D. 事故报告的程序与基本要求
E. 发生事故后应采取的避难和急救措施

【解析】依据施工现场安全管理制度，施工单位安全技术交底的内容和要求见下表。

安全技术交底的内容	施工安全技术交底要求
（1）工程项目和分部分项工程的概况。 （2）本施工项目的施工作业特点和危险点。 （3）针对危险点的具体预防措施。 （4）作业中应遵守的安全操作规程及应注意的安全事项。 （5）作业人员发现事故隐患应采取的措施。 （6）发生事故后及时采取的避难和急救措施。 【总结】特点危险点、注意事项和安全规程、措施避难急救	（1）施工项目部必须实行逐级安全技术交底制度，纵向延伸到班组全体作业人员。 （2）应将工程概况、施工方法、施工程序、安全技术措施等向施工员、班组长进行详细交底，应将安全技术措施、安全操作规程、防护用品用具使用等向操作人员进行详细交底。 （3）技术交底的内容应针对分部分项工程施工中给作业人员带来的潜在危险因素和存在问题。 （4）应优先采用新的安全技术措施。 （5）应定期向由两个以上作业班组和/或多工种进行交叉施工的作业班组进行书面交底。 （6）应保存书面安全技术交底签字记录并归档

17. 关于施工项目安全技术交底的说法，正确的有（　　）。

A. 施工项目部必须实行逐级安全技术交底

B. 交底内容应针对潜在危险因素和存在问题

C. 应优先采用新的安全技术措施

D. 定期向多工种交叉施工的作业队做口头技术交底

E. 应保存书面安全技术交底签字记录并归档

【解析】选项 D 错误，应是书面交底。

18. 关于防高处坠落安全技术措施的说法，正确的是（　　）。

A. 悬空作业（安装拆除模板、吊装等），施工人员必须站在操作平台上作业并系好安全带

B. 在坠落高度基准面 2m 进行临边作业时，应在临空一侧设置防护栏杆，但不必用密目式安全立网或工具式栏板封闭

C. 当垂直洞口短边边长大于或等于 800mm 时，应在临空一侧设置高度不小于 900m 的防护栏杆，并采用密目式安全立网或工具式栏板封闭

D. 非竖向洞口短边边长大于等于 1000mm 时，应在洞口作业侧设置高度不小于 900mm 的防护栏杆，并采用安全平网封闭

【解析】选项 B 错误，并应采用密目式安全立网或工具式栏板封闭。选项 C 错误，当垂直洞口短边边长大于或等于 500mm 时，应在临空一侧设置高度不小于 1.2m 的防护栏杆，并应采用密目式安全立网或工具式栏板封闭。选项 D 错误，当非竖向洞口短边边长为 500～1500mm 时，应采用盖板覆盖或防护栏杆等措施，并应固定牢固；当非竖向洞口短边边长大于或等于 1500mm 时，应在洞口作业侧设置高度不小于 1.2m 的防护栏杆，洞口应采用安全平网封闭。

19.【2024 年】关于施工现场防触电技术措施的说法，正确的是（　　）。

A. 保护接地是指将电气设备的金属外壳或构架等与电网的零线连接

B. 保护接零是指将电气设备的金属外壳或构架等与接地体连接

C. 现场移动式灯具距地面高度应不小于 2m

D. 工作接地是指将电力系统中的某一点直接或经特殊设备与地作金属连接

【解析】选项 A、B 错误，保护接地是为了防止电气设备绝缘损坏时人体遭受触电危险，而在电气设备的金属外壳或构架等与接地体之间所作的良好的连接。保护接零是将电气设备的金属外壳与电网的零线相连接。选项 C 错误，现场移动式灯具采用便桥防水灯具，设备外皮做好保护接地，灯具距地面高度不小于 3m。

【答案】1. A　2. C　3. D　4. C　5. C　6. C　7. D　8. D　9. BCE　10. C　11. C　12. B　13. AD　14. D　15. B　16. ABCE　17. ABCE　18. A　19. D

第 4 节　施工安全事故应急预案和调查处理

考点 1　施工安全事故隐患处置

1. 依据《企业职工伤亡事故分类》GB 6441—1986，安全风险等级划分为较大风险，用（　　）表示。

　　A. 红色　　　　　B. 蓝色　　　　　C. 黄色　　　　　D. 橙色

【解析】《企业职工伤亡事故分类》GB 6441—1986，安全风险等级的划分及颜色：重大风险为红色；较大风险为橙色；一般风险为黄色；低风险为蓝色。

2.（　　）应填写清单、汇总造册，按照职责范围报告属地负有安全生产监督管理职责部门。

　　A. 特大安全风险

　　B. 重大安全风险

　　C. 重大安全风险、较大安全风险

　　D. 特大安全风险、重大安全风险、较大安全风险

【解析】重大安全风险应填写清单、汇总造册，按照职责范围报告属地负有安全生产监督管理职责的部门。

3. 施工企业应根据风险等级实施差异化管理，进行分级管控。风险管控分为（　　）级别。

　　A. 多级　　　　　B. 五级　　　　　C. 四级　　　　　D. 三级

【解析】风险管控分为四级：企业、项目部、施工班组、作业人员，并遵循风险等级越高、管控层级越高的原则。

4. 施工企业根据风险评估结果，针对安全风险特点，（　　）是从组织方面对安全风险的有效管控。

　　A. 制定现场处置方案

　　B. 成立安全管理组织机构

　　C. 对设备设施进行技术检测

　　D. 在机械设备上安装有效的防护设置

【解析】从组织、制度、技术和应急四个方面有效管控安全风险。选项 A 属于应急方面。选项 C 属于制度方面。选项 D 属于技术方面。

组织	成立安全管理组织机构，落实全员安全生产责任；日常工作重点是培训教育措施和组织成员个体防护措施

续表

制度	制定全员安全生产责任制和安全生产管理制度、安全技术操作规程、重大危险源监控管理制度，编制专项施工方案、组织专家论证、开展安全技术交底，对安全生产过程进行监控、安全检查，对设备设施进行技术检测以及实施安全奖惩
技术	重点是作业、设备设施本身固有的控制措施，包括直接安全技术措施、间接安全技术措施、指示性安全技术措施等
应急	风险监控、预警、应急预案制定、现场处置方案制定、应急物资准备及应急演练

5. 施工企业根据风险评估结果，针对安全风险特点，（　　）是从制度方面对安全风险的有效管控。

A. 应急演练

B. 对设备设施进行技术检测以及实施安全奖惩

C. 编制专项施工方案、组织专家论证

D. 落实全员安全生产责任制

E. 设计机器时，考虑消除机器本身的不安全因素

【解析】 选项 A 属于应急方面。选项 D 属于组织方面。选项 E 属于技术方面。

6. （　　）对本单位事故隐患排查治理工作全面负责。

A. 企业主要负责人　　　　　　　　B. 企业法定代表人

C. 企业技术负责人　　　　　　　　D. 企业安全管理负责人

【解析】 施工企业应建立安全事故隐患治理体系。企业主要负责人对本单位事故隐患排查治理工作全面负责。

7. 安全事故隐患治理"五落实"包括（　　）。

A. 落实隐患排查治理责任　　　　　B. 落实隐患排查治理目的

C. 落实隐患排查治理措施　　　　　D. 落实隐患排查治理预案

E. 落实隐患排查治理资金

【解析】 安全事故隐患治理"五落实"：(1) 落实隐患排查治理责任；(2) 落实隐患排查治理措施；(3) 落实隐患排查治理资金；(4) 落实隐患排查治理时限；(5) 落实隐患排查治理预案。

8. 施工单位排查发现的重大事故隐患，应当向负有安全生产监督管理职责的部门报告，制定并实施严格的隐患治理方案。隐患治理方案的内容包括（　　）。

A. 隐患的现状及其产生的原因

B. 负责治理的机构和人员

C. 隐患的危害程度和整改难易程度分析

D. 治理的目标和任务

E. 治理的时限和要求

【解析】选项 A、C 属于重大隐患报告的内容。

依据《安全生产事故隐患排查治理暂行规定》，重大事故隐患报告及重大事故隐患治理方案见下表。

重大事故隐患报告	重大事故隐患治理方案
（1）隐患的现状及其产生原因。 （2）隐患的危害程度和整改难易程度分析。 （3）隐患的治理方案	（1）治理的目标和任务。 （2）采取的方法和措施。 （3）经费和物资的落实。 （4）负责治理的机构和人员。 （5）治理的时限和要求。 （6）安全措施和应急预案

【答案】1. D 2. B 3. C 4. B 5. BC 6. A 7. ACDE 8. BDE

考点 2　施工安全事故应急预案

1. 施工企业生产安全事故应急预案体系由（　　）构成。
A. 综合应急预案、单项应急预案、重点应急预案
B. 企业应急预案、项目应急预案、人员应急预案
C. 企业应急预案、职能部门应急预案、项目应急预案
D. 综合应急预案、专项应急预案、现场处置方案
【解析】应急预案的分类：综合应急预案、专项应急预案、现场处置方案。

2. 根据应急预案体系的构成，防止重大危险源发生生产安全事故而编制的应急预案属于（　　）。
A. 专项应急预案　　　　　　　　B. 专项施工方案
C. 现场处置方案　　　　　　　　D. 危大工程预案
【解析】依据《生产安全事故应急预案管理办法》及相关规定，应急预案的分类见下表。

综合应急预案	企业为应对各种生产安全事故而制定的综合性工作方案，是本单位应对生产安全事故的总体工作程序、措施和应急预案体系的总纲
专项应急预案	企业为应对某一种或者多种类型生产安全事故，或者针对重要生产设施、重大危险源、重大活动防止生产安全事故而制定的专项性工作方案
现场处置方案	企业根据不同生产安全事故类型，针对具体场所、装置或者设施所制定的应急处置措施

提示：① 专项应急预案与综合应急预案中的应急组织机构、应急响应程序相近时，可不编写专项应急预案。
② 事故风险单一、危险性小的企业，可只编制现场处置方案

第 7 章 建设工程施工安全管理

3. 关于生产安全事故应急预案的说法，正确的是（   ）。
A. 施工单位应急预案应由施工单位主要负责人签署公布
B. 建筑施工单位应至少每年组织一次生产安全事故应急预案演练
C. 事故风险单一、危险性小的企业，可只编制专项应急预案
D. 施工单位应急预案的评审人员应具备正高级职称

【解析】建筑施工单位应至少每半年组织一次生产安全事故应急预案演练。事故风险单一、危险性小的企业，可只编制现场处置方案。参加应急预案评审的人员可包括有关安全生产及应急管理方面的、有现场处置经验的专家。

4. 某生产经营单位事故风险单一、危险性小的企业，编写应急预案的正确做法是（   ）。
A. 可以合并编写综合应急预案和专项应急预案
B. 可只编写现场处置方案
C. 只编写专项应急预案
D. 只编写综合应急预案

【解析】事故风险单一、危险性小的企业，可只编制现场处置方案。

5. 建筑施工企业应当（   ）进行一次应急预案评估。
A. 每年   B. 每两年   C. 每三年   D. 每五年

【解析】建筑施工企业应当每三年进行一次应急预案评估。

6. 关于生产安全事故应急预案的说法，正确的有（   ）。
A. 参加应急预案评审的人员可包括有关安全生产及应急管理方面的、有现场处置经验的专家
B. 专项应急预案是指企业根据不同生产安全事故类型，针对具体场所、装置或者设施所制定的应急处置措施
C. 企业应在应急预案公布之日起 30 个工作日内，按照分级属地原则，向县级以上人民政府应急管理部门和其他负有安全生产监督管理职责的部门进行备案
D. 专项应急预案与综合应急预案中的应急组织机构、应急响应程序相近时，可不编写专项应急预案
E. 企业风险种类多、可能发生多种类型事故的，应当组织编制综合应急预案

【解析】选项 B 错误，应是现场处置方案。选项 C 错误，应为 20 个工作日。
应急预案的评审/论证、批准、发布、备案、演练、评估等见下表。

评审	参加应急预案评审的人员可包括有关安全生产及应急管理方面的、有现场处置经验的专家。评审人员与所评审的企业有利害关系的，应当回避
发布	经评审或者论证后，由本单位主要负责人签署，向本单位从业人员公布，并及时发放
备案	公布之日起 20 个工作日内，按照分级属地原则，向县级以上人民政府应急管理部门和其他负有安全生产监督管理职责的部门进行备案，并依法向社会公布

续表

演练	建筑施工单位应至少每半年组织一次生产安全事故应急预案演练
评估	建筑施工企业应当每 3 年进行一次应急预案评估

【答案】1. D　2. A　3. A　4. B　5. C　6. ADE

考点 3　施工安全事故等级和应急救援

1.【2022 年、2023 年】某拆除工程施工过程中发生倒塌事故，造成 60 人重伤，8 人死亡，按照安全事故划分，属于（　　）。

A. 一般事故　　　　　　　　B. 较大事故
C. 重大事故　　　　　　　　D. 特大事故

【解析】8 人属于较大事故，60 人重伤属于重大事故，所以本题为重大事故。根据《生产安全事故报告和调查处理条例》，施工安全事故的等级划分见下图。

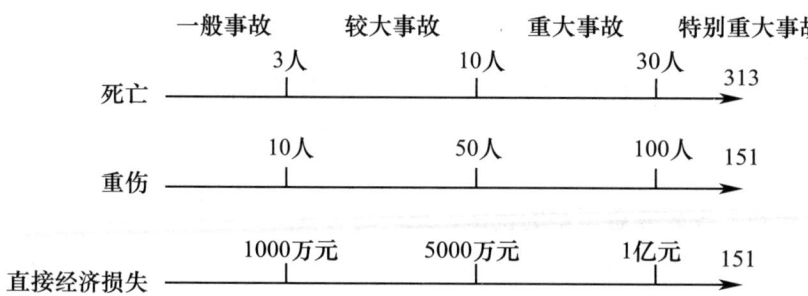

提示：（1）与质量事故等级的不同点：安全事故直接经济损失没有 100 万元的下限。（2）分界线的数字归到上一级事故类别，如死亡 3 人为较大事故。

2. 根据《生产安全事故报告和调查处理条例》，下列建设工程施工生产安全事故中，属于较大事故的是（　　）。

A. 某基坑发生透水事件，造成直接经济损失 5000 万元，没有人员伤亡
B. 某拆除工程发生安全事故，造成直接经济损失 1000 万元，45 人重伤
C. 某建设工程脚手架倒塌，造成直接经济损失 960 万元，8 人重伤
D. 某建设工程提前拆模导致结构坍塌，造成 35 人死亡，直接经济损失 4500 万元

【解析】选项 A 属于重大事故。选项 C 属于一般事故。选项 D 属于特别重大事故。

3. 关于施工安全应急事故救援，下列说法正确的是（　　）。

A. 实行施工总承包的，总包单位和分包单位各自编制建设工程生产安全事故应急救援预案
B. 迅速控制事态是应急救援的首要任务

C. 应急救援的总目标是通过有效的应急救援行动，尽可能地降低事故的后果
D. 小型企业或者微型企业等规模较小的企业，必须建立应急救援队伍

【解析】选项 A 错误，由总包单位统一编制。选项 B 错误，抢救受害人员是应急救援的首要任务。选项 D 错误，小型企业或者微型企业等规模较小的企业，可以不建立应急救援队伍，但应指定兼职的应急救援人员。依据《建设工程安全生产管理条例》规定，施工安全事故应急救援准备及任务见下表。

应急救援准备	（1）实行施工总承包的，由总承包单位统一组织编制建设工程生产安全事故应急救援预案，工程总承包单位和分包单位按照应急救援预案，各自建立应急救援组织或者配备应急救援人员，配备救援器材、设备，并定期组织演练。 （2）建筑施工单位应建立应急救援队伍，其中，小型企业或者微型企业等规模较小的企业，可以不建立应急救援队伍，但应指定兼职的应急救援人员，并且可以与邻近的应急救援队伍签订应急救援协议
应急救援任务	（1）立即组织营救受害人员（首要任务）。 （2）迅速控制事态。 （3）消除危害后果，做好现场恢复。 （4）查清事故原因，评估危害程度

4. 下列施工安全事故应急救援的工作中，属于应急救援任务的有（   ）。
A. 施工单位根据可能发生的生产安全事故配备必要的救援物资和器材
B. 迅速控制事态，对事故造成的危害进行检测和监测，测定事故危害程度
C. 施工单位建立应急值班制度，配备应急值班人员
D. 及时调查事故发生原因和事故性质，评估出事故危害范围和危害程度
E. 组织营救受害人员，组织撤离或者采取措施保护危害区域内的其他人员

【解析】应急救援的基本任务：（1）立即组织营救受害人员，组织撤离或者采取其他措施保护危害区域内的其他人员。（2）迅速控制事态，并对事故造成的危害进行检测、监测。（3）消除危害后果，做好现场恢复。（4）查清事故原因，评估危害程度。选项 A、C 属于应急救援准备。

【答案】1. C　2. B　3. C　4. BDE

考点4　施工安全事故报告和调查处理

◆ 安全事故单位上报、主管部门报告

安全事故	（1）事故现场有关人员（立即）→本单位负责人报告（1h 内）→向事故发生地县级以上政府应急管理部门和负有安监职责的部门报告。 （2）紧急情况，事故现场有关人员→应急管理部门或负有安监职责部门。 （3）实行施工总承包的建设工程，由总承包单位负责上报事故。 （4）主管部门每级上报的时间不得超 2h，同时报告本级人民政府

◆ 事故的调查及上报

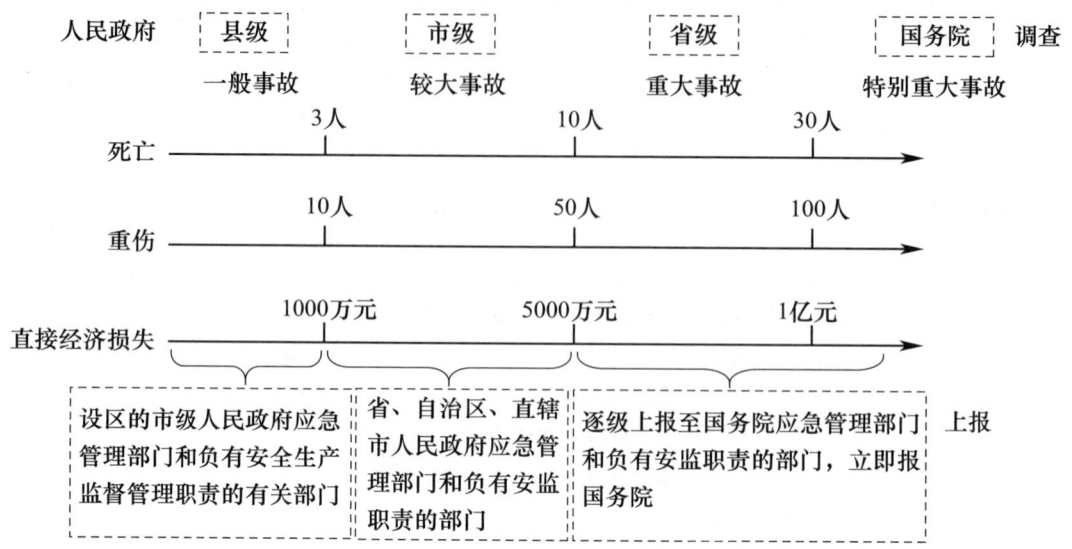

1.【2022年】根据《生产安全事故报告和调查处理条例》，下列事故中，县级人民政府应当自收到事故调查报告之日起15日内作出批复的有（　　）。

A. 无人员死亡的较大事故
B. 直接经济损失较小的重大事故
C. 造成人员伤亡的一般事故
D. 特别重大事故
E. 未造成人员伤亡的一般事故

【解析】重大事故、较大事故、一般事故，负责事故调查的人民政府应当自收到事故调查报告之日起15日内作出批复。重大事故、较大事故、一般事故分别由事故发生地省级人民政府、设区的市级人民政府、县级人民政府负责调查。根据《生产安全事故报告和调查处理条例》，施工安全事故调查见下表。

特别重大	国务院或者国务院授权有关部门组织事故调查组进行调查	审理结案30日批复，延长不得超过30日
重大	事故发生地省级人民政府负责	直接，也可授权或委托有关部门	15日批复
较大	设区的市级人民政府负责		
一般	县级人民政府负责		
未造成人员伤亡的一般事故	县级人民政府也可以委托事故发生单位组织事故调查组进行调查	
调查报告提交	调查组自事故发生之日起60日内提交；特殊情况下，经负责事故调查的人民政府批准，可延长，不超过60日	

2.【2019年】建设工程安全事故调查组应当提交事故调查报告的时间为（　　）。

A. 自事故发生之日起30日内

B. 自调查组成立之日起 30 日内
C. 自调查组成立之日起 60 日内
D. 自事故发生之日起 60 日内

【解析】调查组自事故发生之日起 60 日内提交；特殊情况下，经负责事故调查的人民政府批准，可延长，不超过 60 日。

3.【2022 年补】根据《生产安全事故报告和调查处理条例》，事故调查报告的内容有（　　）。

A. 事故发生单位概况
B. 事故发生经过和事故救援情况
C. 事故责任人员的处理决定
D. 事故发生的原因和事故性质
E. 事故造成的人员伤亡和直接经济损失

【解析】安全事故上报的内容及事故调查报告的内容见下表。

事故报告	事故调查报告
（1）事故发生单位概况。 （2）事故发生的时间、地点以及事故现场情况。 （3）事故的简要经过。 （4）事故已经造成或者可能造成的伤亡人数（包括下落不明的人数）和初步估计的直接经济损失。 （5）已经采取的措施。 （6）其他应当报告的情况	（1）事故发生单位概况。 （2）事故发生经过和事故救援情况。 （3）事故造成的人员伤亡和直接经济损失。 （4）事故发生的原因和事故性质。 （5）事故责任的认定以及对事故责任者的处理建议。 （6）事故防范和整改措施

4. 下列有关建设工程安全事故处理的表述，正确的有（　　）。

A. 应急管理部门和负有安全生产监督管理职责的有关部门逐级上报事故情况，每级上报的时间不得超 1h
B. 实行施工总承包的建设工程，由建设单位负责上报事故
C. 一般事故、较大事故由设区的市级人民政府负责调查
D. 特别重大事故以下等级事故，事故发生地与事故发生单位不在同一个县级以上行政区域的，由事故发生地人民政府负责调查
E. 重大事故、较大事故、一般事故，负责事故调查的人民政府应当自收到事故调查报告之日起 15 日内作出批复

【解析】选项 A 错误，每级上报的时间不得超过 2h。选项 B 错误，实行施工总承包的建设工程，由总承包单位负责上报事故。选项 C 错误，一般事故由县级人民政府负责调查，较大事故由设区的市级人民政府负责调查。

5. 施工现场发生较大安全事故时，现场有关单位负责人或现场人员应在（　　）h 内向政府应急管理部门报告。

A. 1　　　　　　B. 2　　　　　　C. 4　　　　　　D. 8

【解析】事故发生后，事故现场有关人员应当立即向本单位负责人报告；单位负责人接到报告后，应当于1h内向事故发生地县级以上人民政府应急管理部门和负有安全生产监督管理职责的有关部门报告。

6. 若施工重大事故发生地与事故发生单位所在地不在同一个县级以上行政区域的，则事故调查应采取的做法是（　　）。

A. 由事故发生地人民政府负责调查，事故发生单位所在地人民政府派人参加

B. 由事故发生单位所在地人民政府负责调查，事故发生地人民政府派人参加

C. 由上级主管部门负责调查，事故发生地和事故发生单位所在地人民政府派人参加

D. 委托第三方专业机构负责调查，事故发生地和事故发生单位所在地人民政府派人参加

【解析】特别重大事故以下等级事故，事故发生地与事故发生单位不在同一个县级以上行政区域的，由事故发生地人民政府负责调查，事故发生单位所在地人民政府应当派人参加。

7. 根据《生产安全事故罚款处罚规定》，事故发生单位对事故发生负有责任的，发生2人死亡的事故，处（　　）的罚款。

A. 10万元以上20万元以下　　　　　B. 20万元以上50万元以下

C. 70万元以上100万元以下　　　　D. 200万元以上500万元以下

【解析】对一般事故负有责任的罚款：（1）造成3人以下重伤（包括急性工业中毒，下同），或者300万元以下直接经济损失的，处30万元以上50万元以下的罚款。（2）造成1人死亡，或者3人以上6人以下重伤，或者300万元以上500万元以下直接经济损失的，处50万元以上70万元以下的罚款。（3）造成2人死亡，或者6人以上10人以下重伤，或者500万元以上1000万元以下直接经济损失的，处70万元以上100万元以下的罚款。

8. 根据《生产安全事故罚款处罚规定》，某施工单位发生安全事故，造成10人死亡，3000万元的直接经济损失，且该单位伪造或者破坏事故现场的，对该单位的罚款额度为（　　）。

A. 处100万元以上150万元以下的罚款

B. 处150万元以上200万元以下的罚款

C. 处200万元以上250万元以下的罚款

D. 处250万元以上300万元以下的罚款

【解析】事故发生单位有下列行为之一的，将根据事故等级处以不同额度的罚款：（1）谎报或者瞒报事故的。（2）伪造或者故意破坏事故现场的。（3）转移、隐匿资金、财产，或者销毁有关证据、资料的。（4）拒绝接受调查或者拒绝提供有关情况和资料的。（5）在事故调查中作伪证或者指使他人作伪证的。具体罚款额度如下：（1）发生一般事故的，处100万元以上150万元以下的罚款。（2）发生较大事故的，处150万元以上200万元以下的罚款。（3）发生重大事故的，处200万元以上250万元以下的罚款。（4）发生特别重大事故的，处250万元以上300万元以下的罚款。

9. 根据《生产安全事故罚款处罚规定》，未依法履行安全生产管理职责，导致事故发生的，对事故发生单位主要负责人处上一年年收入60%罚款的是（   ）。

A. 一般事故 B. 较大事故
C. 重大事故 D. 特别重大事故

【解析】事故发生单位主要负责人（有限责任公司、股份有限公司的董事长、总经理或者个人经营的投资人等）未依法履行安全生产管理职责，导致事故发生的，依照下列规定处以罚款：（1）发生一般事故的，处上一年年收入40%的罚款。（2）发生较大事故的，处上一年年收入60%的罚款。（3）发生重大事故的，处上一年年收入80%的罚款。（4）发生特别重大事故的，处上一年年收入100%的罚款。

10. 根据《生产安全事故罚款处罚规定》，对事故发生单位主要负责人处上一年年收入60%~80%罚款的情形有（   ）。

A. 谎报、瞒报、迟报事故
B. 伪造、故意破坏事故现场
C. 转移、隐匿资金、财产、销毁有关证据、资料
D. 漏报事故
E. 在事故调查处理期间擅离职守

【解析】选项D，漏报事故的，处上年年收入40%~60%的罚款。

【答案】 1. CE 2. D 3. ABDE 4. DE 5. A 6. A 7. C 8. C 9. B 10. ABCE

第 8 章 绿色建造及施工现场环境管理

本章考点

绿色建造及施工现场环境管理
- 绿色建造管理
  1. 绿色建造基本要求
  2. 各方主体绿色施工职责
  3. 绿色施工措施
- 施工现场环境管理
  1. 施工现场文明施工要求
  2. 施工现场环境保护措施

第 1 节 绿色建造管理

考点 1 绿色建造基本要求

1. 根据住房城乡建设部办公厅关于印发《绿色建造技术导则（试行）》的通知，绿色建造应统筹考虑工程质量、安全、效率、环保、生态等要素，实现工程（　　）全过程一体化，提高建造水平和建筑品质。

A. 策划
B. 设计
C. 施工
D. 经营
E. 交付

【解析】绿色建造应统筹考虑工程质量、安全、效率、环保、生态等要素，实现工程策划、设计、施工、交付全过程一体化，提高建造水平和建筑品质。

2. 根据《绿色建造技术导则（试行）》通知，建设单位应在工程立项阶段组织编制项目绿色策划方案，绿色策划方案包括（　　）。

A. 绿色设计策划
B. 绿色施工策划

C. 绿色投资策划　　　　　　　　　　D. 绿色管理策划
E. 绿色交付策划

【解析】绿色策划方案内容：绿色设计策划、绿色施工策划、绿色交付策划。

3. 绿色建造宜采用（　　）的方式，加强新技术推广应用，整体提升建造方式工业化水平。

A. 系统化决策　　　　　　　　　　B. 系统化集成设计
C. 机械化生产施工　　　　　　　　D. 精益化生产施工
E. 一体化装修

【解析】绿色建造宜采用系统化集成设计、精益化生产施工、一体化装修的方式，加强新技术推广应用，整体提升建造方式工业化水平。

4. 根据《绿色建造技术导则（试行）》通知，关于绿色建造管理的要求，下列内容正确的有（　　）。

A. 绿色策划宜制定合理的减排方案，建立碳排放管理体系
B. 应明确绿色建材选用依据、总体技术性能指标，确定绿色建材的使用率
C. 设计应按照"主动式技术优先、被动式技术优化"的原则，优化功能空间布局
D. 应优先就地取材，并统筹确定各类建材及设备的设计使用年限
E. 应优先采用管线分离、一体化装修技术

【解析】选项 C 错误，应按照"被动式技术优先、主动式技术优化"的原则。
根据《绿色建造技术导则（试行）》通知，关于绿色建造管理的要求见下表。

绿色策划	（1）建设单位应在工程立项阶段组织编制项目绿色策划方案，工程建设各参与方应遵照执行。 （2）目标：总目标和资源节约、环境保护、减少碳排放、品质提升、职业健康安全等分目标。 （3）内容：绿色设计策划、绿色施工策划、绿色交付策划。 （4）绿色策划宜制定合理的减排方案，建立碳排放管理体系，并应明确建筑垃圾减量化等目标
绿色设计	（1）绿色设计宜应用 BIM 等数字化设计方式，实现设计协同（协同设计平台）、设计优化。 （2）绿色设计应优先就地取材，并统筹确定各类建材及设备的设计使用年限。 （3）绿色设计应强化设计方案技术论证，严格控制设计变更。设计变更不应降低工程绿色性能，重大变更应组织专家对其是否影响工程绿色性能进行论证。 （4）场地设计：有效利用地域自然条件。 （5）应按照"被动式技术优先、主动式技术优化"的原则，优化功能空间布局，充分发掘场地空间、建筑本体与设备在节约资源方面的潜力。 （6）应优先采用管线分离、一体化装修技术，对建筑围护结构和内外装饰装修构造节点进行精细设计。 （7）宜采用标准化构件和部件，使用集成化模块化建筑部品，提高工程品质，降低运行维护成本。 （8）宜优先采用高强、高性能材料。 （9）宜选择地方性建筑材料和当地推广使用的建筑材料。 （10）建筑装修宜优先采用装配式装修，选用集成厨卫等工业化内装部品

绿色施工	(1) 绿色施工应符合国家有关绿色施工要求。 (2) 应根据绿色施工策划进行绿色施工组织设计、绿色施工方案编制。 (3) 应建立与设计、生产、运营维护联动的协同管理机制。 (4) 应建立完善的绿色建材供应链，采用绿色建筑材料、部品部件等。 (5) 应编制施工现场建筑垃圾减量化专项方案，实现建筑垃圾源头减量、过程控制、循环利用
绿色交付	(1) 项目交付前应进行绿色建造的效果评估。 (2) 完成绿色建筑相关检测，提交建筑使用说明书。 (3) 核定绿色建材实际使用率，提交核定计算书。 (4) 制定建筑物各子系统（机电设备系统、消防系统等）运行操作规程和维护保养手册。 (5) 数字化交付成果保证与实体交付成果信息的一致性和准确性，建设单位可在交付前组织成果验收

5.【2024 年】作为绿色策划的主要内容，绿色交付策划应明确的内容是（　　）。
A. 绿色建造效果评估内容及方式　　B. 绿色建造目标及实施路径
C. 绿色建造全过程数字化技术应用方式　　D. 绿色建造各参与方协同工作机制

【解析】绿色交付策划：(1) 应根据建筑类型和运营维护需求确定绿色建造项目的实体交付内容及交付标准。(2) 宜按照城市信息化建设要求和运营维护需求，制定数字化交付标准和方案，明确各阶段责任主体和交付成果。(3) 应明确综合效能调适及绿色建造效果评估的内容及方式。

6.【2024 年】绿色建造需要将绿色发展理念融入工程策划、设计、施工、交付全过程，除体现绿色化外，还应体现的特征有（　　）。
A. 信息化　　B. 工业化
C. 系统化　　D. 产业化
E. 集约化

【解析】绿色建造需要将绿色发展理念融入工程策划、设计、施工、交付的建造全过程，充分体现绿色化、工业化、信息化、集约化和产业化的总体特征。

【答案】1. ABCE　2. ABE　3. BDE　4. ABDE　5. A　6. ABDE

考点2　各方主体绿色施工职责

根据《建筑工程绿色施工规范》GB/T 50905—2014，各方主体绿色施工具体职责见下表。

建设单位	(1) 在编制工程概算和招标文件时，应明确绿色施工的要求，并提供包括场地、环境、工期、资金等方面的条件保障。 (2) 应向施工单位提供建设工程绿色施工的设计文件、产品要求等相关资料，保证资料的真实性和完整性。 (3) 应建立建设工程绿色施工的协调机制

第8章 绿色建造及施工现场环境管理

续表

设计单位	(1) 应按国家现行有关标准和建设单位的要求进行工程的绿色设计。 (2) 应协助、支持、配合施工单位做好建设工程绿色施工的有关设计工作
监理单位	(1) 应对建设工程绿色施工承担监理责任。 (2) 应审查绿色施工组织设计、绿色施工方案或绿色施工专项方案，并在实施过程中做好监督检查工作
施工单位	(1) 施工单位是建设工程绿色施工的实施主体，应组织绿色施工的全面实施。 (2) 实行总承包管理的建设工程，总承包单位应对绿色施工负总责。 (3) 总承包单位应对专业承包单位的绿色施工实施管理，专业承包单位应对工程承包范围的绿色施工负责。 (4) 施工单位应建立以项目经理为第一责任人的绿色施工管理体系，制定绿色施工管理制度，负责绿色施工的组织实施，进行绿色施工教育培训，定期开展自检、联检和评价工作。 (5) 绿色施工组织设计、绿色施工方案或绿色施工专项方案编制前，应进行绿色施工影响因素分析，并据此制定实施对策和绿色施工评价方案

1. 清洁生产的主要内容"三清一控"是指（   ）。

A. 清洁的系统　　　　　　　　　　B. 清洁的原料与能源
C. 清洁的生产过程　　　　　　　　D. 清洁的产品
E. 贯穿于清洁生产的全过程控制

【解析】绿色施工相关理念、原则和方法见下表。

理念	(1) 可持续发展。 (2) 清洁生产：①清洁的原料与能源；②清洁的生产过程；③清洁的产品；④贯穿于清洁生产的全过程控制
原则	"3R"原则：减量化、再利用、再循环
方法	生命周期评估方法（LCA）

2. 绿色施工需遵循循环经济的"3R"原则是指（   ）。

A. 减量化　　　　　　　　　　　　B. 再利用
C. 可持续　　　　　　　　　　　　D. 再循环
E. 再发展

【解析】循环经济的"3R"原则，即减量化、再利用、再循环，是绿色施工需遵循的重要原则。

3. 施工单位应建立以（   ）为第一责任人的绿色施工管理体系，制定绿色施工管理制度，负责绿色施工的组织实施。

A. 生产经理　　　　　　　　　　　B. 项目经理
C. 企业法定代表人　　　　　　　　D. 企业总经理

【解析】施工单位应建立以项目经理为第一责任人的绿色施工管理体系，制定绿色施工管理制度，负责绿色施工的组织实施，进行绿色施工教育培训，定期开展自检、联检和评价工作。

4. 根据《建筑工程绿色施工规范》GB/T 50905—2014，工程建设各方主体绿色施工职责，说法正确的是（　　）。

A. 设计单位在编制工程概算和招标文件时，应明确绿色施工的要求

B. 建设单位是建设工程绿色施工的实施主体

C. 施工单位应建立以项目经理为第一责任人的绿色施工管理体系

D. 实行总承包管理的建设工程，建设单位应对绿色施工负总责

【解析】选项 A 错误，建设单位在编制工程概算和招标文件时，应明确绿色施工的要求。选项 B 错误，施工单位是建设工程绿色施工的实施主体。选项 D 错误，实行总承包管理的建设工程，总承包单位应对绿色施工负总责。

5. 根据《建筑工程绿色施工规范》GB/T 50905—2014，工程建设各方主体绿色施工职责，说法正确的有（　　）。

A. 施工单位应建立建设工程绿色施工的协调机制

B. 施工单位是建设工程绿色施工的实施主体

C. 施工单位应建立以项目经理为第一责任人的绿色施工管理体系

D. 设计单位应审查绿色施工组织设计、绿色施工方案或绿色施工专项方案

E. 实行总承包的建设工程，专业承包单位应对工程承包范围内的绿色施工负责

【解析】选项 A 错误，建设单位应建立建设工程绿色施工的协调机制。选项 D 错误，监理单位应审查绿色施工组织设计、绿色施工方案或绿色施工专项方案。

6. 循环经济的"3R"原则中"再循环"是指（　　）。

A. 通过输入端控制方式，用较少资源投入来达到既定的生产目的

B. 通过过程端控制方式，将废物直接作为产品或经修复、翻新、再制造后继续作为产品使用

C. 通过过程端控制方式，将废物的全部或部分作为其他产品的部件予以使用

D. 通过输出端控制方式，将生产出来的物品在完成其使用功能后通过回收利用重新变成可用资源

【解析】选项 A 属于减量化。选项 B、C 属于再利用。"再循环"原则：通过输出端控制方式，将生产出来的物品在完成其使用功能后通过回收利用重新变成可用资源，减少垃圾的产生。

7. 根据《建筑工程绿色施工规范》，建设单位的绿色施工职责有（　　）。

A. 审查绿色施工组织设计　　　　B. 组织绿色施工的实施

C. 提供绿色施工所需资金保障　　D. 编制绿色施工专项方案

E. 建立绿色施工协调机制

【解析】选项 A 属于监理单位的职责。选项 B、D 属于施工单位的职责。

【答案】1. BCDE 2. ABD 3. B 4. C 5. BCE 6. D 7. CE

考点3 绿色施工措施

1. 依据《绿色施工导则》，关于绿色施工管理措施的说法，错误的是（   ）。
A. 制定合理施工能耗标准，提高施工能源利用率
B. 施工现场分别设定生产、生活、办公和施工设备的用电控制指标，不定期进行计量、考核、对比分析，并有预防和纠正措施
C. 在施工组织设计中，合理安排施工顺序、工作面，以减少作业区域的机具数量，相邻作业区充分利用共有的机具数量
D. 合理布置施工场地，保护生活及办公区不受施工活动的有害影响

【解析】选项 B "不定期"的说法错误，施工现场分别设定生产、生活、办公和施工设备的用电控制指标，定期进行计量、核算、对比分析，并有预防与纠正措施。

2. 关于施工中节材与材料资源利用的说法，正确的有（   ）。
A. 根据施工进度、库存情况等合理安排材料的采购、进场时间和批次，减少库存
B. 根据现场平面布置情况就近卸载，避免和减少二次搬运
C. 采取措施提高模板、脚手架等的周转次数
D. 应当就地取材，施工现场 500km 以内生产的建筑材料用量占建筑材料总重量的 50% 以上
E. 材料运输工具适宜，装卸方法得当，防止损坏和遗撒

【解析】选项 D 错误，应当就地取材，施工现场 500km 以内生产的建筑材料用量占建筑材料总重量的 70% 以上。

3. 照明设计以满足最低照度为原则，照度不应超过最低照度的（   ）。
A. 15%   B. 20%   C. 25%   D. 30%

【解析】照明设计以满足最低照度为原则，照度不应超过最低照度的 20%。

4.【2017 年、2022 年】根据《建筑施工场界环境噪声排放标准》GB 12523—2011，建筑施工机械在昼间和夜间的噪声排放限值分别为（   ）dB（A）。
A. 70 和 55
B. 75 和 55
C. 70 和 60
D. 80 和 55

【解析】建筑施工机械噪声排放限值，昼间 70dB（A），夜间 55dB（A）。

5. 下列建设工程施工现场的防治措施中，关于扬尘防治措施，下列说法正确的有（   ）。
A. 高层或多层建筑清理垃圾应搭设封闭性临时专用道或采用容器吊运
B. 选择风力小的天气进行爆破作业

C. 机械剔凿作业时可采用局部遮挡、掩盖、水淋等防护措施

D. 施工现场设置符合规定的装置用于熔化沥青

E. 化学用品妥善保管，库内存放，避免污染

【解析】选项 D 错误，不得在施工现场熔化沥青或焚烧油毡、油漆及产生有毒、有害烟尘和恶臭气体的其他物质。选项 E 属于水污染防治措施，不属于扬尘防治措施。

6. 下列选项中，属于施工单位绿色施工管理措施的有（　　）。

A. 绿色施工方案应在施工组织设计中独立成章，并按有关规定进行审批

B. 根据现场平面布置情况就近卸载，避免和减少二次搬运

C. 应制定合理的施工能耗指标，明确节能措施，提高施工能源利用率

D. 施工中应采用先进的节水施工工艺

E. 施工单位应制定建筑垃圾减量化计划

【解析】选项 B、D 属于绿色施工技术措施，技术措施是施工中采用的。

7. 关于绿色施工的技术措施，下列说法正确的是（　　）。

A. 施工现场宜搭设开放式垃圾站

B. 生活区与生产区需设置在一起

C. 将生活垃圾和危险废物混入建筑垃圾中排放

D. 施工现场存放的油料和化学溶剂等物品应设专门库房，地面应做防渗漏处理

【解析】选项 A 错误，施工现场生活区设置封闭式垃圾容器。选项 B 错误，生活区与生产区应分开布置，并设置标准的分隔设施。选项 C 错误，严禁将生活垃圾和危险废物混入建筑垃圾中排放。

8. 关于加强建筑垃圾的回收再利用，下列说法错误的是（　　）。

A. 力争建筑垃圾的再利用和回收率达到 30%

B. 建筑物拆除产生的废弃物的再利用和回收率大于 40%

C. 对于碎石类、土石方类建筑垃圾，力争再利用率大于 60%

D. 对于碎石类、土石方类建筑垃圾，可采用地基填埋、铺路等方式提高再利用率

【解析】对于碎石类、土石方类建筑垃圾，力争再利用率大于 50%。

9. 【2024 年】为保护环境，在土方作业的阶段，施工现场作业区目测扬尘高度应小于（　　）m。

A. 1.5　　　　B. 2　　　　C. 2.5　　　　D. 3

【解析】施工现场非作业区达到目测无扬尘的要求。土方作业阶段，采取洒水、覆盖等措施，达到作业区目测扬尘高度小于 1.5m，不扩散到场区外。结构施工、安装装饰装修阶段，作业区目测扬尘高度小于 0.5m。

【答案】 1. B　2. ABCE　3. B　4. A　5. ABC　6. ACE　7. D　8. C　9. A

第8章 绿色建造及施工现场环境管理

第 2 节　施工现场环境管理

考点 1　施工现场文明施工要求

1. 文明施工的理念包括（　　）。
A. 全面管理　　　　　　　　　　B. 精益管理
C. 企业社会责任　　　　　　　　D. "8S" 管理
E. 目标管理

【解析】文明施工的作用及管理理念见下表。

作用	(1) 保证施工质量、施工安全的支持条件。 (2) 以人为本、关心公众的现实需要。 (3) 反映企业能力和企业形象的重要窗口
理念	(1) 企业社会责任理念。 (2) 精益管理理念（质量、成本）。 (3) "8S" 管理理念：整理、整顿、清扫、清洁、人的素养、安全、节约、学习

2. 关于施工现场围挡设计的说法，正确的是（　　）。
A. 围挡高度在施工现场隔断设置应相同
B. 市区主要路段的围挡高度不得低于 1.5m
C. 施工现场实行封闭式管理采用硬质围挡
D. 市容景观路段的围挡高度不得低于 2m

【解析】选项 A 错误，围挡高度在施工现场应连续设置。选项 B、D 错误，采用封闭围挡，高度不小 1.8m。

3. 下列选项中，施工现场文明施工中"五牌一图"指的有（　　）。
A. 工程概况牌　　　　　　　　　B. 消防保卫牌
C. 文明施工牌　　　　　　　　　D. 安全生产牌
E. 现场布置牌

【解析】五图一牌：工程概况牌、管理人员名单及监督电话牌、安全生产牌、文明施工牌、消防保卫牌；施工现场总平面图。

4. 某施工现场存放水泥、白灰、珍珠岩等易飞扬的细颗粒散体材料，应采取的合理措施为（　　）。
A. 入库密闭存放或覆盖存放　　　B. 洒水覆膜封闭或表面临时固化或植草
C. 周围采用密目式安全网和草帘搭设屏障　　D. 安装除尘器

【解析】水泥和其他易飞扬细颗粒的建筑材料应密闭存放或采取覆盖等措施。

5.【2024年】 文明施工应贯彻的"8S"管理理念，是在整理、整顿、清扫、清洁、素养、安全"6S"管理要素的基础上，又增加了（　　）两大要素。

A. 监督和学习 B. 节约和学习
C. 监督和供应 D. 节约和供应

【解析】在"6S"基础上又增加了节约（Save）和学习（Study）两大要素，即成为当今施工现场的"8S"管理理念。

6.【2024年】 施工单位应设立安全文明施工费专用账户，做到专款专用。安全文明施工费的用途有（　　）。

A. 建立健全安全文明施工管理体系
B. 购置和更新施工安全防护用具及设施
C. 培训施工现场从事危险作业人员
D. 改善现场安全生产条件和作业环境
E. 赔付因施工安全事故所造成的损失

【解析】落实安全文明施工费，依规做好专款专用。安全文明施工费是指按照有关规定，购置和更新施工安全防护用具及设施、改善现场安全生产条件和作业环境所需要的费用。

【答案】1. BCD　2. C　3. ABCD　4. A　5. B　6. BD

考点 2　施工现场环境保护措施

1. 根据《建筑与市政工程绿色施工评价标准》GB/T 50640—2023，绿色施工评价要素中的控制项是指（　　）。

A. 绿色施工过程中必须达到的基本要求条款
B. 绿色施工过程中难度和要求适中的条款
C. 绿色施工过程中实施难度大的条款
D. 绿色施工过程中要求较高的条款

【解析】控制项：绿色施工过程中必须达到的基本要求条款。一般项：绿色施工过程中根据实施情况进行评价，难度和要求适中的条款。优选项：绿色施工过程中实施难度较大、要求较高的条款。

2. 根据《建筑与市政工程绿色施工评价标准》GB/T 50640—2023，下列施工现场环境保护评价指标中，属于控制项的是（　　）。

A. 施工现场淤泥质渣土宜经脱水后外运
B. 建筑垃圾回收利用率宜达到 50%
C. 施工现场应在醒目位置设环境保护标识
D. 施工现场宜设置可移动环保厕所
E. 绿色施工策划文件中应包含环境保护内容

【解析】选项 A、B、D 属于优选项。

根据《建筑与市政工程绿色施工评价标准》GB/T 50640—2023，控制项见下表。

控制项	（1）绿色施工策划文件中应包含环境保护内容，并建立环境保护管理制度。 （2）施工现场应在醒目位置设置环境保护标识。 （3）施工现场的古迹、文物、树木及生态环境等应采取有效保护措施，制定地下文物保护应急预案

3.【2024年】 根据绿色施工评价相关标准，在施工现场环境保护方面作为"控制项"进行评价的内容是（　　）。

A. 采取限时施工和遮光措施
B. 设置并清理现场厕所化粪池
C. 制定地下文物保护应急预案
D. 制定建筑垃圾减量化计划

【解析】见上表。

【答案】1. A　2. CE　3. C

第 9 章 国际工程承包管理

本章考点

国际工程承包管理
- 国际工程承包市场开拓
  1. 国际工程承包相关政策
  2. 国际工程承包市场进入
- 国际工程承包风险及应对策略
  - 国际工程承包风险
- 国际工程投标与合同管理
  1. 国际工程投标策略
  2. FIDIC 施工合同和设计—采购—施工（EPC）合同
  3. NEC 施工合同和 AIA 合同

第 1 节　国际工程承包市场开拓

◆对外承包市场开拓和健康发展政策要求

加快建筑业企业"走出去"	（1）加强中外标准衔接； （2）提高对外承包能力； （3）加大政策扶持力度
加快形成对外承包工程发展新优势	（1）积极鼓励设计咨询"走出去"； （2）积极促进投、建、营综合发展（BOT、PPP）； （3）积极依托国内优势产业支撑； （4）积极培育创新发展动能； （5）积极提升可持续发展能力； （6）积极提高国际合作水平
共建"一带一路"推动国际工程承包转型升级	

第9章 国际工程承包管理

考点1　国际工程承包相关政策

1. 根据《对外承包工程管理条例》，对外承包工程的根本性要求包括（　　）。

A. 尊重当地的风俗习惯，注重生态环境保护，促进当地经济社会发展
B. 应当加强对工程质量和安全生产的管理，建立、健全并严格执行工程质量和安全生产管理的规章制度
C. 应当维护国家利益和社会公共利益，保障外派人员的合法权益
D. 应当遵守工程项目所在国家或者地区的法律
E. 应当与境外工程项目发包人订立书面合同

【解析】选项 B、E 属于对外承包工程单位应履行的基本义务。对外承包工程管理及对外劳务合作管理条例见下表。

对外承包工程管理条例	（1）对外承包工程的根本性要求： ① 应当维护国家利益和社会公共利益，保障外派人员的合法权益； ② 应当遵守工程项目所在国家或者地区的法律，信守合同，尊重当地的风俗习惯，注重生态环境保护，促进当地经济社会发展。 （2）对外承包工程单位应履行的基本义务： ① 应当与境外工程项目发包人订立书面合同，明确双方的权利和义务，并按照合同约定履行义务； ② 应当加强对工程质量和安全生产的管理，建立、健全并严格执行工程质量和安全生产管理的规章制度； ③ 应当依法与其招用的外派人员订立劳动合同，按照合同约定向外派人员提供工作条件和支付报酬，履行用人单位义务。 （3）工程分包管理要求： ① 对外承包工程的单位将工程项目分包的，应当与分包单位订立专门的工程质量和安全生产管理协议，或者在分包合同中约定各自的工程质量和安全生产管理责任，并对分包单位的工程质量和安全生产工作统一协调、管理； ② 对外承包工程的单位不得将工程项目分包给不具备国家规定的相应资质的单位，工程项目的建筑施工部分不得分包给未依法取得安全生产许可证的境内建筑施工企业； ③ 分包单位不得将工程项目转包或者再分包，对外承包工程的单位应当在分包合同中明确约定分包单位不得将工程项目转包或者再分包，并负责监督
对外劳务合作管理条例	对外劳务合作企业应当与国外业主订立书面劳务合作合同；未与国外业主订立书面劳务合作合同的，不得组织劳务人员赴国外工作

2. 根据《对外承包工程管理条例》，对工程分包的管理要求，说法正确的是（　　）。

A. 分包单位可将工程项目转包或再分包
B. 工程项目的建筑施工部分可分包给未取得安全生产许可证的境内建筑施工企业
C. 对外承包工程的单位将工程项目分包的，应当与分包单位订立专门的工程质量和安全生产管理协议
D. 分包单位负责工程质量和安全生产工作统一协调、管理

【解析】 选项 A 错误，分包单位不得将工程项目转包或者再分包。选项 B 错误，工程项目的建筑施工部分不得分包给未依法取得安全生产许可证的境内建筑施工企业。选项 D 错误，承包单位负责工程质量和安全生产工作统一协调、管理。

3. 根据《企业境外投资管理办法》，实行备案制的项目中，投资主体是地方企业且中方投资额 3 亿元及以上的，备案机关是（　　）。

A. 国家发展和改革委员会　　　　B. 财政部
C. 国家经济委员会　　　　　　　D. 企业注册地省级政府发展和改革部门

【解析】 企业境外投资管理见下表。

核准管理	项目类别：敏感类项目。 核准机关：国家发展和改革委员会
备案管理	项目类别：非敏感类项目。 备案机关： （1）中央管理企业、地方企业且中方投资额≥3 亿美元：国家发展和改革委员会； （2）地方企业且中方投资额<3 亿美元，投资主体注册地的省级政府发展和改革部门

4.【2024 年】 为加快形成对外承包工程发展新优势，国家鼓励建筑企业由建设施工优势为主向同时具有（　　）的综合优势转变。

A. 集成设计　　　　　　　　　　B. 投融资
C. 全过程工程咨询　　　　　　　D. 工程建设
E. 运营服务

【解析】 积极促进投建营综合发展。鼓励企业以建营一体化、投建营一体化等多种方式承接项目，提高产业链参与度和在国际分工中的地位，逐步实现由建设施工优势为主向投融资、工程建设、运营服务的综合优势转变。

5. 根据《商务部等 19 部门关于促进对外承包工程高质量发展的指导意见》（商合发〔2019〕273 号），促进对外承包工程高质量发展的基本原则为（　　）。

A. 坚持企业主体　　　　　　　　B. 坚持质量优先
C. 坚持发展优先　　　　　　　　D. 坚持互利共赢
E. 坚持规范有序

【解析】 促进对外承包工程高质量发展基本原则：坚持企业主体、坚持质量优先、坚持互利共赢、坚持规范有序。

6.《国务院办公厅关于促进建筑业持续健康发展的意见》（国办发〔2017〕19 号）针对加快建筑业企业"走出去"，打造"中国建造"品牌，提出的要求有（　　）。

A. 加强中外标准衔接　　　　　　B. 提高对外承包能力
C. 加大政策扶持力度　　　　　　D. 积极鼓励设计咨询"走出去"
E. 积极推进国际合作

【解析】加快建筑业企业"走出去":(1)加强中外标准衔接;(2)提高对外承包能力;(3)加大政策扶持力度。

7. 国家发展和改革委员会等七部门联合发布《关于印发〈企业境外经营合规管理指引〉的通知》(发改外资〔2018〕1916号),企业可结合发展需要建立权责清晰的合规治理结构,(   )是企业决策层合规管理责任。

A. 应分配充足的资源建立、制定、实施、评价、维护和改进合规管理体系

B. 执行合规管理制度和程序,收集合规风险信息,落实相关工作要求

C. 应以保证企业合规经营为目的,通过原则性顶层设计,解决合规管理工作中的权力配置问题

D. 应及时识别归口管理领域的合规要求,改进合规管理措施

【解析】选项A属于企业高级管理层的合规管理责任。选项B、D属于企业各执行部门及境外分支机构的管理责任。

合规治理结构:
(1) 决策层:解决合规管理工作中的权力配置问题。
(2) 高级管理层:建立合规管理体系。
(3) 企业的各执行部门及境外分支机构:应及时识别归口管理领域的合规要求,改进合规管理措施,执行合规管理制度和程序,收集合规风险信息,落实相关工作要求。

【答案】1. ACD 2. C 3. A 4. BDE 5. ABDE 6. ABC 7. C

考点2 国际工程承包市场进入

1. 大多数国家和地区的政府出资项目采用(   )的方式,承包商需通过相应的资格审核后参与投标。

A. 邀请招标   B. 议标   C. 公开招标   D. 直接发包

【解析】政府出资项目招标:大多数采用公开招标方式。

2.【2024年】为了保护本地劳动力就业,世界上不少国家和地区对外籍劳务输入有严格限制,进入这些国家和地区承包工程的企业需要办理的事项有(   )。

A. 申请获得政府担保   B. 申请纳税证明

C. 申请劳务输入配额   D. 申请居留签证

E. 申请工作许可

【解析】不少国家和地区为了保护本地劳动力就业,对外籍劳务输入有严格限制,一般需经过申请劳务输入配额、办理居留签证和工作许可等申请过程,并常对外籍劳务的技术水平、工作经验、受教育程度、从业工种和就业期限加以限制。

3.(   )是国际工程承包企业需要向我国国内税务机关缴纳的主要税种。

A. 企业所得税   B. 增值税   C. 消费税   D. 房产税

【解析】根据我国现行税收管理政策制度，国际工程承包企业需要履行税务登记、税务变更登记、纳税申报、税款缴纳等职责。企业所得税是国际工程承包企业需要向我国国内税务机关缴纳的主要税种。

4. 技术标准是工程承包企业开拓国际市场要考虑的重要问题，目前中国对外承包工程采用的技术标准情况大体分为（　　）。

A. 采用中国标准
B. 有条件地采用中国标准
C. 采用属地标准或国际标准
D. 中国标准或国际标准任选
E. 中国标准为主、属地标准为辅

【解析】技术标准是工程承包企业开拓国际市场要考虑的重要问题。目前中国对外承包工程采用的技术标准情况大体分为采用中国标准、有条件地采用中国标准、采用属地标准或国际标准。

【答案】1. C　2. CDE　3. A　4. ABC

第 2 节　国际工程承包风险及应对策略

考点　国际工程承包风险

1. 国际工程面临的内外部环境复杂多变，（　　）是承包商面临的经济风险。

A. 外交政策
B. 所在国产业结构
C. 国际供应链原材料价格上涨
D. 社会治安

【解析】选项 A 属于政治风险。选项 C 属于市场风险。选项 D 属于社会风险。

2. 国际工程面临的内外部环境复杂多变，（　　）是承包商面临的社会风险。

A. 宗教纷争
B. 不利的合同变更
C. 资金紧缺
D. 技术标准和规范不同

【解析】选项 B 属于合同风险。选项 C 属于资金风险。选项 D 属于技术风险。

国际工程承包风险分类见下表。

分类	关键词
政治风险	政局、政党、政府、外交、国际、地区保护主义与歧视性政策、制裁和禁运等
经济风险	产业结构、经济、通货膨胀、汇率、利率
市场风险	投资规模受限、项目数量减少、物流成本上涨、项目建设成本增大等
自然风险	地理、自然、气候等
社会风险	内乱、社会、宗教、文化冲突等

第9章 国际工程承包管理

续表

分类	关键词
合同风险	合同、变更、索赔
资金风险	资金、支付等
技术风险	技术、施工方案等
法律风险	行政许可、法律、管制等
合规风险	企业因没有遵循法律法规和准则

3. ESG评价指标体系由（　　）评价指标组成。

A. 环境 B. 技术

C. 社会 D. 治理

E. 经济

【解析】ESG评价指标体系：环境（E）、社会（S）、治理（G）。

4. ESG投资评估作为一种长期风险评估机制，具有筛选非财务风险、提高长期收益的优势，已成为跨国投资和国际工程承包的新兴策略。社会评价指标包括（　　）。

A. 公司透明度 B. 贪污受贿政策

C. 供应链责任管理 D. 产品质量

E. 碳及温室气体排放

【解析】选项A、B属于治理评价指标。选项E属于环境评价指标。

5.【2024年】 建筑企业应践行ESG发展理念。这里的"ESG"分别指的是（　　）。

A. 生态、社会、治理 B. 环境、社会、治理

C. 环境、监督、绿色 D. 生态、监督、绿色

【解析】ESG是指环境、社会和治理。

【答案】1. B　2. A　3. ACD　4. CD　5. B

第3节　国际工程投标与合同管理

考点1　国际工程投标策略

1.【2024年】 国际工程承包商在甄选项目、初步确定投标策略时，宜采用的方法是（　　）。

A. PERT分析法 B. LCC评估法

C. LCA评估法 D. SWOT分析法

【解析】投标人在投标之前应就投标项目开展考虑自身内部的优势（Strengths）、劣势

（Weaknesses）和外部市场环境的机会（Opportunities）与威胁（Threats）的刻苦用功的人分析，以帮助制定投标的策略定位。

2. 投标报价对能否中标和预期收益有重要影响，对不同项目投标报价水平的选择，下列可考虑偏高报价的有（　　）。

A. 支付条件好的工程
B. 施工条件差、环境恶劣的工程
C. 投标竞争对手少的工程
D. 业主对工期要求过紧、需要大量赶工的
E. 分期分批建设的工程，通过本工程实施有利于获得后续工程

【解析】分析技巧：自身有优势，项目本身有缺点情况下，可以选择报高价。选项A、E属于可考虑偏低报价的情形。

3. 国际工程项目采用不平衡报价法报价时，可采用较低报价策略的情形有（　　）。

A. 后期施工的装饰装修工程
B. 在开工后才由业主研究决定是否实施的暂定项，对大概率不实施的暂定项单价
C. 项目前期款项支付时间早的工程内容
D. 施工难度大的分部工程
E. 对于不计入标价的或仅有内容项而没有工程数量的

【解析】选项C、D、E属于采用高报价策略。

【答案】1. D　2. BCD　3. AB

考点2　FIDIC施工合同和设计—采购—施工（EPC）合同

《施工合同条件》 （新红皮书）	适用于传统的"设计-招标-建造"模式，承包商按照业主提供的设计进行施工，采用工程量清单计价，业主委托工程师管理合同，由工程师监管施工并签证支付
《设计采购施工（EPC）、交钥匙工程合同条件》（银皮书）	由承包商承担设计、采购和施工的总承包，完成一个配备完善的业主只需"转动钥匙"即可运行的工程项目，采用总价合同计价方式。 合同当事方是业主和承包商，双方分别任命业主代表及承包商代表，负责项目的日常管理。 在工程款支付上，银皮书规定由业主根据承包商的报表直接支付，而没有工程师开具支付证书这一中间环节

1. 关于FIDIC《EPC交钥匙项目合同条件》特点的说法，正确的是（　　）。

A. 适用于承包商作大部分设计的工程项目，承包商要按照业主的要求进行设计、提供设备及建造其他工程
B. 合同采用总价合同

C. 业主委派工程师管理合同
D. 承包商按照业主提供的设计进行施工

【解析】FIDIC 合同条件见下表。

《施工合同条件》（新红皮书）	业主提供设计，承包商按进行施工，采用工程量清单计价，业主委托工程师管理合同
《设计采购施工（EPC）、交钥匙工程合同条件》（银皮书）	由承包商承担设计、采购和施工，向业主提交只需"转动钥匙"即可运行的工程项目，采用总价合同计价方式

2. 根据 FIDIC《施工合同条件》，工程师受业主委托进行合同管理时，应履行的工作职责和义务有（　　）。

A. 确认工程变更和合同价款支付
B. 提供履约担保书
C. 解除任何一方依照合同应具有的职责
D. 向其助手指派任务和委托部分权力
E. 随时进行工程计量

【解析】选项 B 属于承包商的责任。选项 C 错误，工程师无权修改合同。选项 E 错误，当工程师要求对工程计量时，应提前通知承包商。工程师的职责除了选项 A、D 外，还涉及：（1）执行业务委托的施工项目的质量、费用、进度、安全等目标的监控；（2）工程师无权修改合同。

3. 根据国际咨询工程师联合会（FIDIC）《施工合同条件》，对永久工程每项工程的计量，应以（　　）计算。

A. 图纸净值
B. 双方签证确定的净值
C. 实际完成的净值
D. 考虑膨胀、收缩或浪费在内的实际完成值

【解析】施工合同条件采用工程量清单计价，当工程师要求在现场对工程量进行测量时，应提前 7 天通知承包商。除非合同另有约定，对永久工程每项工程应按实际净数量计量，而不计入膨胀、收缩或废弃的数量。

4. 国际咨询工程师联合会（FIDIC）发布的《施工合同条件》规定，某项工作测量的工程量比工程量表中规定的工程量的变动超过（　　）时，应对该项工作规定的费率或价格进行调整。

A. 5%
B. 10%
C. 15%
D. 20%

【解析】FIDIC 合同进行调整的情形见下表。

同时满足 4 条，可以进行价格调整	（1）该项工作测量的工程量比工程量表或其他报表中规定的工程量的变动超过 10%。 （2）工程量的变动与费率的乘积超过了中标合同额的 0.01%。 （3）工程量的变动直接导致该项工作每单位成本的变动超过 1%。 （4）合同中没有规定此项工作为固定费率或固定费用

5. 根据 FIDIC《施工合同条件》，合同争端可按照规定由争端避免/裁决委员会（DAAB）裁决。关于 DAAB 人员任命和酬金的说法，正确的是（　　）。

　　A. 由业主任命、承包商承担酬金

　　B. 合同双方联合任命、业主承担酬金

　　C. 合同双方联合任命、承包商承担酬金

　　D. 合同双方联合任命、分摊酬金

【解析】根据 FIDIC《施工合同条件》，合同双方应在承包商收到中标函后 28 天内或规定的日期内联合任命 DAAB 成员，并各付一半酬金。

6. 根据 FIDIC《施工合同条件》，承包商向工程师发出申请工程接收证书通知的时间应在承包商认为工程即将竣工并做好接收准备日期前不少于（　　）日。

　　A. 14　　　　　B. 21　　　　　C. 28　　　　　D. 30

【解析】根据 FIDIC《施工合同条件》，承包商可在其认为工程即将竣工并做好接收准备的日期前不少于 14 天，向工程师发出申请接收证书的通知。

7. 根据 FIDIC《设计采购施工（EPC）／交钥匙工程合同条件》，优先解释顺序仅次于合同协议书和合同条件的合同文件是（　　）。

　　A. 投标书　　　　B. 工程量清单　　　　C. 业主要求　　　　D. 设计标准

【解析】《设计采购施工（EPC）／交钥匙工程合同条件》的组成及其优先次序是：（1）合同协议书；（2）专用条件；（3）通用条件；（4）业主要求；（5）明细表；（6）投标书；（7）联合体保证（如投标人为联合体）；（8）其他组成合同的文件。

8. 根据 FIDIC《设计采购施工（EPC）／交钥匙合同条件》，业主应对（　　）的正确性负责。

　　A. 当地气候水文条件的说明

　　B. 工程预期目标的说明

　　C. 工程竣工的试验和性能标准

　　D. 完成工程所需工作量的说明

　　E. 所提供现场数据的说明

【解析】根据 FIDIC《设计采购施工（EPC）／交钥匙合同条件》，业主应对"业主要求"及业主提供信息的下列部分的正确性负责：（1）在合同中规定的由业主负责或不可改变的部分、数据和资料；（2）对工程或工程任何部分的预期目标的说明；（3）完成工程的试验和性能的标准;(4)承包商不能核实的部分、数据和资料,除非合同另有规定。除上述情况外,业主不应对原包括在合同内的业主要求的任何错误、不准确或疏漏负责。

9. 根据国际咨询工程师联合会(FIDIC)《设计采购施工(EPC)/交钥匙工程合同条件》,因发生"不可预见的困难"所产生的费用应由( )承担。

A. 业主
B. 承包商
C. 工程师决定业主或承包商
D. 业主和承包商协商

【解析】在《设计采购施工(EPC)/交钥匙合同条件》中,不可预见困难由承包商承担。

10. FIDIC《设计采购施工(EPC)/交钥匙工程合同条件》的特征有( )。

A. 招标文件应提供详细的施工图纸
B. 承包商应负责建成设施的长期商业运营
C. 业主承担全部"不可预见的困难"风险
D. 采用总价合同计价模式
E. 业主委派"业主代表"负责管理合同

【解析】选项 A 错误,EPC 项目的招标文件中不包含施工图纸,应当由承包人完成。选项 B 错误,承包人按照业主的要求对业主人员进行培训,后期长期的商业运营应当由业主来进行。选项 C 错误,承包商应当承担不可预见的困难,因为承包商被认为已取得了对工程可能产生影响及风险的全部必要资料。

11. 根据 FIDIC《施工合同条件》,工程师应在开工日期前至少( )天向承包商发出开工日期的通知。

A. 7
B. 14
C. 20
D. 28

【解析】根据 FIDIC《施工合同条件》,工程师应在开工日期前至少 14 天向承包商发出开工日期的通知。除非专用条件另有规定,开工日期应在承包商收到中标函后 42 天内。

12.【2024 年】根据 FIDIC《施工合同条件》,合同条款未规定"费用加利润"中的利润计取比例时,应按( )计取。

A. 20%
B. 5%
C. 3%
D. 10%

【解析】费用加利润是指合同数据中规定的费用加上适当比例的利润(如未规定,则按 5%)。只有当承包人根据合同有权获得费用加利润的支付时,利润才按上述比例计取,并将该费用加利润计入合同价格。

13.【2024 年】FIDIC《施工合同条件》规定，业主应在收到工程师签发的最终付款证书（　　）天内向承包商付款。

A. 14　　　　　　B. 21　　　　　　C. 56　　　　　　D. 28

【解析】FIDIC《施工合同条件》：期中付款和最终付款。

期中付款	（1）工程师应在收到报表和证明文件后 28 天内，向业主签发期中付款证书。 （2）业主应在工程师收到承包商报表和证明文件后的 56 天内向承包商付款
最终付款	（1）在履约证书签发后 56 天内，承包商先提交一份最终报表草案和证明文件，与工程师商定核实后，提交最终报表和结清证明，申请最终付款。 （2）工程师应在收到最终报表和结清证明后 28 天内，向业主签发最终付款证书。 （3）业主应在收到工程师签发的最终付款证书 56 天内向承包商付款
不按时支付	承包商有权就未得到的付款按月计算复利，除非合同另有规定，应按 3% 的年利率向业主收取延误期的融资费

14. 根据 FIDIC《施工合同条件》，关于安全、环境、质量、检验和试验，下列说法正确的有（　　）。

A. 承包商还应在开工日期后 21 天内，现场开始施工之前，向工程师提交一份专门为工程和实施工程现场所编写的健康和安全手册

B. 承包商应编制并实施专门针对本工程的质量管理体系，还应至少每 6 个月对质量管理体系进行一次内部审计

C. 承包商应在质量管理体系内部审计结束后 5 天向工程师提交审计报告

D. 承包商应将拟进行试验的时间和地点通知工程师，工程师应提前至少 72 小时将其参加试验的意向通知承包商

E. 业主应确保因其活动产生的废气、地表排放物、污水及其他污染物等不超出规范要求和法律规定的数值

【解析】选项 C 错误，应为 7 天。选项 E 错误，承包商应确保因其活动产生的废气、地表排放物、污水及其他污染物等不超出规范要求和法律规定的数值。

健康和安全	承包商还应在开工日期后 21 天内，现场开始施工之前，向工程师提交一份专门为工程和实施工程现场所编写的健康和安全手册
质量管理	承包商应编制质量管理体系，并在开工日期后 28 天内将其提交给工程师。承包商还应至少每 6 个月对质量管理体系进行一次内部审计，并在审计结束后 7 天内向工程师提交审计报告
承包商试验	承包商应将拟进行试验的时间和地点通知工程师，工程师有权改变试验的时间和地点。工程师应提前至少 72h 将其参加试验的意向通知承包商

15. 关于 FIDIC《EPC 交钥匙项目合同条件》特点的说法，正确的是（　　）。
A. 项目风险大部分由业主承担
B. 由业主根据承包商的报表直接支付，而没有工程师开具支付证书这一中间环节
C. 业主委派工程师管理合同
D. 承包商按照业主提供的设计进行施工

【解析】选项 A 错误，项目风险大部分由承包商承担。选项 C 属于《施工合同条件》的特点。选项 D 错误，由承包商负责设计。

16. 根据 FIDIC《施工合同条件》，履约证书应由工程师在最后一个缺陷通知期限期满后（　　）天内签发，或在承包商提供所有承包商文件、完成所有工程的施工和试验（包括修补缺陷）后立即签发。
A. 14　　　　　B. 28　　　　　C. 58　　　　　D. 84

【解析】履约证书应由工程师在最后一个缺陷通知期限期满后 28 天内签发，或在承包商提供所有承包商文件、完成所有工程的施工和试验（包括修补缺陷）后立即签发。

17. 根据 FIDIC《施工合同条件》，关于争端和仲裁，下列说法正确的有（　　）。
A. DAAB 的成员由具备资格的 3 人或 5 人组成
B. 合同双方应在承包商收到中标函后 28 天内或规定的日期内联合任命 DAAB 的成员，并各付一半酬金
C. 对 DAAB 的决定未能成为具有约束力的最终决定的任何争端，应通过国际仲裁最终解决
D. DAAB 应在收到提交的争端事项后 84 天内或商定的期限内作出决定
E. 仲裁在工程竣工前或竣工后均可进行，各方义务不得因工程正在进行的任何仲裁而改变

【解析】选项 A 错误，DAAB 由具备资格的 1 人或 3 人组成，DAAB 成员可在日常参与处理合同双方潜在问题及分歧，及早化解争端。

【答案】1. B　2. AD　3. C　4. B　5. D　6. A　7. C　8. BC　9. B　10. DE　11. B　12. B　13. C　14. ABD　15. B　16. B　17. BCDE

考点 3　NEC 施工合同和 AIA 合同

1. 根据英国工程施工（ECC）条件，属于 ECC 核心条款的是（　　）。
A. 履约保证
B. 承包商预付款
C. 区段竣工
D. 测试和缺陷

【解析】ECC 合同的核心条款、主要选项条款和次要选项条款见下表。

核心条款	主要选项条款	次要选项条款
（1）总则； （2）承包商的主要责任； （3）工期； （4）测试和缺陷； （5）付款； （6）补偿事件； （7）所有权； （8）风险和保险； （9）争端和合同终止	选项A：带有分项工程表的标价合同； 选项B：带有工程量清单的标价合同； 选项C：带有分项工程表的目标合同； 选项D：带有工程量清单的目标合同； 选项E：成本补偿合同； 选项F：管理合同	（1）履约保证； （2）母公司担保； （3）支付承包商预付款； （4）多种货币； （5）区段竣工； （6）承包商对其设计所承担的责任只限运用合理的技术和精心设计； （7）通货膨胀引起的价格调整； （8）保留金； （9）提前竣工奖金； （10）工期延误赔偿费； （11）功能欠佳赔偿费； （12）法律的变化

2. 英国土木工程师学会发布的工程施工合同（ECC）的基本组成内容有（　　）。

A. 核心条款
B. 索赔条款
C. 主要选项条款
D. 次要选项条款
E. 裁决协议条款

【解析】其中核心条款为必选项，次要选项条款为可选项，使用者可以根据其项目特点和自身需要，在核心条款的基础上，加上选定的主要选项条款和次要选项条款，就可以组合形成一个内容约定完备的合同文件。

3. 根据ECC合同，最突出体现合作伙伴管理理念的是（　　）。

A. 风险和保险
B. 早期警告
C. 测试和缺陷
D. 争端解决
E. 补偿事件

【解析】工程施工合同（ECC），通过建立以合作伙伴、早期警告、补偿事件为特征的合作机制，让项目各方致力于提高整个工程项目的管理水平。

4. 根据ECC《工程施工合同》，关于合同风险预警机制"早期警告"的说法，正确的有（　　）。

A. 项目经理遇有风险事件时可以向对方发出早期警告
B. 承包商可以提出召开早期警告会议
C. 承包商负责记录早期警告会议建议或决定
D. 雇主主持早期警告会议
E. 地方行政机关代表可以受邀参加早期警告会议

【解析】选项C错误，项目经理应在早期警告会议上对所研究的建议和作出的决定记录在案，会后发给承包商。选项 D 错误，项目经理主持早期警告会议。

早期警告的内涵、程序、会议内容见下表。

内涵	一经察觉发现可能出现诸如增加合同价款、拖延竣工、延误关键里程碑节点、工程使用功能降低等问题，项目经理或承包商均应向对方发出早期警告
程序	（1）项目经理和承包商都可要求对方出席早期警告会议，每一方还可在对方同意后要求其他人员出席该会议； （2）项目经理应在早期警告会议上对所研究的建议和作出的决定记录在案，并将记录发给承包商
会议内容	（1）提出并研究建议措施以避免或减少作为早期警告的每一问题的影响； （2）寻求对将要受影响的所有各方均有利的解决办法； （3）决定与会各方应采取的行动以及根据合同应采取行动的一方

5. 美国的 AIA 合同条件在美洲地区具有较高的权威性，其主要用于（　　）工程。
A. 市政公用　　　　B. 石油化工　　　　C. 房屋建筑　　　　D. 水利水电

【解析】AIA 合同条件主要用于私营的房屋建筑工程，在美洲地区具有较高的权威性，应用广泛。

6. 美国建造师学会（AIA）的合同条件体系分为 A、B、C、D、E、F 系列，用于财务管理表格的是（　　）。
A. C 系列　　　　B. D 系列　　　　C. F 系列　　　　D. G 系列

【解析】AIA 系列化合同文件：

A 系列是关于业主与施工承包商、CM 承包商、供应商之间，以及总承包商与分包商之间的合同文本；

B 系列是关于业主与提供专业服务的建筑师之间的合同文本；

C 系列是关于建筑师与提供专业服务的咨询机构之间的合同文件；

D 系列是建筑师行业所用的文件；

E 系列是合同和办公管理文件；

F 系列是财务管理表格；

G 系列是建筑师企业与项目管理中使用的文件。

7. 采用集成项目交付（IPD）模式时，工程参建各方需要在（　　）阶段共同确定项目目标成本。
A. 标准设计　　　　　　　　　B. 策划
C. 详细设计　　　　　　　　　D. 施工

【解析】标准设计阶段：确定各阶段工作任务，参与各方共同制定项目定义，确定项目目标成本，开始执行目标标准修正案。

8. 根据美国建筑师学会（AIA）发布的IPD（集成项目交付）合同，关于争端和索赔的说法，正确的是（　　）。

A. 争端应提交合同各方没有任何利害关系的争端裁决委员会裁决

B. 争端应提交业主委托任命的代表业主进行合同管理的工程师裁决

C. 合同各方应通过合同中约定的早期警告和补偿事件机制处理索赔

D. 合同各方应放弃除故意违约等情形外的对合同任何一方的索赔

【解析】选项A、B错误，在争端处理方面，该模式下任何一方提出的争议应提交到由业主、设计单位、承包商等参与方的高层代表和项目中立人所组成的争议处理委员会协商解决，项目中立人由参与各方共同指定。选项C错误，在索赔方面，参与各方应放弃任何对其他参与方的索赔（故意违约等情形除外）。

9.【2024年】根据英国土木工程师学会（ICE）颁布的工程施工合同（ECC），在提交诉讼或仲裁之前，能够裁决合同争议的人员或机构是（　　）。

A. 高级代表、裁决员

B. 工程师、争端避免委员会

C. 建筑师、高级代表

D. 裁决员、争端避免委员会

【解析】在ECC合同中，争议解决与避免程序有三种：

（1）高级代表-裁决员-诉讼/仲裁。

（2）高级代表（可跳过）-裁决员-诉讼/仲裁。

（3）争端避免委员会-诉讼/仲裁。

高级代表不能作出决定，需交由裁决员进行裁决。

10. 根据ECC《工程施工合同》，选项F属于（　　）。

A. 目标合同

B. 标价合同

C. 管理合同

D. 成本补偿合同

【解析】选项F属于管理合同。

11. 美国建造师学会（AIA）的合同条件体系分为A、B、C、D、E、F系列，关于业主与建筑师之间的标准合同文件的是（　　）。

A. B系列　　　　　　　　　　　　B. D系列

C. F系列　　　　　　　　　　　　D. G系列

【解析】系列B是关于业主与提供专业服务的建筑师之间的合同文件。

【答案】1.D　2.ACD　3.BE　4.ABE　5.C　6.C　7.A　8.D　9.D　10.C　11.A

第 10 章 建设工程项目管理智能化

本章考点

建设工程项目管理智能化
- 建筑信息模型（BIM）及其在工程项目管理中的应用
  1. BIM 技术的基本特征
  2. BIM 技术在工程项目管理中的应用
- 智能建造与智慧工地
  1. 智能建造
  2. 智慧工地

第 1 节　建筑信息模型（BIM）及其在工程项目管理中的应用

考点 1　BIM 技术的基本特征

1. 建筑信息模型（BIM）的基本特征包括（　　）。
　A. 模型操作的可视化　　　　　　　　B. 模型操作的简易化
　C. 模型信息的完备性　　　　　　　　D. 模型信息的一致性
　E. 模型信息的动态性

【解析】建筑信息模型（BIM）的基本特征包括：模型操作的可视化、模型信息的完备性、模型信息的关联性、模型信息的一致性、模型信息的动态性、模型信息的可拓展性。

2. 系统能够对模型的信息进行统计和分析，并生成相应的图形和文档，如果模型中的某个对象发生变化，与之关联的所有对象都会随之更新，以保持模型的完整性。体现 BIM 技术的（　　）基本特征。
　A. 模型信息的完备性　　　　　　　　B. 模型信息的一致性
　C. 模型信息的可拓展性　　　　　　　D. 模型信息的关联性

【解析】根据题干中"与之关联"，选择模型信息的关联性。

3. 同一信息无须重复输入，而且信息模型能自动演化，模型对象在不同阶段可以简单地进行修改和扩展，而无须重新创建。体现 BIM 技术的（　　）基本特征。

A. 模型信息的完备性

B. 模型信息的一致性

C. 模型信息的可拓展性

D. 模型信息的关联性

【解析】BIM 技术的基本特征见下表。

操作的可视化	全面的建筑表达和真实数字模型，模型的可视化操作和三维表达的形式可以展示工程建设过程及各种互动关系
信息的完备性	体现工程对象的 3D 几何信息和拓扑关系，还能描述完整的工程信息。如工程对象、结构类型、施工工序、进度、成本、质量等
信息的关联性	如果模型中的某个对象发生变化，与之关联的所有对象都会随之更新，以保持模型的完整
信息的一致性	不同阶段信息是一致的，同一信息无须重复输入
信息的动态性	信息可以随着工程建设不同阶段和变化而更新和调整
信息的可拓展性	在不同阶段具有一定深度并具有可扩展和调整的能力

【答案】1. ACDE　2. D　3. B

考点 2　BIM 技术在工程项目管理中的应用

进度	施工进度模拟（4D）、资金和资源动态分析、实时进度跟踪监控、进度分析和优化
成本	工程算量、成本控制
质量	碰撞检测、质量问题管理
安全	施工安全教育、施工现场的安全措施布置、施工安全模拟
合同	依据合同中的 BIM 要求进行 BIM 管理、合同执行和界面管理
信息	BIM 内置信息分类编码、工程量清单或定额、工程项目信息集成管理

1. 关于 BIM 技术应用实施相关方职责，说法正确的是（　　）。

A. 建设单位制定项目 BIM 应用方案

B. 施工单位委托工程项目 BIM 总协调方

C. 建设单位组织开展对各参与方的 BIM 工作流程的培训

D. 专业分包单位接受 BIM 总协调方和施工总承包方的监督

【解析】选项 A、C 错误，制定项目 BIM 应用方案及组织开展对各参与方的 BIM 工作流程的培训，都属于 BIM 总协调方的职责。选项 B 错误，建设单位委托工程项目 BIM 总协调方。

2. BIM 技术在工程项目进度管理中的应用包括（　　）。

A. 碰撞检测 B. 资金和资源动态分析

C. 工程项目信息集成管理 D. 工程算量

【解析】选项 A 属于质量管理中的应用。选项 C 属于信息管理中的应用。选项 D 属于成本控制中的应用。

3. 基于 BIM 技术的进度管理 4D 模型，是在 3D 模型的基础上附加了（　　）因素。

A. 时间 B. 空间 C. 成本 D. 计划

【解析】施工进度模拟 4D 模型：将空间信息与时间信息整合在一个可视的 4D 模型中（即 3D +时间维度）。

4. 基于 BIM 技术的工程项目成本管理基础是（　　）模型。

A. 3D B. 4D C. 5D D. 6D

【解析】通过 BIM 技术将项目成本管理与 3D 和 4D 模型集成，形成 5D 模型。

5.【2024 年】为了应用建筑信息模型（BIM）技术，实现对工程项目成本的估算、控制和优化，需要进行的工作是（　　）。

A. 将项目成本管理与 2D 和 3D 模型集成，形成 4D 模型

B. 将项目成本管理与 3D 和 4D 模型集成，形成 5D 模型

C. 将项目成本管理与 4D 和 5D 模型集成，形成 6D 模型

D. 将项目成本管理与 5D 和 6D 模型集成，形成 7D 模型

【解析】通过 BIM 技术将项目成本管理与 3D 和 4D 模型集成，形成 5D 模型。

【答案】 1. D 2. B 3. A 4. C 5. B

第 2 节　智能建造与智慧工地

考点 1　智能建造

1.（　　）是智能建造的重要支撑和核心内容。

A. 减少对人的依赖

B. 数智化管控平台和建筑机器人

C. 物联网

D. 新型组织方式

【解析】智能建造的重要支撑和核心内容：数智化管控平台和建筑机器人。

2. 智能建造应以实现（　　）为核心。

A. 数字化集成设计　　　　　　　　B. 建筑信息模型（BIM）

C. 人工智能　　　　　　　　　　　D. 精益化生产施工

E. 工业化组织管理

【解析】本题考查的是智能建造的基本特征：

（1）智能建造的基础：新一代信息技术融合应用。

（2）智能建造的核心：实现数字化集成设计、精益化生产施工、工业化组织管理。

（3）智能建造的着力点：数智化管控平台和建筑机器人开发应用。

【答案】1. B　2. ADE

考点2　智慧工地

1. 依据《住房和城乡建设部等部门关于推动智能建造与建筑工业化协同发展的指导意见》，智慧工地基本特点包括（　　）。

A. 技术驱动　　　　　　　　　　　B. 全面感知与数据收集

C. 社会责任　　　　　　　　　　　D. 利益驱动

E. 信息的共享和协作

【解析】智慧工地是新型的施工管理模式。其基本特点及总体架构见下表。

基本特点	（1）技术驱动：物联网、云计算、人工智能等。 （2）全面感知与数据收集：数据是智慧工地运行和决策的基础。 （3）信息的共享和协作
总体架构	（1）感知层：收集数据，包括各种传感器、监控设备、无人机等终端设备。 （2）网络层：智慧工地的数据通道和处理中枢。保证数据的高效流动和准确处理。 （3）应用层：智慧工地的核心，主要包括各种基于数据的智能应用。如物资管理、人员管理、施工过程检测等

2. 智慧工地总体架构由三个层次组成，共同构成了一个高效、智能的工地管理系统。（　　）是智慧工地的核心。

A. 感知层　　　　　　　　　　　　B. 分析层

C. 应用层　　　　　　　　　　　　D. 网络层

【解析】选项A感知层是基础。选项D网络层是数据通道和处理中枢。

3. 智慧工地建设的目标包括（　　）。

A. 增强安全　　　　　　　　　　　B. 提升效率

C. 降低成本　　　　　　　　　　　D. 满足建设单位管理诉求

E. 实现全方位监测

第10章 建设工程项目管理智能化

【解析】选项 D 属于满足施工单位管理诉求。

智慧工地建设目标、原则见下表。

建设目标	建设原则
（1）增强安全； （2）提升效率； （3）降低成本； （4）保护环境； （5）提升质量； （6）协同工作和信息共享； （7）满足施工单位管理诉求； （8）实现全方位监测	（1）满足社会监管需求； （2）优化管理效率； （3）资源整合与节约； （4）实现全方位覆盖； （5）全过程覆盖； （6）人文关怀

4. 智慧工地运行应以（　　）为核心，充分利用从现场实时获取到的"人、机、料、法、环"等数据。

A. 施工场景　　　　　　　　　　B. 智能建造

C. 建筑信息模型　　　　　　　　D. 物资管理

【解析】智慧工地运行应以施工场景为核心，充分利用从现场实时获取到的"人、机、料、法、环"等数据。运行模块包含人员管理、机械设备管理、物资管理、环境与能耗管理、施工过程检测管理等。

5.【2024 年】智慧工地总体架构中，发挥桥梁和中枢作用，并负责处理大量数据的层次是（　　）。

A. 感知层　　　B. 应用层　　　C. 网络层　　　D. 保护层

【解析】网络层是智慧工地的数据通道和处理中枢，它起到桥梁和枢纽的作用；连接感知层和应用层，保证数据的高效流动和准确处理。

6. 智慧工地运行中，物资管理模块运行的功能有（　　）。

A. 票据信息管理　　　　　　　　B. 进场验收管理

C. 薪资管理　　　　　　　　　　D. 人员定位管理

E. 机械设备运行状态

【解析】选项 C、D 属于人员管理模块。选项 E 属于机械设备管理模块。

物资管理模块运行的功能有：供应商信息录入和变更管理、物资采购计划管理、进场验收管理、物资称重和点数计量管理、票据信息管理、物资库存管理及库存量不足报警等。

【答案】1. ABE　2. C　3. ABCE　4. A　5. C　6. AB